Christian Feldmann
Ein Gott zum Küssen

Christian Feldmann

EIN GOTT ZUM KÜSSEN

Wie Mystiker leben
und was sie erfahren

15 Porträts

FREIBURG · BASEL · WIEN

*Für meine treuen Weggefährten
Altabt Emmanuel Jungclaussen
und Bischof em. Manfred Müller*

Inhalt

EIN STÜCK HIMMEL AUF DER ERDE
Mystiker, was sind das für Leute? 9

1 ARBEIT AM INNEREN CHAOS
Antonios und die Wüstenmönche (3.–5. Jahrhundert): Aussteiger, die Gott in den eigenen Abgründen finden wollten 13

2 GOTTES GROSSE LIEBE: EIN STÜCK ERDENLEHM
Hildegard von Bingen (1098–1179) war verliebt in die Schöpfung – und wusste, dass alles Leben auf der Welt voneinander abhängt 30

3 „IN DIR SELBER WOHNT DIE WAHRHEIT"
Meister Eckhart (um 1260–1328) gab der Sehnsucht nach dem namenlosen Gott eine Stimme 47

4 DER WEG INS LAND DER FREIHEIT
Die Mystikerin Marguerite Porete (um 1260–1310) wollte Gott ohne Vermittler finden 65

5 „ICH TANZE, WENN DU MICH FÜHRST"
Gertrud von Helfta (1256–1301/02) und ihre Mitschwestern verkündeten einen menschenfreundlichen Gott – und zeigten, was Religion mit Erotik zu tun hat 79

6 EIN HEILIGER, DER FLIEGEN KONNTE
Filippo Neri (1515–1595) und andere verrückte
Spaßvögel lebten die herrliche Freiheit der Kinder
Gottes – und führten vor, wie rebellisch das Lachen
sein kann 96

7 DIE DUNKLE NACHT DES GLAUBENS
Die spanischen Mystiker und Klosterreformer
Teresa von Ávila (1515–1582) und Juan de la Cruz
(1542–1591) erlebten Krisenerfahrungen als
befreiend 116

8 TROST UND REBELLION
Melancholische Liederdichter wie Paul Gerhardt
(1607–1676) oder Gerhard Tersteegen (1697–1769)
machten ihre Lebenserfahrung zum gesungenen
Glaubensbekenntnis 136

9 SCHUTZPATRONIN DES ZWEIFELS
Die kleine Nonne Thérèse de Lisieux (1873–1897)
kannte die Abgründe heutiger Gottesfinsternis ... 153

10 DER MENSCH AUF DER ACHSE DER EVOLUTION
Pierre Teilhard de Chardin (1881–1955) entdeckte
die verachtete Materie als Wohnort des Göttlichen   169

11 GOTT SITZT IN DER LETZTEN U-BAHN
Madeleine Delbrêl (1904–1964) verstand das
Evangelium in einer glaubenslosen Umwelt zu
leben 186

12 „JEDER IST MEHR ODER WENIGER EIN UNGLÄUBIGER"
Thomas Merton (1915–1968) fand, Religion sei etwas für Leute, die einen tiefen Riss in ihrem Dasein erfahren haben 203

13 DER KLEINE FRÜHLING
Frère Roger von Taizé (1915–2005) wollte „der Bruder aller Menschen ohne Unterschied" sein ... 221

14 GOTTES GESICHT IN DEN ARMEN
Ignacio Ellacuría (1930–1989) und andere Befreiungstheologen leben eine „Mystik der offenen Augen" 239

15 DEN AUFRECHTEN GANG ÜBEN
Dorothee Sölle (1929–2003) war überzeugt, dass Mystik die Welt verändern kann 257

Anmerkungen 270

Tipps zum Weiterlesen 273

EIN STÜCK HIMMEL AUF DER ERDE

Mystiker, was sind das für Leute?

> *„Der Fromme, der Christ der Zukunft wird ein Mystiker sein, einer, der etwas erfahren hat, oder er wird nicht mehr sein."*
> Karl Rahner

EINEN MYSTIKER STELLT man sich landläufig vor wie eine Mischung aus Derwisch, Klosterbruder und Autist: entweder in weltentrückter Trance oder in verzückter Ekstase. Es macht ihm nichts aus, anstrengende und zeitraubende Frömmigkeitsformen zu absolvieren, mit denen wir normalen Menschen wenig anfangen können. Mit einem Fuß ist er immer in einer anderen Welt. Was in seiner Umgebung vorgeht, was seine Mitmenschen umtreibt, interessiert ihn nicht besonders.

Aber wir ahnen, dass das ein Zerrbild ist – spätestens wenn wir das Glück haben, eine ganz in Gottes Nähe lebende alte Ordensschwester oder einen charismatischen Franziskaner kennenzulernen, der in seiner schäbigen Hauskapelle erst mal betend auf dem Boden gelegen hat, bevor er hinausgeht, um für seine Junkies, Strafentlassenen und Alkoholikerinnen zu kämpfen, in denen er hartnäckig Gottes Antlitz wahrnimmt. Vielleicht drängen wir die mystisch begabten Charaktere deshalb in eine wunderliche Sonderwelt ab, weil wir neidisch sind auf ihre Fähigkeit, zu träumen, Licht im Dunkel zu sehen, an einen Sinn zu glauben, Visionen zu haben – nein, keine Erscheinung von Engeln, die durch die Schlafzimmertür schweben, sondern Bilder von einer gerechten, glücklichen Welt, von einer Erde, auf der ein Stück Himmel sichtbar wird.

Man hat Mystik unterschiedlich definiert im Lauf der Religions- und der Christentumsgeschichte (nur um letztere geht es in diesem Buch). „Die unaussprechliche und mystische Betrachtung führt zu Verzückung und Enthusiasmus", schwärmt der theologische Querkopf *Origenes* im dritten Jahrhundert von der Bibellektüre im stillen Kämmerlein. „Der Tanz der Gottesliebe kann nicht allein getanzt werden", hält seine Kollegin *Dorothee Sölle* (gestorben 2003) dagegen: „Mystik muss und will heraus aus der Privatisierung der Freude, des Glücks, des Einsseins mit Gott."

Was ist Mystik? Ganz knapp gesagt, eine Form, mich zu erkennen, meine Mitte zu entdecken, Gott in mir zu finden. Das „absolut Andere meiner selbst" zu erfahren und es gleichzeitig als das „Innerste meiner selbst" zu erleben, das im monotheistischen Kontext den Namen „Gott" trägt – wie es die Fachfrau *Saskia Wendel*, eine niederländische Philosophieprofessorin, formuliert. Einfacher und salopp ausgedrückt: Mystik ist eine Abenteuerreise von der Erde zum Himmel und wieder zurück in die tiefsten Abgründe der Seele, und am Ende der Reise erkennt man fasziniert, dass Startpunkt und Ziel identisch sind.

Mystik ist der Mut, die zarten Antennen der Seele auszufahren, der Mut zu religiöser Empfindsamkeit und spiritueller Empfänglichkeit. Mystik ist die Lust, subjektive, persönliche, das eigene Leben durcheinanderwirbelnde Glaubenserfahrungen zu machen.

Nicht von ungefähr betrachten die etablierten Kirchen von jeher Propheten und Mystikerinnen nicht nur mit Bewunderung, sondern auch mit Misstrauen, weil sie mit ihrer Spontaneität Unruhe in die festgefügte Ordnung zu bringen pflegen und gefährliche Erinnerungen an die Ursprünge wachrufen. Und dabei oft genug das Mysterium und die Ungreifbarkeit Gottes vor den Glaubensbeamten in den Kirchenbehörden und vor den Verstandesfanatikern in einer verkopften Theologie retten.

Also nicht das Außergewöhnliche charakterisiert die Mystiker, nicht Trance und Hellsehen, nicht blutige Tränen oder der Blick in die himmlische Herrlichkeit, sondern die Tiefendimension des Gewöhnlichen. Nicht auf besondere Frömmigkeitspraktiken, Methoden, Tricks kommt es an oder auf die Härtedosis der diszipliniert gelebten Askese: „Geistliche Menschen", so urteilt der ebenso fromme wie kämpferische Jesuit *Ignacio Ellacuría,* den die politischen Machthaber in El Salvador massakrieren ließen, „sind nicht die, die viele ‚geistliche' Übungen vollziehen, sondern diejenigen, die voll des Geistes den schöpferischen und erneuernden Elan Christi, seine Überwindung der Sünde und des Todes, seine Auferstehungskraft und größere Lebensfülle erfassen; diejenigen, die zur Fülle und Befreiung der Kinder Gottes gelangen; die, welche die anderen inspirieren und erleuchten und ihnen zu einem volleren, freieren Leben verhelfen."[1]

In jüngster Zeit war es bei den lateinamerikanischen Befreiungstheologen, in Taizé oder bei den „Sisters of Charity" der *Mutter Teresa* in Kalkutta zu beobachten: Eine vom Evangelium inspirierte Spiritualität schweißt

„vita activa" und „vita contemplativa" – um in den alten Begriffen zu reden –, „Kampf und Kontemplation" zu einer Einheit zusammen. Der Hunger nach geistigen Schätzen, die Sehnsucht nach Sinn bedeutet die kraftvolle Absage an die Götzen Geld und Besitz, Gewalt, Macht, Ego. Gott begegnet mir nicht nur tief in der Seele, sondern auch in Menschen, Elendsstrukturen, politischen Konflikten. *Compassion* ist gefragt, die Sensibilität für fremdes Leid – das plötzlich mein eigenes wird.

Dieses Buch hat ein Christ geschrieben, und es sind Christen, die es bevölkern. Der gerade moderne esoterische Einheitsbrei trägt nicht selten das Etikett „Spiritualität" oder „Mystik", aber er schmeckt nach Ichbezogenheit, Selbstverwirklichung, privater Innerlichkeit, seelischer Fitness, Konsum, sanfter Wellness. Nach Kuschelreligion, wo sich alle wohlfühlen sollen. Die stummen Schreie der kaputten Mitmenschen werden ebenso ausgeblendet wie das Elend der Welt, und harte Ansprüche an das enorm wichtige Ich braucht niemand zu stellen. Christen werden jedoch nie den Blick auf das Kreuz los, das unsere Träume von einem leidfreien Leben durchkreuzt – und wirklich zu trösten, zu befreien vermag, indem es die Angst vor dem Scheitern, ja sogar vor dem Tod nimmt.

1

ARBEIT AM INNEREN CHAOS

Antonios und die Wüstenmönche (3.–5. Jahrhundert):
Aussteiger, die Gott in den eigenen Abgründen
finden wollten

„Fliehe, schweige, bete!"

AUSGEMERGELTE, UNGEWASCHENE und zerlumpte Aussteiger waren die eigentlichen Väter der abendländischen Religiosität: Wüstenmönche, die in Höhlen und Gräbern lebten, aber über eine verblüffend robuste Gesundheit verfügten und ihren Mitmenschen mit frecher Provokation und barmherziger Weisheit Dienste erwiesen.

Nicht die Päpste in ihrer pompösen Machtentfaltung, nicht die großen Theologen der Frühzeit mit ihren himmelstürmenden Gedankengebäuden standen am Anfang der Christenheit in Ost und West, sondern die heruntergekommenen Eremiten der ägyptischen und syrischen Wüste. Zu Tausenden zogen sie hinaus in die Wildnis, Menschen, die der antiken Zivilisation mit ihrem dekadenten Lebensgenuss und ihrer blasierten Skepsis überdrüssig geworden waren.

Die Aussteiger führten ein hartes Asketenleben – und machten Erfahrungen, von denen ihre Nachfolger in den *die Stille entdecken*

Klöstern späterer Jahrhunderte eine Menge lernen sollten und spirituell Suchende heute noch zehren: die Stille entdecken. Sparsam mit Worten umgehen. Gott in den eigenen Abgründen finden. Sich selbst aushalten lernen, schwach, gebrochen, verwundbar, voller Lebensnarben und müder Verzweiflung.

Wer sich von der Wüste verwandeln lässt, gewinnt eine Gelassenheit, die vor nichts in der Welt mehr Angst hat – und begegnet einem lebendigen, befreienden Gott.

Der „Stern der Wüste"

Irgendwann um das Jahr 270 machte ein zwanzigjähriger Ägypter eine tiefe persönliche Krise durch: Seine Eltern, vornehme, wohlhabende Leute, die aber als Angehörige der kleinen christlichen Minderheit sehr zurückgezogen lebten, waren kurz hintereinander gestorben. Nun suchte ihr Sohn in einer Kirche Trost. Das Evangelium erzählte von einem Menschen, der ebenfalls aus der besitzenden Klasse kam, aber höhere Interessen hatte. Fasziniert hörte der junge Mann, *Antonios* hieß er, was Jesus zu diesem Sinnsucher gesagt hatte:

> „Es kam ein Mann zu Jesus und fragte: Meister, was muss ich Gutes tun, um das ewige Leben zu gewinnen? (…) Jesus antwortete ihm: Wenn du vollkommen sein willst, geh, verkauf deinen Besitz und gib das Geld den Armen; so wirst du einen bleibenden Schatz im Himmel haben; dann komm und folge mir nach."
> *Matthäus 19,16.21*

Antonios, so berichtet die Legende, ist wie vom Donner gerührt. Plötzlich sieht er am Horizont einen Lebensinhalt. Bald darauf verschenkt er seinen Grundbesitz, verkauft seine Habe, legt einen Teil des Geldes umsichtig als Mitgift für seine jüngere Schwester an und beginnt eine neue Existenz als einfacher Arbeiter in der Nähe seines Heimatdorfes.

Nicht lange, und er steigt völlig aus seinen bisherigen Bindungen aus. Antonios zieht sich in die Libysche Wüste zurück, wo er in totaler Einsamkeit in einer Felsengrabkammer lebt – Monate, Jahre, Jahrzehnte. Und all die endlosen Tage und Nächte kein Mensch, kein Freund, kein Gesprächspartner. Nur die eigene Seele mit ihren Ängsten und Abgründen, Sehnsüchten und Visionen.

Die Legende malt das in dem schaurigen Bild von den Dämonen aus, mit denen Antonios furchtbare Kämpfe auszufechten hatte. *Matthias Grünewald* lässt sie auf einem Flügel des Isenheimer Altars aus der Hölle steigen: fliegende Teufel, tückisch schnappende Reptilien, Tiermonster mit gehörnten Vogelköpfen, aufgerissenen Riesenmäulern und Fangzähnen, die den armen Einsiedler an den Haaren über den Boden schleifen und mit Knütteln verprügeln. An den unteren Bildrand hat der Maler einen Zettel drapiert mit dem zeitlosen Verzweiflungsschrei: „Wo warst du, guter Jesus? Warum bist du nicht gekommen, um meine Wunden zu heilen?"

Man erinnert sich, dass der Altar mit dem berühmten Gekreuzigten für die Kranken im Isenheimer Spital bestimmt war. Zu Beginn der Behandlung wurden sie vor diese Bilderwelt geführt. Der Gott, dem sie da begegneten, sah ihrem Schicksal nicht von einem fernen Himmel her zu: Er teilte Leid und Todesangst der Menschen.

Wir wollen hoffen, dass Antonios in seiner Isolationsfolter ähnlich tröstliche Erfahrungen machen durfte. Er scheint jedenfalls kein neurotischer, menschenfeindlicher Kauz geworden zu sein. Denn was geschah, als eine teils neugierige, teils nach geistlichem Zuspruch hungernde Menge gewaltsam in die Behausung des Eremiten eindrang, berichtet sein Biograf *Athanasios:*

„Weder war er aus Gram missmutig geworden noch vor Freude ausgelassen (…). Er war vielmehr ganz Ebenmaß und natürlich in seinem Verhalten. Viele von den Anwesenden, die ein körperliches Leiden hatten, heilte der Herr durch ihn, und andere befreite er von Dämonen. Er verlieh unserem Antonios auch die Freundlichkeit der Rede. Und so tröstete er viele Trauernde; andere, die im Streit miteinander lagen, versöhnte er, so dass sie Freunde wurden."

Antonios wurde zu einem hochberühmten Heiligen; „Stern der Wüste" nannte man ihn, und im Mittelalter beriefen sich zahllose Antonios-Bruderschaften in ihrem Dienst an Kranken und Armen auf den gutherzigen Einsiedler. Doch seine abenteuerliche Geschichte ist beileibe kein Einzelfall.

„Fliehe, schweige, bete!"

Es waren Scharen von Menschen, die damals an der Wende zum vierten Jahrhundert aus der müde gewordenen, degenerierten Zivilisation hinaus in die Wildnis flohen. Einen gewaltigen Auftrieb erhielt die merkwürdige Wanderungsbewegung, als das Christentum im Jahre 313

Staatsreligion im Römerreich wurde. Plötzlich gab es keine Wahl mehr; es galt als schick und karrierefördernd, Christ zu sein.

Da glaubten viele den radikalen Anspruch des Evangeliums nur noch retten zu können, indem sie die verlogene Gesellschaft verließen und buchstäblich in die Wüste gingen. Bald hatte sich die Bewegung über Palästina und Syrien bis ins Abendland ausgebreitet.

Die Wüstenväter und -mütter, *Abbas* und *Amma* heißen sie in den alten Überlieferungen, füllten ihre Tage mit Beten, Meditieren, Fasten und einfacher Handarbeit. Sie flochten Seile und stellten Körbe her, um sich ihren kargen Lebensunterhalt zu verdienen. Viele blieben als Eremiten ganz für sich allein, andere fanden sich zu kleinen Einsiedlerkolonien zusammen oder gründeten Häuser für das gemeinsame Leben: die ersten Klöster.

Theodosios baute bei Betlehem ein solches Kloster auf mit einem Hospiz für physisch und psychisch Kranke. *Pachomios der Große* gründete nördlich von Theben einen Verband von zwölf Klöstern, jeweils aus mehreren Häusern für bis zu vierzig Mönche oder Nonnen bestehend. In Nordafrika führte die Schwester des heiligen Augustinus, die Witwe *Perpetua,* eine Frauengemeinschaft. In Jerusalem rief eine gewisse *Melania,* die in Rom eine Menge vornehmer Senatoren für das Christentum gewonnen hatte und mit einundzwanzig ebenfalls Witwe geworden war, zwei Klöster ins Leben – eines für Frauen, eines für Männer. Die prominente Schauspielerin *Pelagia* riss, als Mönch verkleidet, aus Antiochia aus und ließ sich als Büßerin im Heiligen Land nieder.

Die Einsamkeit dieser Wüstenleute wurde immer wieder von Hilfesuchenden durchbrochen. Die Ratschläge, die sie mit nach Hause nehmen konnten, waren meist denkbar knapp und schlicht, aber sensibel und lebensklug. Spruchsammlungen wie die auf das vierte oder fünfte Jahrhundert zurückgehenden *Apophthegmata Patrum* („Aussprüche der Väter") informieren uns darüber – und lassen diese frühchristlichen Gurus geradezu als Vorläufer moderner Therapeuten erscheinen.

Natürlich lässt sich die Lebenssituation der ägyptischen Wüste nicht unbedingt mit den Großstädten und Landgemeinden des beginnenden dritten Jahrtausends vergleichen. Wer heute einen spirituellen Anspruch zu verwirklichen sucht, dürfte sich kaum den kompletten Verzicht auf Besitz, Sexualität, zivilisatorischen Komfort einfallen lassen.

Oder doch?

Von ihren Zeitgenossen wurden die Wüstenmönche als Menschen wahrgenommen, die an vorderster Front gegen die Mächte des Bösen kämpften, die eine gefährliche Existenz auf sich nahmen, um betend und büßend ihre in der Welt gebliebenen Geschwister zu beschützen.

Arsenios war der Sohn eines römischen Senators und hoher Beamter am Kaiserhof zu Konstantinopel. Er wurde zum Wüsteneremiten, weil ihm eine himmlische Stimme geraten hatte: „Arsenios, fliehe die Menschen, und du wirst gerettet werden!" – „Arsenios, fliehe, schweige, bete! Das sind die Wurzeln der Sündenlosigkeit."

Einsamkeit. Schweigen. Gebet. Es sind die Zauberworte, die heute noch das Leben in den Klöstern bestimmen. Moderne Menschen entdecken die Abteien zusehends als Kraftquelle. Sollte sie doch zeitlos sein, die Spiritualität der Wüste?

Die Wirklichkeit hinter den Dämonen

Zeitlos wie die alten Geschichten aus den Mönchskolonien. Von drei Studenten wird berichtet, die Mönche wurden und sich vornahmen, ein gutes Werk zu tun. „Der erste wollte Streitende zum Frieden zurückführen. Der zweite wollte Kranke besuchen. Der dritte ging in die Wüste, um dort in Ruhe zu leben. Der erste, der sich um die Streitenden mühte, konnte jedoch nicht alle heilen. Von Verzagtheit übermannt, ging er zum zweiten, der den Kranken diente, und fand auch diesen in gedrückter Stimmung; denn auch er konnte sein Vorhaben nicht ganz ausführen. Sie kamen daher beide überein, den dritten aufzusuchen, der in die Wüste gegangen war. Sie erzählten ihm ihre Nöte und baten ihn, er möge ihnen aufrichtig sagen, was er gewonnen habe.

Er schwieg eine Weile, dann goss er Wasser in ein Gefäß und sagte ihnen, sie sollten hineinschauen. Doch das Wasser war noch ganz unruhig. Nach einiger Zeit ließ er sie wieder hineinschauen und sprach: ‚Betrachtet nun, wie ruhig das Wasser jetzt geworden ist.' Und sie schauten hinein und erblickten ihr Angesicht wie in einem Spiegel."

Für die Wüstenväter bedeutete Einsamkeit offenbar mehr als ein ungestörtes Privatleben, mehr als die Muße, den eigenen Gedanken nachhängen und nach Herzenslust träumen zu können. Ihre Einsamkeit ist höchst produktiv, ist auf ein Ziel gerichtet: Selbsterkenntnis.

Sie gehen in die Wüste, um sich verwandeln zu lassen, um neue Maßstäbe zu gewinnen. Sie lassen alle Sicherheiten fahren, sie verzichten auf die gewohnten Lebenskonstrukte, um sich der Konfrontation mit dem nackten Ich

→ Einsicht: Der Mensch braucht Gott

auszusetzen. Sich selbst aushalten lernen, das kann ein grausamer Prozess sein.

Die alten Legenden und Gemälde illustrieren diesen inneren Konflikt mit den grässlichen Spukgestalten, die auf den Menschen eindringen: Symbole für all die Ängste und Zwänge, die ihn übergroß bedrängen, wenn er mit sich allein ist. Der Lohn solcher Schmerzen ist nicht nur eine souveräne Gelassenheit, die alle Furcht vertreibt; der Lohn ist vor allem die Begegnung mit einem lebendigen, befreienden Gott. Anfangs bedeutet die Einsamkeit Finsternis und beklemmendes Grauen, aber sie birgt eine lebenswichtige Einsicht: Der Mensch braucht Gott.

Vor seinen Abgründen muss der Mensch keine Angst mehr haben, denn in ihnen vermag er Gott zu finden. Der Altvater *Elias* – „Altväter" nennen die Apophtegmata in zärtlichem Respekt die weisen Mönche in der Wüste – berichtet von einem Greis, der von einem scheußlichen Dämon verhöhnt und gequält wird, bis er endlich verzweifelt nach Christus schreit.

„Auf der Stelle floh der Dämon. Da begann der Greis zu weinen. Der Herr aber sprach zu ihm: ‚Warum weinst du?' Der Greis antwortete: ‚Weil sie es wagen, gegen den Menschen Gewalt zu brauchen (…)' Er aber erklärte ihm: ‚Du bist nachlässig gewesen. Als du nämlich nach mir suchtest, ließ ich mich finden.'"

Wie viele Missverständnisse! Einsamkeit bedeutet offenbar nicht träge Ruhe, sondern inneren Kampf. Nicht Gottverlassenheit, sondern die Erfahrung seiner Nähe im Zentrum der Dunkelheit. Und die größte Überraschung: Einsamkeit bedeutet am Ende nicht Weltflucht, sondern die neugewonnene Fähigkeit zur liebevollen Solidarität, zum barmherzigen Umgang miteinander.

So erschüttert waren sie von der Erkenntnis ihrer eigenen Schwäche, die Wüstenväter, dass sie den Mitmenschen gar nicht mehr anders begegnen konnten als mit großer Milde. Ein Meister solch verstehender Güte muss der Altvater *Poimen* gewesen sein. Ein besonders sittenstrenger Mitbruder wollte sich bei Poimen einschmeicheln und erläuterte ihm Beifall heischend: „Wenn ich einen Bruder sehe, von dem ich einen Fehltritt erfahren habe, will ich ihn gar nicht erst in meine Behausung führen. Wenn ich aber einen sehe, der gut ist, dann freue ich mich mit ihm!"

Poimen zeigte sich wenig begeistert von so viel Selbstgerechtigkeit. Er gab seinem Besucher einen unerwarteten Rat: „Wenn du dem Guten ein wenig Gutes tust, dann tu dem anderen doppelt so viel. Denn er ist mit einer Schwäche behaftet."

> „Ein Bruder fragte den Altvater Sisoes: ‚Was soll ich tun, Vater, weil ich gefallen bin?' Der Altvater sagte ihm: ‚Steh wieder auf!' Der Bruder sagte darauf: ‚Ich bin aufgestanden, aber wieder gefallen.' Und der Altvater sagte darauf: ‚Dann steh wieder und wieder auf!' Der Bruder fragte: ‚Wie lange?' Der Greis antwortete: ‚Bis du aufgenommen bist, entweder im Guten oder im Falle. Denn in dem, worin der Mensch sich befindet, geht er hinüber.'"
>
> *Apophthegmata Patrum*

Die Wüstenväter nahmen in ihrer Schlichtheit die Forderung Christi wörtlich: „Richtet nicht, damit ihr nicht gerichtet werdet!" Sie wollten offensichtliche Sünden lieber entschuldigen als jemandem mit einem vorschnellen Urteil Unrecht tun. In einem Wüstenkloster hatte man eine Verfehlung entdeckt, und man holte den berühmten Altvater *Moses*, der den Übeltäter richten sollte: „Moses nahm einen durchlöcherten Korb, füllte ihn mit Sand und nahm ihn auf die Schulter. Die Brüder gingen ihm entgegen und sagten zu ihm: ‚Was ist das, Vater?' Da sagte der Greis zu ihnen: ‚Das sind meine Sünden. Hinter mir rinnen sie heraus, und ich sehe sie nicht, und nun bin ich heute gekommen, um fremde Sünden zu richten!' Als sie das hörten, sagten sie nichts mehr zu jenem Bruder, sondern verziehen ihm."

In uns selbst eine Wüste schaffen

Schöne Geschichten. Aber wer kann heutzutage schon in die Wüste auswandern? Ein zeitgenössischer Meister geistlichen Lebens, der 1996 gestorbene *Henri Nouwen*, empfiehlt die genau umgekehrte Methode: die Wüste zu uns zu holen. „Wir müssen uns tatsächlich unsere eigene Wüste schaffen, in die wir uns jeden Tag zurückziehen. Ohne solche Wüste verlieren wir unsere eigene Seele. (...) Das Wichtigste ist zunächst, uns eine Zeit und einen Ort festzusetzen, um bei Gott und allein bei ihm zu sein. Im konkreten Fall wird diese Übung der Einsamkeit für jeden anders aussehen und von dem Charakter des einzelnen, von seiner Tätigkeit und Umgebung abhängen. Aber eine wirkliche Übung bleibt nie im Ungefähren und Allgemeinen. Sie ist so konkret und bestimmt wie der Alltag selber."

Die Wüste in uns selbst schaffen – das gilt für die produktive Einsamkeit genauso wie für das Schweigen, das die Altväter so wichtig genommen haben. Henri Nouwen glaubt zu wissen, warum: „In unserer Welt ständigen Redens, in der das Wort seine Kraft der Mitteilung vielfach verloren hat, hilft uns das Schweigen, unseren Geist und unser Herz in der kommenden Welt verankert zu halten." Ein solches Schweigen habe nicht nur in Exerzitienhäusern und hinter Klostermauern seinen Platz, sondern im ganz normalen Alltag mit seiner Betriebsamkeit. Nouwen: „Es ist wie eine Zelle, die wir aus unserer Einsamkeit forttragen und mitten in unsere Tätigkeit hineinstellen können. Schweigen ist Einsamkeit im Tun."

An der Inflation der Worte und Wörter leiden nicht nur besonders sensible Gemüter. Es wird pausenlos diskutiert, erläutert und verlautbart, ohne zu merken, wie dünn und kraftlos dieses pausenlose Sprechen geworden ist. Zeitgenössische Therapeuten rücken dem Problem mit teuren Kommunikationstrainings zu Leibe. Die Wüstenväter hätten eine Behandlungsmethode anzubieten, die der Krankheit an die Wurzeln geht: Aus dem Schweigen heraus reden.

Das heißt, sparsam mit Worten umgehen. Nicht alles zwanghaft mitteilen müssen. Hilfreiche Rede vom leeren Geschwätz trennen. Mit Worten aufbauen statt zerstören, ermuntern statt kränken, frei machen statt vereinnahmen. Die fruchtbare Wüste des Schweigens – wieder einmal – in uns schaffen, wie die kluge Geschichte vom Altvater *Makarios* nahelegt: „Makarios sagte zu den Brüdern in der Wüste Sketis, als er aus der Kirche kam: ‚Flieht, Brüder!' Da fragte ihn ein alter Mönch: ‚Wo sollen wir denn anders hinfliehen als in die Wüste?' Er aber legte seinen Finger auf den Mund und sprach: ‚Dies sollt ihr fliehen.' Und er ging in seine Zelle, verschloss die Tür und setzte sich nieder."

Schweigen üben, das geht hoffentlich auch ohne solche Gewaltkuren, wie sie der Altvater *Agathon* praktizierte.

Drei Jahre lang soll er einen Stein von beträchtlicher Größe im Mund getragen haben, bis er nicht nur seine Rede beherrschte, sondern auch im Herzen keine Urteile mehr über Mitbrüder fällte.

„Ein Bruder befragte den Altvater Matoe: ‚Was soll ich tun? Meine Zunge macht mir Schwierigkeiten! Wenn ich mitten unter die Menschen gehe, dann kann ich sie nicht zwingen. Ich beurteile sie in jedem guten Werk und tadle sie. Was soll ich also tun?' Der Greis antwortete ihm: ‚Wenn du dich nicht beherrschen kannst, dann fliehe in die Einsamkeit. Denn es ist eine Schwäche. Wer mit den Brüdern zusammenwohnt, der darf nicht viereckig sein, sondern muss rund sein, damit er sich allen zuwenden kann.'"
Apophthegmata Patrum

Wenn wir irgendwo schweigend warten müssen, wenn im Gespräch eine Pause eintritt, ist uns das unangenehm. Warum eigentlich? Hätten wir keine nervöse Angst vor der Stille mehr, so könnte sich das Schweigen füllen – und die Rede, die darauf folgt, Kraft gewinnen, Dichte, Tiefe.

Der Altvater Poimen warnt allerdings vor einer neuen Selbstgerechtigkeit, einem spirituellen Klassendenken, das die Menschheit in Könner und Versager aufteilt, in Schweiger und Geschwätzige: „Da ist ein Mensch, der scheint zu schweigen, aber sein Herz verurteilt andere. Ein solcher redet in Wirklichkeit ununterbrochen. Und da ist ein anderer, der redet von der Frühe bis zum Abend, und doch bewahrt er das Schweigen, das heißt, er redet nichts Unnützes."

Wie das Schweigen zum Hören wird

„Fliehe, schweige, bete!" hat die Stimme vom Himmel den Wüstenvater Arsenios ermuntert. Die dritte Empfehlung gibt den beiden vorausgehenden erst ihre Tiefendimension: Beten macht die Einsamkeit zum Alleinsein mit Gott, verwandelt das Schweigen in Hören. Beten hilft die Konflikte bewältigen, die mit der Einsamkeit und der Übung des Schweigens notwendig verbunden sind, wie schon die Wüstenmutter *Theodora* wusste:

„Wisse, wenn der Vorsatz auf die Herzensruhe gerichtet ist, dann kommt sofort der Böse und beschwert die Seele, in Unmut, in Kleinmut und Gedanken (…), und er bricht die Kraft der Seele und des Leibes. (…) Aber wenn wir wachsam sind, dann löst sich das alles auf."

Und wachsam macht das Gebet. Denn vor Gott gibt es keine Masken und Lebenslügen mehr. Das Hören auf Gott, das Verweilen in seiner Nähe desillusioniert – aber es befreit auch. Es verwandelt die Persönlichkeit, schmilzt das Innere des Menschen in einem aufregenden, bisweilen auch schmerzlichen Prozess um. Im Herzen vollzieht sich dieser Prozess, im Zentrum der Person – nicht bloß im Kopf, nicht nur im Gefühl.

„Nur keine Angst, wenn ihr von Tugend hört, und reagiert nicht befremdet auf dieses Wort! Sie ist nichts, was von uns weit weg ist. Sie existiert nicht außerhalb unser. Sondern in uns selbst ist sie wirksam und ist etwas Leichtes, wenn wir nur wollen. (…) Wir brauchen nicht zu verreisen wegen des Himmelreiches noch übers Meer zu fahren nach der Tugend. Denn dem zuvorkommend sprach bereits der Herr: ‚Das Reich Gottes ist in euch.' (…) Denn wenn die Seele ihrer Natur gemäß das Vernünftige will, dann existiert die Tugend."

Athanasius: Vita et conversatio S. P. N. Antonii

Wenn die Weisen der Wüste vom Beten reden, meinen sie keine betriebsame Aktivität und kein verstandesmäßiges Sprechen mit Gott. Nicht reden ist gemeint, sondern still werden und hören. Makarios der Große erklärt: „Die Hauptaufgabe des Athleten, das heißt des Mönches, ist es, in sein Herz einzutreten."
Was keineswegs bedeuten soll, sich aus der bitteren Realität wegzuträumen, sondern am inneren Chaos zu arbeiten. Denn das Herz ist in der biblischen Tradition das Zentrum des Menschen, die Quelle all seiner Kräfte, der emotionalen wie der intellektuellen. „Mit dem Herzen beten", das bedeutet dann einfach: Der ganze Mensch betet, mit Kopf und Gefühl. „Einige fragten Altvater Makarios: ‚Wie müssen wir beten?' Dieser antwortete: ‚Es ist nicht nötig, viel zu reden; sondern ihr sollt die Hände ausstrecken und sprechen: Herr, wie du willst und weißt, erbarme dich! Wenn aber eine Anfechtung kommt, dann: Herr, hilf! Er weiß, was wir brauchen.'"
Einfach müsse so ein Gebet sein, schärft Makarios seinen Schülern ein. „Streng dich also nicht an, viel zu sagen. Wenn du nach Worten suchst, wird dein Geist nur zerstreut. (…) Ein Wort auf den Lippen des Zöllners versöhnte Gott; eine vertrauensvolle Bitte war genug, um den Schächer zu retten! Redet man viel im Gebet, so belästigen allerlei zerstreuende Bilder den Geist, aber die Andacht geht verloren. Redet man aber wenig oder spricht nur ein Wort im Gebet, so bleibt der Geist gesammelt."

„Spiritualität von unten"

In anderen Religionen heißt das „Mantra": ein Vers, eine Formel, ein Meditationsimpuls, der sich bei ständiger Wiederholung unauslöschlich einprägt und den Menschen an die andere Welt bindet. Wenn sich der Mönch auf das Beten mit dem Herzen einlässt, braucht er weder viele Worte noch viel ungestörte Zeit. Er lässt sein Herz beten, er öffnet sich Gott so vertrauensvoll, dass *es* in ihm betet und er gar nicht mehr viel dazu tun muss. Er trägt alles, was ihm begegnet, Pflichten, Sorgen, Menschen, vor Gott. Und sein Alltag wird zum Gebet, ganz von selbst.

Die Wüstenväter pochen darauf, dass Beten nicht zum Vorwand werden darf, die Nöte der anderen Menschen zu vergessen. „Man erzählte, dass Altvater *Johannes Kolobos* einmal zu seinem älteren Bruder sagte: ‚Ich will ohne Sorgen sein, so wie die Engel sorglos sind und nicht arbeiten, sondern unaufhörlich Gott dienen.' Er legte sein Kleid ab und ging in die Wüste. Nachdem er eine Woche dort verbracht hatte, kehrte er zu seinem Bruder zurück. Als er an die Tür klopfte, erkannte ihn sein Bruder, bevor er öffnete, und sprach: ‚Wer bist du?' Er antwortete: ‚Ich bin Johannes, dein Bruder!' Der Bruder antwortete: ‚Johannes ist ein Engel geworden und gehört nicht mehr zu den Menschen.' Da flehte er ihn an und sagte: ‚Ich bin es doch!' Der andere aber öffnete ihm nicht, sondern ließ ihn bis zum Morgen in dieser unbequemen Lage. Erst später öffnete er und sagte: ‚Wenn du ein Mensch bist, dann musst du arbeiten, damit du deine Nahrung findest.' Da bereute Johannes und sagte: ‚Verzeih mir!'"

Die Wüstenmönche wissen, dass sie sich nicht einfach in den Himmel erheben und die eigenen Merkwürdigkeiten und Abgründe vergessen können. Vom Abba Antonios ist das Wort überliefert: „Wenn du siehst, dass ein junger Mönch mit seinem eigenen Willen nach dem Himmel strebt, halte seine Füße fest, ziehe ihn nach unten, denn es hat für ihn keinen Nutzen."

„Spiritualität von unten" nennt der Benediktiner *Anselm Grün* diese Frömmigkeit. Für die Wüstenväter beginne der spirituelle Weg bei den Leidenschaften der Seele. „Sie muss man erst beobachten, mit ihnen muss man kämpfen. Dann erst versteht man etwas von Gott. (…) Es ist eine große Gefahr, dass wir die Meditation dazu benutzen, den Problemen aus dem Weg zu gehen, die wir eigentlich lösen müssten, etwa die Probleme unserer verdrängten Sexualität, unserer unterdrückten Aggressionen und unserer Ängste. (…) Die Spiritualität von unten meint, dass ich Gottes Wille mit mir, dass ich meine Berufung nur entdecken kann, wenn ich den Mut habe, in meine Realität hinabzusteigen, mich mit meinen Leidenschaften, mit meinen Trieben, mit meinen Bedürfnissen und Wünschen zu beschäftigen, und der Weg zu Gott führt über meine Schwächen, über meine Ohnmacht."

Zum Beispiel über die Wut, die in mir kocht. Die „Spiritualität von oben", so Grün, reagiert darauf, indem sie die Emotion „unterdrückt oder verdrängt. ‚Die Wut darf nicht sein. Als Christ muss ich immer freundlich und ausgeglichen sein. Da muss ich meine Wut beherrschen.' Die Spiritualität von unten würde bedeuten, dass ich meine Wut befrage, was Gott mir darin sagen möchte. Vielleicht weist mich meine Wut auf eine tiefe Verletzung hin (…). Vielleicht zeigt mir meine Wut, dass ich andern zu viel Macht über mich gegeben habe. Dann wäre die Wut die Kraft, mich von der Macht der andern zu befreien. Die

Wut ist dann nicht von vornherein schlecht, sondern sie wird für mich zum Wegweiser zu meinem wahren Selbst."

Ein berühmter Theologe suchte den Altvater Poimen in der Wüste auf, um mit ihm über die Geheimnisse Gottes zu sprechen. Aber Poimen hörte gar nicht hin. Betrübt beschwerte sich der Besucher bei seinem Begleiter, der ihn hergebracht hatte. Dieser stellte Poimen zur Rede und fragte: „Vater, deinetwegen kam dieser große Mann, der in seiner Gegend ein so großes Ansehen besitzt. Warum hast du denn nicht mit ihm gesprochen?"

Der Greis gab zur Antwort: „Er wohnt in den Höhen und spricht Himmlisches, ich aber gehöre zu denen drunten und rede Irdisches. Wenn er von den Leidenschaften der Seele gesprochen hätte, dann hätte ich ihm wohl Antwort gegeben. Wenn er aber über geistliche Dinge spricht – davon verstehe ich nichts!"

2

GOTTES GROSSE LIEBE: EIN STÜCK ERDENLEHM

Hildegard von Bingen (1098–1179) war verliebt in die Schöpfung – und wusste, dass alles Leben auf der Welt voneinander abhängt.

„Von der Tiefe bis hoch zu den Sternen überflutet die Liebe das All."

DIE ELEMENTE DER WELT schreien wild auf und klagen: „Wir können nicht mehr laufen und unsere Bahn nach der Bestimmung unseres Meisters vollenden. Denn die Menschen kehren uns mit ihren schlechten Taten von ganz unten nach ganz oben wie in einer Mühle. Wir stinken schon wie die Pest und vergehen vor Hunger nach der vollen Gerechtigkeit." Und Gott gibt ihnen Recht. Er verspricht: „Mit den Qualen derer, die euch verunreinigt haben, will ich euch reinigen."

Eine typisch mittelalterliche Vision kosmischer Unordnung, aufgezeichnet im zwölften Jahrhundert von der Ärztin, Äbtissin, Theologin und Komponistin Hildegard von Bingen. Dunkle Bilder – und doch sofort nachvollziehbar: Der Mensch ist in den Kosmos eingebunden, menschliches Fehlverhalten wirkt auf den Kosmos zurück. Modern ausgedrückt: Verantwortungslose Ausbeutung der Ressourcen stört das ökologische Gleichgewicht auf der Erde und die Ordnung des Alls, Profitsucht und Größenwahn der Macher lassen die Biosphäre kaputtgehen.

Hildegard von Bingen gilt vielen als frühe Kronzeugin der alternativen Szene: Hält sie nicht der Umweltzerstörung die unversehrte „Grünkraft" entgegen? Gibt sie in ihren Büchern über Pflanzen, Tiere und Heilkräuter nicht erstaunlich treffsichere Ratschläge? Ganz abgesehen vom exotischen Reiz ihrer Küchenrezepte.

Zu wenig. Zerrbilder beherrschen die weitverbreitete Literatur mit Ernährungsratschlägen, Kräuterbeschreibungen und Küchentipps aus der „Hildegard-Medizin". Mit Hildegard lässt sich ein gutes Geschäft machen – auf Kosten ihrer kraftvollen, vielschichtigen Persönlichkeit.

Konservative Reformerin

Sie war alles andere als eine schwärmerisch-überspannte Nonne, die in ihrem Klostergärtlein zufällig ein paar brauchbare Heilkräuter zog. Wer ihr begegnet, entdeckt ein Energiebündel voller Elan und Ideen, hellwach, emanzipiert und zugleich selbstkritisch. Hildegard leitete zwei Abteien gleichzeitig und führte einen der umfangreichsten Briefwechsel des Mittelalters. Sie übte ein halbes Dutzend Berufe auf einmal aus: Dichterin, Theologin, Naturwissenschaftlerin, Ärztin, Apothekerin. Ihre gewaltigen Visionen stoßen heute auf ein neues starkes Interesse, und die eigenwilligen Lieder und Singspiele, die sie für ihre Mitschwestern getextet und komponiert hat, gibt es längst auf CD. Pfalzgrafen, Gelehrte, Bischöfe und Bauern pilgerten an den Rhein, um Hildegards Rat einzuholen. Sie war einzigartig!

Und doch auch wieder nicht. Natürlich ist auch Hildegard ein Kind ihrer Zeit gewesen, keineswegs immer eine forsche Vordenkerin. An Politik und Gesellschaft ihrer Epoche hatte sie offensichtlich weniger zu kritisieren als andere religiös motivierte Autoren aus der damaligen Reformbewegung.

Gegen die Kreuzzüge zum Beispiel hatte sie nichts. Der angeblich so naive *Francesco von Assisi* sollte der fromm verbrämten Schlächterei wenige Jahrzehnte später die friedliche Mission gegenüberstellen, die Überzeugungskraft eines christlichen Lebens. Hildegard dagegen feuerte den Kreuzzugsprediger *Bernhard von Clairvaux* in einem devoten Brief voller Bewunderung an: „Mit dem Banner des heiligen Kreuzes fängst du erfüllt mit hohem Eifer in brennender Liebe zum Gottessohn die Menschen, damit sie im Christenheer Krieg führen wider die Wut der Heiden."

Der Obrigkeit, ihren Ansprüchen und Parolen hat man sich eben einfach zu unterwerfen. „Denn vom Heiligen Geiste ist die Regierung über das Volk zum wirksamen Nutzen der Lebendigen eingesetzt", heißt es in ihrem ersten großen Visionsbuch „Scivias": „Wie sollten sonst die Menschen Gott erkennen und ehren, wenn sie nicht Menschen Ehre und Ehrfurcht zu erweisen hätten!"

Moralisch findet sie keineswegs alles in Ordnung, was die Obrigkeit so tut; die geschäftstüchtigen Verwalter geistlicher Ämter schickt sie ohne viel Federlesens in die Hölle. Ihrem von Gott zum Nutzen der Menschen so weise eingesetzten „Regiment" sei dennoch zu gehorchen. Reformerisch war sie schon gesinnt, aber ihre Vorstellungen von einer kirchlichen und gesellschaftlichen Erneuerung hören sich erheblich konservativer an als die der zeitgenössischen Fortschrittskräfte: Rückkehr zu den Ursprüngen statt radikaler Neuorientierung. Während damals in zahlreichen Reformklöstern bereits die Standesschranken fielen und auch Nichtadelige und Minderbemittelte eintreten, ja sogar Äbte und Bischöfe werden konnten, hielt Hildegard eisern am Adelsprivileg für ihre Klostergründung fest. Ihre Begründung klingt seltsam: „Welcher Mensch sammelt seine ganze Herde in einem einzigen Stall, Ochsen, Esel, Schafe, Böcke, ohne dass sie auseinanderlaufen? (...) Denn Gott hat dem Volk auf Erden Unterschiede gesetzt, wie Er auch im Himmel Engel, Erzengel, Throne, Herrschaften, Cherubim und Seraphim gesondert hat." Wenn man aber Leute aus verschiedenen Volksschichten in einer Gemeinschaft zusammenbringe, sei zu befürchten, dass der eine Stand über den anderen herfalle.

Eingemauert mit acht Jahren

Sie war eben ein Mensch des Mittelalters. Damals, im zwölften Jahrhundert, war man ängstlicher, abergläubischer, vielleicht auch frömmer als heute – aber auch sinnlicher, naiver, unkomplizierter. Pralle Lebensfreude und finsterer Weltschmerz verbanden sich, unbändiges Vertrauen auf den guten Gott und nagende Furcht vor den allgegenwärtigen Dämonen. Dazu passt das uns heute entsetzlich anmutende Schicksal der achtjährigen Hildegard, die dem Willen ihrer Eltern folgte und sich zusammen mit der Klausnerin *Jutta von Sponheim* und einem weiteren kleinen Mädchen in einer Zelle beim Benediktinerkloster Disibodenberg über dem Nahetal einmauern ließ, im Jahre 1106.

Beides war damals freilich verhältnismäßig normal: Derartige Klausen schossen wie Pilze aus dem Boden. Vor allem Frauen aus den besten Kreisen ließen sich von der Tradition der Eremiten faszinieren und lebenslang in einer Zelle einschließen, gern im Schutz eines Männerklosters. Und die elterliche Fremdbestimmung über das Schicksal der Kinder war genauso selbstverständlich wie die frühe Übergabe an ein Kloster. Bindende Gelübde durften allerdings erst mit fünfzehn Jahren abgelegt werden.

Hildegard verbrachte fünfunddreißig Jahre auf dem Disibodenberg. Es ist die stille Hälfte ihres Lebens, von der wir kaum etwas wissen – obwohl sich die strenge Abgeschiedenheit lockerte, als immer mehr Mädchen der bewährten Meisterin Jutta zuströmten und aus der beengten Klause ein komplettes Frauenklösterchen wurde. Und auch vorher hatte Hildegard durch das Fenster ihrer Klause und durch ihre mönchischen Lehrer mehr von der Welt mitbekommen als viele ihrer Altersgenossinnen draußen auf den Burgen und Herrensitzen des Rheinlandes; das beweisen die zahllosen Bezugnahmen auf biblische und theologische Autoren in ihren Werken.

1136 starb Jutta von Sponheim. Die Nonnen vom Disibodenberg wählten einstimmig die achtunddreißigjährige Hildegard zu ihrer Nachfolgerin. Als wir ihr elf Jahre später auf der Reichssynode zu Trier wieder begegnen, hat sich das zentrale Ereignis ihres Lebens bereits vollzogen: die unwiderstehliche Erfahrung eines Auftrags vom Himmel, ihre Visionen aufzuzeichnen. *Scivias* hat sie ihr erstes Buch genannt, „Wisse die Wege". Ein Titel, verheißungsvoll und dunkel wie der Inhalt: eine geheimnisvolle Welt, faszinierend und erschreckend, ein farbiges Panorama von Schöpfung und Heilsgeschichte, bevölkert von Engelchören und Dämonen, eine Art Kompendium des christlichen Glaubens in Bildern, dramatischen Szenen und Symbolen.

„Das Leben lag inmitten der Allmacht verborgen und verharrte im Schweigen, bis die leuchtend weiße, so lange umdunkelte Wolke erstrahlte. Da brach das Morgenrot auf und umflutete die Sonne. Diese aber sandte ihre Strahlen aus und erbaute eine gewaltige Stadt. Zwölf Lichter führte sie herauf und brachte im dritten Teil des Schlafs jene, die im tiefen Schlummer schliefen, zum Erwachen. Davon erröteten alle Adler, die in der leuchtend weißen Wolke hausten (…). Und so erschien die neue Welt im Feuer, eine Welt, die aus den Wassern strömte. Berge und Hügel lagen davon übergossen. Und der ganze Kosmos singt der Engel Lied."
Liber vitae meritorum (Buch der Lebensverdienste)

Als armseliges, hinfälliges Wesen schildert sie den Menschen, immer am Rand der Verzweiflung und ausweglosen Verstrickung. Als zerbrechliches Stückchen Welt, das allerdings eine unbändige schöpferische Energie und das sprühendste Leben in sich trägt, weil es sich von Gott geliebt weiß: Ein hell leuchtendes Feuer sieht sie in ihrem Scivias, „ein Feuer, das unbegreiflich, unauslöschlich, ganz lebendig, ganz Leben war." Und als dieses machtvolle Feuer – Symbol der Schöpferkraft Gottes – Himmel und Erde fertig modelliert hat, da widmet es sich liebevoll einem unscheinbaren Erdgebilde. „Nun streckte sich die Flamme, die inmitten des Feuers glühend brannte, nach einem kleinen Klumpen lehmiger Erde aus (...). Sie erwärmte ihn, und er wurde zu Fleisch und Blut; sie hauchte ihn an, und er richtete sich auf als ein lebendiger Mensch."

Die Zärtlichkeit eines verwundeten Gottes

Die Schöpfung des Menschen ist für Hildegard nie ein trockener Glaubenssatz gewesen, sondern das erschütternde Zeugnis von einem leidenschaftlich in seine Menschen verliebten Gott. „Nichts gibt es", staunt sie, „was sich dieser Leidenschaft der Gottheit entziehen könnte, da das Wort des Vaters selbst alles erschuf und sich das Fleisch anzog, um den Menschen in seiner Leiblichkeit zu befreien."

Wenige Jahrzehnte nach Hildegard vertrat der abendländische Theologenpapst *Thomas von Aquin* eine wohlbegründete Theorie, wonach Gott nur Mensch geworden sei, um die im Paradies geschehene Ursünde zu sühnen. Die theologisch nie besonders sichere rheinische Benediktinerin hatte die Inkarnation viel unbefangener und positiver als freien Entschluss der Liebe Gottes gedeutet.

Als die ersten Menschen ins Leben gerufen wurden, stand dieser Entschluss bereits fest. Hildegard erblickte nämlich im Herzen Gottes ein schwarzes Bröckchen, schmutzig und klein, und erhielt vom „Lebendigen Licht" die Auskunft: „Das ist der Mensch, der schwache, hinfällige, elende Lehm. Ihn trägt Gott durch die Liebe zu seinem menschgewordenen Sohn in seiner Brust, das heißt im Geheimnis seiner Weisheit." Allein zu dem Zweck wurde Gott Mensch, um diesen elenden Erdenlehm an das Herz des Vaters hinaufzuheben.

„Wenn aber die Geburt unmittelbar bevorsteht, wird das Gefäß, in das das Kind eingeschlossen ist, zerrissen und die gleiche Kraft der Ewigkeit, die Eva aus Adams Seite nahm, kommt schnell herbei und ist zur Stelle, um alle Winkel seiner Behausung im weiblichen Körper aus seiner alten Lage zu werfen. (...) Die Seele des Kindes aber spürt während dieses Austritts die Kraft der Ewigkeit, die sie gesandt hat, und sie freut sich unterdessen. Nachdem aber das Kind ausgetreten ist, schickt es sofort einen klagenden Schrei aus, weil es die Finsternis der Welt spürt."
Causae et curae (Heilkunde)

Hildegards Bilder und ihre zarte Poesie transportieren durchaus handfeste theologische Inhalte. Sie üben treffsicher Kritik an den scholastischen Gottesgelehrten, die sich auf ihre Denksysteme bestimmt eine Menge eingebildet haben.

„Vater, weil ich Dein Sohn bin: schau her mit der Liebe, mit der Du Mich in die Welt gesandt hast, und betrachte Meine Wunden, durch die Ich nach Deiner Anordnung die Menschen erlöst habe." So wird der menschgewordene Gottessohn, umgebracht aus Hass, auferstanden durch die Kraft der Liebe, im Entscheidungskampf der Endzeit den Vater bitten. Die Wunden des Gekreuzigten spielen eine zentrale Rolle in Hildegards sinnlicher, visuell geprägter Theologie, weil sie klarmachen, welchen Preis Christus für seine Liebe zu zahlen bereit war.

In dem dramatischen Spiel, mit dem ihr Scivias ausklingt, ermuntert die Demut eine verzweifelte Seele, Hoffnung zu fassen:

„Du armes Kind,
Von Herzen umfange ich dich,
Denn aus tiefen, herben Wunden
Blutete um dich der große Arzt."

Die kleine Nonne jubelt über Gottes „umarmende Mutterliebe", die sich der Welt zärtlich zuneigt. Hildegards Gott, der in ihren Visionen als Eisenberg und Riese auftritt, ist all seiner furchtbaren Majestät zum Trotz ein zärtlicher Freund der Menschen, aufmerksam und um ihre geringsten Bedürfnisse besorgt. An seiner Schöpfung hat er eine solche Freude, dass er die Kreatur, die ihn liebend berührt, behutsam in seine Arme nimmt.

Hildegard ist nicht die Einzige, die den Höllenängsten jener Tage die Botschaft von Gottes sanfter Zuwendung zur Welt entgegenhält; das tut die mystisch angehauchte Mönchstheologie ihrer Zeit hartnäckig genug. Hildegard versteht sich als Schwester dieser Mönche. Während finstere Bußprediger mit ihren detaillierten Warnungen vor den Umtrieben der Haupt- und Hilfsteufel, Luftdämonen und Poltergeister immer noch gewaltigen Zulauf haben und sensationshungrige Touristen zu einem Loch in Irland pilgern, durch das der Ritter Owen angeblich geradewegs in die Hölle hinabgestiegen ist, stellt Hildegard ganz ruhig fest, Christus sei stärker als alle Satansmacht und zur Rettung der Menschen entschlossen.

Souverän behauptet sie, Gottes Barmherzigkeit relativiere den Zwang zur gerechten Vergeltung, weil er allein um die Abgründe im Menschen wisse und darum, wo er frei ist und wo er sich verstricken muss. Für ihren leidenschaftlich liebenden Gott gelten die irdischen Maßstäbe von Gerechtigkeit nicht. Hier ist kein Platz für jene hartherzige Sektenideologie, die den eigenen Klüngel zur Gemeinde der ganz Reinen hochlobt und sich über die armseligen Tröpfe draußen erhaben dünkt, die den erwünschten Tugendstandard noch nicht erreicht haben. Hildegards Gott ist unendlich größer als seine wachsamen irdischen Buchhalter. Er denkt gar nicht daran, irgendeinen Menschen wegen einer menschlichen Schwäche fallen zu lassen. „Wenn aber der Mensch", erklärt sie in ihrem „Buch der Lebensverdienste", „in seinen edlen Bestrebungen wie auch bei der Durchführung schon einmal aus Nachlässigkeit einen Fehltritt tut, ohne darum das Gute als solches aufzugeben, dann wird Gott ihn keineswegs zugrunde gehen lassen, weil er noch die Sehnsucht nach höheren Werten in sich trug."

„Von der Tiefe bis hoch zu den Sternen
Überflutet die Liebe das All,
Sie ist liebend zugetan allem,
Da dem König, dem höchsten,
Sie den Friedenskuss gab."
Antiphon „Caritas abundat" aus den Carmina

Sie ist zeitlos, diese Verbindung von radikaler Hingabe an den Urheber allen Lebens und gewinnender Menschenfreundlichkeit. Dieser Gott ist Licht und Feuer, überwältigende Kraft und strahlende Herrlichkeit, Schöpfungsenergie und Lebensfunke in aller Kreatur. Die Nonne erschauert vor seiner „stahlharten" Gerechtigkeit; für die ewigen Zweifler und arroganten Nörgler, die sich vor dieser allgewaltigen Majestät aufplustern, hat sie nur Sarkasmus übrig: „Sage mir doch, o Mensch, was warst du, als du noch keinen Leib und keine Seele hattest? Du weißt nicht einmal, wie du selbst geschaffen wurdest, und du willst Himmel und Erde erforschen! Du willst ihre Harmonie und die Einrichtungen Gottes vor dein Gericht ziehen und das Höchste wissen, während du nicht einmal das Geringste zu beurteilen verstehst. Du kannst dir ja nicht erklären, wie du selbst im Körper lebst, oder wie du ihn verlässest. Der dich geschaffen hat im ersten Menschen, Er hat alles dies vorausgesehen."

Aber dieser herrliche Gott neigt sich in unbezähmbarer Liebesleidenschaft zum Menschen herab, der ihn ständig enttäuscht – und doch die Sehnsucht nicht verleugnen kann, die Gott selbst ihm ins Herz gelegt hat. Diese ursprüngliche Beziehung der Kreatur zu ihrem Schöpfer zu verdrängen, ist für Hildegard die grässlichste Sünde, und der Narzissmus, der den Menschen für komplett autonom hält, die schlimmste Versuchung. Wer von Gott nichts mehr wissen will, bringt sich um den Sinn seines Lebens: „Wo aber die Frage im Menschen nicht ist, da ist auch nicht die Antwort des Heiligen Geistes. Ein solcher Mensch stößt die Gabe Gottes zurück, und ohne Frage nach Buße stürzt er sich in den Tod."

„Als Gott den Adam schuf, hatte Adam eine große Liebe in seinem Schlafe, den Gott über ihn sandte. Und Gott gab der Liebe des Mannes Gestalt, und so ist die Frau die Liebe des Mannes. (...) Als aber Eva Adam ansah, schaute sie ihn so an, als blickte sie in den Himmel hinein und als richtete sie ihre Seele empor, die den Himmel ersehnt: war doch ihre Hoffnung auf den Mann gerichtet. Und darum wird eine einzige Liebe sein, und nur so sollte es sein in der Liebe zwischen Mann und Frau und nicht anders. Die Liebe des Mannes ist im Brand seiner Leidenschaft wie das Feuer brennender Berge, das kaum einzudämmen ist, die Liebe der Frau gleicht dagegen der Flamme in einem Holzstoß, die man leicht wieder auslöscht. Ihre Liebe ist dem Manne gegenüber wie die ausgeglichene Wärme der Sonnenglut, die fruchtbringend wirkt im Vergleich zu jener ungeheuerlich entfachten Flamme der brennenden Wälder. (…) Gleichwohl spürt auch jetzt noch der Mann jenen starken süßen Drang in sich, und wie sich der Hirsch nach der frischen Quelle sehnt, so eilt auch heute noch hurtig der Mann zum Weibe hin. Die Frau aber verhält sich ihm gegenüber mehr wie eine Getreidetenne, die von wuchtigen Schlägen erschüttert wird und die, so wie die Körner in ihr zerschlagen werden, sich tüchtig dabei erhitzt."

Causae et curae (Heilkunde)

Die so genau um die Welt Bescheid wissende Nonne vertritt ein sehr realistisches Menschenbild. Gott suchen heißt für sie ins Dunkel springen. Glaube ist immer ein Risiko, mehr eine Sache des mutigen Vertrauens als der beruhigenden Absicherung. Die Freude des himmlischen Vaterhauses könne der ringende, zwischen Sünde und Reue zerriebene Mensch ja doch niemals schauen, höchstens „von weitem im Schatten des Glaubens" erstreben, völlig unsicher in seiner Existenz.

Prophetinnen wie Hildegard – denn viel eher als eine Mystikerin, die Gott in ihrem Innersten gefunden hätte, ist sie eine Prophetin gewesen, immer auf der Suche nach Zuhörern, um Gottes Botschaft auszurichten –, Prophetinnen laden dazu ein, begeistert vom Glauben zu erzählen und sich an Gott zu freuen, statt perfekt durchorganisierte Gedankengebäude zu zimmern. Prophetinnen wie

Hildegard retten das Mysterium vor den Verstandesfanatikern. Propheten wie Mystiker üben durchaus auch eine institutionskritische Funktion aus; die etablierte Kirche hat beide nie besonders gemocht, weil sie Unruhe in die festgefügte Ordnung bringen und gefährliche Erinnerungen wachrufen.

Und die unvermeidliche aufgeklärte Frage, ob das wirklich Gott war, der Hildegard all diese Bühnenbilder, Lobgesänge, Mahnschreiben und Lebensregeln diktiert hat? Oder hat sie nur ihre blühende, unendlich produktive Fantasie in das herkömmliche Gewand göttlicher Eingebung gekleidet? Blieb der tapferen Nonne am Ende gar nichts anderes übrig, als sich mit den fremden Federn der Gottesrede zu schmücken, weil eine Frau damals eben nicht als Frau, im eigenen Namen, sondern nur als Stimme eines Höheren im theologischen Gespräch mitreden durfte?

Hat sie deshalb ihre literarische Bildung – wenn sie schon einmal über sich selbst sprach – so beflissen herabgesetzt, weil eine Visionärin umso begnadeter erschien, je weniger eigenes Talent sie mitbrachte? Wird so ihre dezente Kritik an der professoralen Theologie der Scholastik besser verständlich, die sie in die Schau einer kommenden Friedenszeit verpackt? Statt der doctores werden dann nämlich Propheten die Völker lehren.

Briefpartnerin des Abendlandes

Bei der Trierer Synode setzte *Papst Eugen III.* eine Kommission von Bischöfen ein, die Hildegards Gedankenwelt und Glaubensstärke gründlich überprüfen sollte. Das Ergebnis war überaus befriedigend, und die Nonne Hildegard war mit einem Schlag prominent geworden. Ihr Ruf zog immer mehr weiblichen Ordensnachwuchs auf den Disibodenberg. Für neue Klausen war kein Platz mehr. Als die Meisterin Hildegard 1150 ihr bisheriges Domizil verließ und bei Bingen am Rhein – am Schnittpunkt wichtiger Verkehrswege – ein eigenes Kloster gründete, folgten ihr zwanzig Mitschwestern.

Als ob es nicht allein schon eine Herkulesarbeit gewesen wäre, eine neue Abtei aufzubauen und eine unwegsame Wildnis zu roden, Weinberge und Äcker anzulegen, erwarb sie auch noch das leerstehende Augustinerkloster im Winzerdorf Eibingen bei Rüdesheim und errichtete dort eine weitere Niederlassung. Jetzt pendelte sie zwischen zwei Klöstern hin und her, überquerte zweimal pro Woche auf einem Nachen den Rhein, der die beiden Ordenshäuser trennte. Sie soll eine sehr menschenfreundliche, sensible Oberin gewesen sein.

Bischöfe mit großem Gefolge und verwilderte Kriegsknechte, vornehme Pfalzgrafen und zerlumpte Bauern, Gelehrte, Ritter, Kaufleute, enttäuschte Kreuzfahrer und vagabundierende Scholaren pilgerten hierher – und berichteten alle, eine Mutter getroffen zu haben. Irgendwie schaffte es die geplagte Äbtissin, neben ihren zahlreichen Aufgaben in den beiden Klöstern und zwischen Visionsdiktaten, ärztlichen Behandlungen, Naturforschung, Meditation und umfangreicher Korrespondenz jedem dieser Besucher das Gefühl zu geben, als Mensch ernst genommen zu werden.

Hildegards Briefwechsel umfasst das ganze damalige Deutsche Reich, Elsass-Lothringen, die Schweiz, Frankreich, die Niederlande, Italien, Griechenland, Dänemark.

Sie korrespondierte mit Päpsten, Fürsten und Bischöfen, mit dem englischen Königspaar und ganz normalen, ratlosen Ehefrauen. Als sich Kaiser Friedrich Barbarossa mit Rom überworfen hatte, redete sie ihm mit geharnischten Briefen ins Gewissen: „Gib Acht, dass der höchste König dich nicht zu Boden streckt wegen der Blindheit deiner Augen, die nicht richtig sehen, wie du das Zepter zum rechten Regieren in deiner Hand halten musst."

Sie legte leidenschaftlichen Protest ein gegen klerikalen Machthunger und die Liebe mancher Kirchenführer zum Geld. Sie tadelte die „schlafenden Prälaten", warf dem Bischof von Speyer – unbeeindruckt von dessen großzügiger Sympathie für die Klöster – seine „feiste Natur" vor, nannte den Erzbischof von Köln einen „räuberischen Habicht" und attackierte seine Priester öffentlich so: „Ihr seid Nacht, die Finsternis aushaucht, und wie ein Volk, das nicht arbeitet und aus Trägheit nicht im Lichte wandelt." Nein, dieser Klerus sei „kein Halt für die Kirche (…). Und wegen eures ekelhaften Reichtums und Geizes sowie anderer Eitelkeiten unterweist ihr eure Untergebenen nicht (…)."

Unerhört ist ihr couragiertes Auftreten gegenüber den Benediktinermönchen, die ihr neu gegründetes Kloster zu bevormunden suchten: Statt irgendeinen wohlmeinenden Bischof kleinlaut um Hilfe zu bitten, tauchte sie plötzlich zornbebend unter den Mönchen auf, stellte sie wütend zur Rede und kehrte erst in ihr Kloster zurück, als dessen Unabhängigkeit schriftlich garantiert war.

Gefährliche Predigten auf dem Marktplatz

Unerhört schien es aber auch, dass eine Nonne die schützende Klausur ihres Klosters verließ, um durch die Lande zu reiten und ohne jede Aufsicht männlicher Kirchenregenten auf öffentlichen Plätzen aufrührerische Reden zu schwingen. Nach allem, was wir wissen, ist die Predigt in jenen Zeiten ziemlich vernachlässigt worden. Die oft erbärmlich schlecht ausgebildeten Priester kamen ihrer Pflicht, das Wort Gottes auszulegen, nur sehr unregelmäßig nach. 1031 hatte die Synode von Limoges feierlich die verbreitete Ansicht für irrig erklären müssen, die Predigt sei einzig und allein den Bischöfen reserviert.

Umso mehr werden die Leute gestaunt haben, wenn sich da eine körperlich nicht sehr robuste, aber resolute Dame in den Sechzigern in schwarzer Benediktinerinnentracht, vielleicht auch noch den ehrfurchtgebietenden Äbtissinnenstab in den Händen, unter dem Marktkreuz oder vor einem Kirchenportal aufbaute und den schlechten Hirten und müden Prälaten die Leviten las. So etwas taten doch höchstens die vom Papst ausgeschickten Kreuzzugspropagandisten! Oder aber – und das hätte Hildegard gefährlich werden können – die genauso fanatisch eifernden, aber nicht von der kirchlichen Obrigkeit autorisierten Wanderprediger, radikal, aggressiv, ketzerverdächtig. Und natürlich immer mit einem Fuß auf dem Scheiterhaufen.

Strapaziös und nervenaufreibend müssen diese Reisen auf schlechten Straßen und unter tausend Gefahren für die stets kränkelnde Äbtissin gewesen sein. Damals konnte hinter jeder Ecke eine Horde schwer bewaffneter

Strauchdiebe lauern. Die alten Römerstraßen bestanden auf weiten Strecken bloß noch aus Löchern und Pfützen, Brücken gab es wenige, und wenn man auf einem ungefederten Ochsenkarren zwanzig oder dreißig Kilometer am Tag zurückgelegt hatte, sank man in irgendeiner verkommenen Herberge nur noch todmüde auf das Strohlager.

Als sie zur letzten Predigtreise aufbrach, war sie über siebzig und hatte gerade eine schwere Krankheit überstanden. „Ich aber sah, das Hinscheiden meiner Seele war noch nicht gekommen", notierte sie lakonisch – und stieg in den Sattel.

Die Ängste und Schmerzen des Altwerdens hat sie bis zur Neige ausgekostet. Als die Stimme vom Himmel ein letztes Mal ruft, da wird aus der gefeierten Visionärin und Wunderheilerin wieder eine kleine Nonne unter vielen, die den Weg alles Lebendigen geht und am Boden ausgestreckt – wie es die Menschen des Mittelalters tun – auf das Sterben wartet. Wir wissen nicht, welcher Krankheit sie erlag und ob sie einen harten Todeskampf hatte. Nur das genaue Sterbedatum ist bekannt: die frühen Morgenstunden des 17. September 1179. Hildegard war achtzig oder einundachtzig Jahre alt.

3

„IN DIR SELBER WOHNT DIE WAHRHEIT"

Meister Eckhart (um 1260–1328) gab der Sehnsucht nach dem namenlosen Gott eine Stimme

> „Du musst aus dir selber in dich selber gehen.
> Wer Gott schauen will, der muss blind werden."

IM MÄRZ 1329 RUTSCHTE in Avignon *Papst Johann XXII.* – ein Bürokrat und erfinderischer Steuereintreiber mit despotischen Zügen, der überall Feinde witterte und von mystischer Theologie so wenig verstand wie ein Esel vom Springreiten – unruhig auf seinem Thron hin und her und diktierte dem Schreiber mürrisch eine Bannbulle.

„Mit Schmerz tun Wir kund", knurrte der Papst durch die Zähne, „dass in dieser Zeit einer aus deutschen Landen, Eckhart mit Namen und, wie es heißt, Doktor und Professor der Heiligen Schrift, aus dem Orden der Predigerbrüder, mehr wissen wollte, als nötig war (...). Verführt nämlich durch jenen Vater der Lüge, der sich oft in den Engel des Lichtes verwandelt", in diesem boshaften Stil ging es weiter, „hat jener irregeleitete Mensch, gegen die hell leuchtende Wahrheit des Glaubens auf dem Acker der Kirche Dornen und Unkraut hervorbringend und emsig beflissen, schädliche Disteln und giftige Dornsträucher zu erzeugen, zahlreiche Lehrsätze vorgetragen, die den wahren Glauben in vieler Herzen vernebeln, die er hauptsächlich vor dem einfachen Volk in seinen Predigten lehrte und die er auch in Schriften niedergelegt hat."

Die Bulle mit dem poetischen Namen „In agro dominico" (Auf dem Acker des Herrn) hätte das Todesurteil für Meister Eckhart, den deutschen Dominikanermystiker, bedeuten können. Denn der für ihn zuständige Kirchenfürst, Erzbischof *Heinrich II.* von Köln, verfolgte die Ketzerbewegungen mit eiserner Härte. Zahlreiche Begarden ließ er im Rhein ertränken; das waren Bettelbrüder oder umherziehende Handwerker, die ordensähnliche Frömmigkeitsformen ohne Kontrolle durch die kirchliche Obrigkeit praktizierten.

Doch Heinrich musste auf einen weiteren Märtyrer des freien Geistes verzichten: Eckhart war schon tot, als das offensichtlich bereits vor Monaten angeforderte päpstliche Verdammungsurteil eintraf. Wann und wo er gestorben ist, lässt sich nicht mehr genau ermitteln. Es ist auch nicht wichtig, denn er lebt weiter – in den Köpfen und Herzen, vor allem bei denen, die mit kirchlichem Glauben wenig, mit einer in die säkulare Welt zurückgewanderten Mystik aber umso mehr anfangen können.

Wer auf der Suche nach der eigenen Identität ist, stößt unweigerlich auf Eckhart. Wer Ich und Welt in eins bringen will, wird ihm irgendwann begegnen.

„Warum lebst du eigentlich?"

So erzählt die Legende: Meister Eckhart sprach zu einem armen Menschen: „Gott gebe dir einen guten Morgen, Bruder!" – „Herr, den behaltet für euch selber, ich habe noch nie einen bösen gehabt!" – Meister Eckhart sagte: „Warum denn, Bruder?" – „Weil ich alles, was Gott mir je zu leiden aufgab, fröhlich um seinetwillen litt und mich seiner unwürdig dünkte, und darum ward ich nie traurig noch betrübt." – Er sprach: „Wo fandest du Gott zuallererst?" – „Als ich von allen Kreaturen abließ, da fand ich Gott." – Er sprach: „Wo hast du denn Gott gelassen, Bruder?" – „In allen lauteren, reinen Herzen." – Er sprach: „Was für ein Mann bist du, Bruder?" – „Ich bin ein König." – Er sprach: „Ein König muss ein Königreich haben. Wo ist denn dein Reich, Bruder?" – „In meiner Seele." – Er sprach: „Wieso, Bruder?" – „Wenn ich die Pforten meiner fünf Sinne verschlossen habe und ich Gottes mit ganzem Ernst begehre, so finde ich Gott in meiner Seele ebenso strahlend und froh, wie er im ewigen Leben ist." – Er sprach: „Du magst wohl heilig sein, Bruder, wer hat dich heilig gemacht?" – „Das taten mein Stillesitzen und meine hohen Gedanken und meine Vereinigung mit Gott – das hat mich in den Himmel emporgezogen; denn ich konnte nie bei irgendetwas Ruhe finden, das weniger war als Gott. Nun habe ich ihn gefunden und habe Ruhe und Freude in ihm ewiglich."

Und so einen friedlichen Legendenerzähler hätte man beinah verbrannt? Nach der beschaulichen Klosterzelle klingen die meisten Texte von Meister Eckhart. Doch man darf sich nicht täuschen lassen: Die Geschichte von der Begegnung mit dem bettelarmen, aber unendlich

> MYSTIKER SIND IMMER EXTREM.

glücklichen Menschen zeigt auch schon den gefährlichen Radikalen, der zwangsläufig mit der Inquisition in Konflikt geraten musste.

Eckhart war ein Mystiker mit jeder Faser seiner Seele. Mystiker aber sind immer Extremisten, unbekümmert um Denkverbote und Normen, die irgendwelche Lehrämter erlassen haben. Sie stürmen den Himmel und scheren sich wenig um die von irdischen Heilsverwaltern zugelassenen Pfade. Ungestüm verlangen sie nach der letzten, großen, ganzen Wahrheit – und vernachlässigen die vielen kleinen Wahrheiten der religiösen Katechismen und politischen Programme.

Meister Eckhart: zwangsläufig ein Häretiker, weil er über das von der Großkirche gezimmerte Gedankengebäude immer schon weit hinausdachte. Er stellte die existenziellen Fragen, die das Lehramt gern als längst beantwortet abtut: „Warum lebst du eigentlich? – Um zu leben, aber das Warum deines Lebens weißt du dennoch nicht."

Er gab die Antworten, die demselben Lehramt damals wie heute zu freizügig, individuell, beliebig erscheinen: „Du musst aus dir selber in dich selber gehen: Da liegt und wohnt die Wahrheit, die niemand findet, der sie in äußeren Dingen sucht."

Ein armseliges, begrenztes Stäubchen ist der Mensch in den Augen von Meister Eckhart. Und eine ganze Welt ist der Mensch, ein Universum, das Gott in sich trägt. Wenn er aus sich selbst herausgeht, aus seiner blockierten, blinden Existenz, und auf den Grund seiner Seele hinabsteigt, dann begreift er alles, entdeckt er Sinn und Ziel des Lebens, wird er eins mit Gott.

„Der Mensch soll Gott nicht als etwas betrachten, das außerhalb von ihm ist, sondern als sein Eigentum und als das, was in ihm ist. Denn das Reich Gottes ist in uns. Und was ist das Reich Gottes? Das ist Gott selbst mit seinem ganzen Reichtum."

Es ist ein Gott, der den Menschen nicht kleinhalten muss, um die eigene Majestät zu bewahren. Groß und schön hat er ihn gemacht, um in ihm wohnen zu können: „Als Gott alle Kreaturen erschaffen hatte, da waren sie so geringwertig und so eng, dass er sich in ihnen nicht regen konnte. Die Seele jedoch machte er sich so gleich und so ebenbildlich, damit er sich der Seele geben könne." – „Warum ist Gott Mensch geworden? Damit *ich* Gott werde."

Religion als Mysterium der Liebe. Menschsein als unstillbar starke Sehnsucht. Gott als die Kraft, die alles beseelt und auf die alles hinlebt – es ist ein zeitloser Weltentwurf, der den rätselhaftesten Denker des Mittelalters bis heute so aufregend interessant macht.

Tiefenpsychologen wie *Erich Fromm* zitieren Meister Eckhart als Kronzeugen dafür, dass das Sein wichtiger ist als das Haben und Machen. Dass es darauf ankommt, was der Mensch *ist,* weniger darauf, was er tut. Buddhisten schätzen seinen Verzicht auf die „Begierde": eine selbstgewählte Armut, die frei macht. Damals brachten ihn seine kühnen Ideen allerdings bei der Inquisition in Verdacht.

Tastende Fragen statt fertiger Theorien

Meister Eckhart – allgegenwärtig und unbekannt, ein Schemen im Nebel der Geistesgeschichte. Es gibt kein Porträt, kein Schriftstück aus seiner Feder, keinen persönlichen Brief, kein Tagebuch. Wir wissen nichts von seinen Leidenschaften und wenig von seinen Ängsten. Wir kennen weder Geburtsdatum noch Todestag. Lediglich die äußeren Stationen seines Lebens lassen sich rekonstruieren, und schnell wird klar, dass es alles andere gewesen ist als eine geruhsame Gelehrtenexistenz.

Um 1260 ist er in Thüringen geboren, vielleicht bei Erfurt, vielleicht bei Gotha, vielleicht als Sohn eines Landedelmanns. Er tritt bei den Dominikanern ein. Strenge Aszese und wissenschaftlicher Anspruch prägen den eben erst gegründeten Bettelorden, der mit den ebenfalls noch jungen Franziskanern in der Stadt- und Hochschulseelsorge rivalisiert.

1277, Eckhart ist etwa siebzehn Jahre alt, die erste urkundliche Erwähnung: als Student der „freien Künste" in Paris. Bald darauf wird er Magister in Erfurt und bekommt die geistliche Aufsicht über die sieben Thüringer Dominikanerklöster übertragen. Das heißt, man traut ihm vielseitige Talente zu: wissenschaftliche Kompetenz, didaktische Fähigkeiten, Seelsorge, Menschenführung. 1302 und dann wieder von 1311 bis 1313 lehrt er an der angesehensten Universität des Abendlandes, in Paris. Eine fulminante Auszeichnung für Eckhart, denn laut Universitätssatzung darf sein Orden dort lediglich zwei Lehrstühle besetzen, und zwar nur einen mit einem Nichtfranzosen.

Zwischen den beiden Paris-Aufenthalten wieder ein Fulltime-Job in Deutschland: Als Provinzial der neuerrichteten norddeutschen Ordensprovinz hat sich Eckhart um sechsundfünfzig Niederlassungen zu kümmern, er ist ständig auf Reisen zwischen Ostsee und Niederrhein. So nebenbei amtiert er auch noch als Generalvikar der böhmischen Ordensprovinz und reformiert dort Klöster, in denen offensichtlich bereits kurz nach der Gründung Missstände eingerissen sind.

Aus Paris wieder zurückgekehrt, sehnt sich Meister Eckhart, wie man ihn nun wohl schon nennt, vergeblich nach der stillen Gelehrtenklause. Für den Ordensgeneral muss er von Straßburg aus mehr als zwei Dutzend Frauenklöster am Hoch- und Oberrhein beaufsichtigen und seelsorgerisch betreuen. Rund zehn Jahre später überträgt man ihm die Leitung der Kölner Ordenshochschule – das ist der Lehrstuhl des legendären *Albertus Magnus* und bedeutet eine Riesenverantwortung.

Hier in Köln vollendet der Magister Eckhart jenes Gedankengebäude, das seinen Namen unsterblich gemacht hat. Wobei das Wort „Gebäude" eigentlich nicht ganz trifft. Was Eckhart hinterlassen hat, ist eben kein Gerüst von Thesen und Begriffen, kein System aus Lehrsätzen und Formeln, wie es die meisten Theologen im Mittelalter und weit darüber hinaus aufzutürmen pflegten.

Seine Traktate und Predigten beinhalten viel eher ein Tasten und Fragen, ein neugieriges Umkreisen der Themen, denen seine Leidenschaft gilt. Mehr nachdenkliche Meditation als programmatische Abhandlung – und vor allem: mehr spirituelle Erfahrung als knochentrockene Theorie. Anders kann man es ja wohl auch kaum machen, wenn man sich mit der Geburt Gottes in der menschlichen Seele befasst: „Gott wird dann in uns geboren, wenn alle Kräfte unserer Seele, die vorher durch Gedanken, Bilder und was es auch sei, gebunden und gefangen waren, ledig und frei werden und in uns alle Absicht zum Schweigen kommt."

„Auch sollst du wissen, dass der gute Wille Gott nicht verlieren kann. Zwar vermisst ihn die Wahrnehmungskraft des Gemüts bisweilen und meint oft, Gott sei fortgegangen. Was sollst du dann tun? – Im Grunde ebendasselbe, wie wenn du im Zustand des größten Getröstetseins wärst. Dasselbe lerne tun, wenn du im tiefsten Leiden bist. Und verhalte dich in gleicher Weise, wie du dich da verhieltest. Es gibt keinen gleich guten Rat, Gott zu finden, als ihn dort zu finden, wo man Gott verlässt. Und wie dir war, als du ihn zuletzt hattest, ebenso tue nun auch, da du ihn vermisst; dann findest du ihn. Der gute Wille, der verliert oder vermisst Gott nie und nimmer."
Meister Eckhart, Predigten

Leer werden von flüchtigen Eindrücken, sich aus allen bisherigen Abhängigkeiten lösen – das ist die Voraussetzung für die Geburt Gottes in der Seele. Ohne Mut zur Armut kein Reichtum:

„Alles, was aufnehmen und empfänglich sein soll, das muss leer sein. Darum gieß aus, auf dass du erfüllt wirst." – „Soweit du ausgehst aus allen Dingen, so weit, nicht mehr und nicht weniger, geht Gott ein mit all dem Seinen." – „Wer Gott schauen will, der muss blind werden."

„*Wirf sie hinaus, alle Heiligen aus deiner Seele!*"

Leer werden von den Dingen, leer werden auch von den Kreaturen – um sich von Gott erfüllen zu lassen. Alles loslassen, damit Gott sein Werk beginnen kann. Alles hinauswerfen, was die Gottesgeburt in der Seele behindert. Meister Eckhart kann sehr drastisch reden, wenn er will, und er liebt es, zu provozieren:

„Drum wirf sie hinaus, alle Heiligen und unsere Frau Maria aus deiner Seele, denn das sind alles Kreaturen und sie hindern dich an deinem großen Gott. Ja, selbst deines gedachten Gottes sollst du quitt werden, all deiner doch so unzulänglichen Gedanken und Vorstellungen über ihn wie: Gott ist gut, ist weise, ist gerecht, ist unendlich. Nimm ihn ohne Eigenschaft in der stillen Wüste seiner Gottheit namenlos."

Still werden. Hören statt reden. Warten statt planen. So kann sie sich vorbereiten, ganz leise, unmerklich und beglückend, die Geburt Gottes in der Seele. „Der Vater ruht niemals: Er jagt und treibt allezeit dazu, dass sein Sohn in mir geboren wird." – „Jene Kraft (...), darin Gott blühend und grünend ist mit seiner ganzen Gottheit und der Geist in Gott, in dieser selben Kraft gebiert der Vater seinen eingeborenen Sohn so wahrhaft wie in sich selbst (...) und ist derselbe Sohn mit diesem Lichte und ist die Wahrheit."

Ist das noch Katheder-Theologie oder philosophische Theorie? Nein, es ist Mystik. Gottespoesie, verliebt in den Himmel und dunkel für Menschen, die nur ihren Verstand arbeiten lassen wollen und ihrem Herzen misstrauen. Mystik aber ist nie ganz vernünftig, und Poesie übertreibt immer.

„Der Mensch soll sich niemals in irgendeiner Weise als fern von Gott betrachten", lehrt der Meister aus Thüringen. „Und wenn dich auch immer wieder deine großen Mängel so weit hinaustreiben, dass *du* dich nicht als Gott nahe ansehen kannst, so sollst du doch *Gott* als *dir* nahe ansehen (…). Denn ob einer nun in der Ferne oder in der Nähe wandle, Gott geht nimmer in der Ferne, er bleibt beständig in der Nähe, und kann er nicht drinnen sein, so entfernt er sich doch nicht weiter als bis vor die Tür."

Gott sei dem Menschen ja immer schon näher als der Mensch sich selbst. In der Tiefe der Seele vollzieht sich deshalb die große Einswerdung, von der in den folgenden Jahrhunderten noch viele Visionärinnen und spirituelle Denker, nicht nur in den Klöstern, träumen werden. „Begib dich in dich selbst so lange, bis du in den Ursprung gelangst", rät Eckhart, behutsam werbend. „Hier ist Gottes Grund mein Grund und mein Grund Gottes Grund. Gott und ich, wir sind eins." – „Manche einfältigen Leute wähnen, sie sollten Gott so sehen, als stünde er dort und sie hier. Dem ist nicht so (…). Man soll Gott nicht als außerhalb von einem selbst ansehen, sondern als das, was *in* einem ist."

Doch wie geht das, in den eigenen Abgrund hinabsteigen? Der Magister entwirft dafür eine Art Stufenprogramm: Zunächst einmal muss der Mensch über seine äußeren Sinne hinausschreiten, er muss sich so versenken, dass er nichts mehr sieht und hört. Doch das genügt nicht. Auch die inneren Sinne, die Gedanken, muss er ausschalten; er „muss ganz und gar still sein und abgeschieden von allen Bildern und von allen Formen".

Erst dann kann Gott in die Seele einziehen. Eigentlich macht Gott es dem Menschen doch denkbar einfach:

„Stünde ich oben und spräche zu einem: ‚Komm herauf‘, das wäre schwer für ihn. Sagte ich aber: ‚Setz dich nieder‘, das wäre leicht. So tut es Gott."
Keine mühsamen Klimmzüge hinauf auf mystische Gipfel. Keine Selbstpeinigung bis aufs Blut, keine kräftezehrenden frommen Übungen. Einfach sich hinsetzen, still werden, sich der anderen Welt öffnen. Eckhart: „Lausche denn auf das Wunder! Draußen stehen wie drinnen, begreifen und umgriffen werden, schauen und zugleich das Geschaute selbst sein, halten und gehalten werden – das ist das Ziel, wo der Geist in Ruhe verharrt, der lieben Ewigkeit vereint."

Kalendersprüche vom Philosophen

Die notwendige Konzentration auf die Kräfte des Innern führt bei Eckhart jedoch nicht zur selbstverliebten Abkapselung von den Mitmenschen. Wer Gott begegnet, entdeckt auch die Welt neu. Er fühlt sich gedrängt, den in der inneren Schau aufgenommenen Reichtum „in Liebe auszugießen". Denn: „Wer Gott mehr liebt als seinen Nächsten, der liebt ihn noch nicht auf vollkommene Weise."
Wieder ein Satz, treffsicher und prägnant, als hätte Eckhart vorgehabt, eine Sammlung Kalendersprüche zu produzieren. In einer Predigt vor Nonnen holt er etwas weiter aus: „Ich wurde gefragt: Manche Menschen zögen sich sehr von den anderen zurück und seien immerzu gern allein, und darin liege ihr Frieden und darin, in der Kirche zu sein – ob das das Beste sei. Da antwortete ich: Nein. Und gebt Acht, warum! Mit wem es recht steht, wahrlich,

mit dem steht es an allen Orten und bei allen Menschen recht (...), der hat Gott wahrhaft bei sich. Wer aber Gott wahrhaft hat, der hat ihn an allen Orten und bei allen Menschen ebenso gut wie in der Kirche oder in der Einöde oder in der Zelle."

Beides gehört offenbar zusammen: Die innere Freiheit des mit Gott verbundenen Menschen hindert ihn daran, sich an die Welt zu verlieren. Auf der anderen Seite aber muss das „wirkende Leben" nach Eckharts Worten dem „schauenden Leben" Halt geben. Heute würde man sagen, die Aktion schützt die Kontemplation davor, zur sentimentalen Selbstbespiegelung zu entarten. „Die Menschen sollten nicht so viel über ihr Tun nachdenken, sondern vielmehr darüber, was sie sind. Bist du gerecht, so sind auch deine Werke gerecht. Gedenke nicht, deine Heiligkeit auf ein Tun zu gründen. Man muss Heiligkeit gründen auf ein Sein."

Mystik ist offenbar gar keine so intime Sache für den Privatbereich. Mystik hat etwas mit Menschenliebe, mit Solidarität zu tun – mit der Erkenntnis, dass alle Lebewesen Geschwister sind. Der Gott, den der Mensch laut Eckhart auf dem Grund der eigenen Seele findet, dieser Gott ist in allen Kreaturen anwesend, und er verwandelt alle und alles: „Er ist aller Naturen Natur, er ist das Licht der Lichter, er ist das Leben der Lebenden, er ist das Wesen der Wesenden, er ist die Rede der Redenden." – „Alle Kreaturen sind ein Sprechen Gottes. Alle Kreaturen möchten Gott nachsprechen in allen ihren Werken. Sie haben alle ein Rufen, wieder dahinein zu kommen, daraus sie geflossen sind. All ihr Leben und ihr Wesen, das ist ein Rufen und Eilen wieder zu dem, von dem sie ausgegangen sind."

„Liebe hat kein Warum. Hätte ich einen Freund und liebte ich ihn darum, dass mir Gutes von ihm geschähe und mein voller Wille, so liebte ich nicht meinen Freund, sondern mich selbst. Ich soll meinen Freund lieben um seiner eigenen Güte und um seiner eigenen Tugend und um alles dessen willen, was er in sich selbst ist: dann liebe ich meinen Freund recht, wenn ich ihn so, wie eben gerade gesagt wurde, liebe. Ganz so steht es bei dem Menschen, der da in Gottes Liebe steht, der des Seinen nichts sucht an Gott noch an sich selbst noch an irgendwelchen Dingen und Gott allein um seiner Güte (...) und um alles dessen willen liebt, was er in sich selbst ist. Und das ist rechte Liebe."
Meister Eckhart, Predigten

Sehnsucht, Vertrauen, Liebe verkündet dieser Poet unter den mittelalterlichen Theologen, eine Liebe, die zärtlich sein kann und leidenschaftlich, dezent-verhalten und stürmisch. Es ist eine angstfreie Religion, die vom Teufel und von Höllenstrafen schweigt – ziemlich untypisch für die damalige Ära: „Wahrlich, Sünden begangen zu haben ist keine Sünde, wenn sie uns leidtun." – „Liebe vertreibt alle Furcht." – „Du brauchst Gott weder hier noch dort zu suchen: Er ist nicht weiter weg als vor der Tür des Herzens. (...) Er kann es weniger erwarten als du, dass du ihm auftust."

„Gott ist ein Nicht-Gott"

Aber wer ist dieser Gott, der das Hässliche mit seiner Nähe schön macht und das Kleine groß und kostbar? Er hat tausend Namen und kann doch mit keinem erfasst werden. Wer sich ihm nähert, muss sich bewusst bleiben, dass man ihn nie voll erreichen, geschweige denn besitzen kann: „Hätte ich einen Gott, den ich erkennen könnte, ich würde ihn nimmer für Gott ansehen." – „Wenn ich Gott gut nenne, so sage ich etwas ebenso Verkehrtes, wie wenn ich das Weiße schwarz nennen wollte."

Womit Eckhart natürlich nicht meint, dass Gott böse ist, sondern dass „gut", „besser", „der Beste" keine passenden Begriffe für Gott sind: „Denn er ist über alles erhaben." – „Und gäbe es tausend Götter: Die Seele bräche immerzu durch sie hindurch. Sie will Gott dort, wo er keinen Namen hat. Sie will etwas Edleres, etwas Besseres als Gott, sofern er noch Namen hat." – „Wenn ich aber gesagt habe, Gott sei kein Sein und sei über dem Sein, so habe ich ihm damit nicht das Sein abgesprochen, vielmehr habe ich es in ihm erhöht."

Eckhart behilft sich mit paradoxen Redewendungen; er nennt Gott einen „grundlosen Grund" und ein „überseiendes Sein", eine „stille Wüste" und ein „Wort, das sich selbst spricht". Die Hörer seiner nachdenklichen Predigten und die Leser seiner bisweilen arg komplizierten Traktate ermuntert er fast verzweifelt: „Du sollst Gott lieben, wie er ein Nicht-Gott ist, ein Nicht-Geist, eine Nicht-Person, ein Nicht-Bild, ja wie er ein lauteres, reines, klares Eines ist, abgesondert von aller Zweiheit." – „Am allerschönsten spricht der von Gott, der vor Fülle des inneren Reichtums am tiefsten von ihm schweigen kann."

Es überrascht nicht, dass man sich in den Kirchenbehörden Sorgen um den Mann und seine Hörer machte – redete der große Mystiker mit seinen vertrackten Gedanken doch die Glaubenszweifel geradezu herbei. Was sollte man davon halten, wenn er auf der Predigtkanzel ins Grübeln geriet und Sätze wie die folgenden von sich gab?

„Der Vater gebiert seinen Sohn ohne Unterlass. Und ich sage weiter: Er gebiert *mich* als seinen Sohn (…). Ich sage weiter: Er gebiert mich nicht allein als seinen Sohn; nein mehr: Er gebiert mich als sich und sich als mich und mich als sein Wesen und als seine Natur. Im innersten Quell, da quelle ich aus im Heiligen Geist. (…) Alles, was Gott wirkt, das ist eins."

Oder die fröhlich dahingeworfene Behauptung: „Wäre (…) ich nicht, so wäre auch Gott nicht: dass Gott Gott ist, dafür bin ich die Ursache."

„Sankt Augustinus sagt: Was der Mensch liebt, das wird er in der Liebe. Sollen wir nun sagen: Wenn der Mensch Gott liebt, dass er dann Gott werde? Das klingt, wie wenn es Unglaube sei. In der Liebe, die ein Mensch schenkt, gibt es keine Zwei, sondern Eins und Einung, und in der Liebe bin ich mehr [in] Gott, als dass ich in mir selbst bin. Der Prophet spricht: ‚Ich habe gesagt, ihr seid Götter und Kinder des Allerhöchsten.' Das klingt verwunderlich, dass der Mensch in solcher Weise Gott zu werden vermag in der Liebe; jedoch ist es wahr in der ewigen Wahrheit. Unser Herr Jesus Christus beweist es."
Meister Eckhart, Predigten

Von den amtlich bestellten Hütern der Katechismuswahrheiten konnte man damals genauso wenig wie heute verlangen, dass sie den Unterschied zwischen Poesie und Lehrsätzen erkennen oder nachvollziehen, wie da jemandem vor lauter atemloser Freude an Gott der Gaul des logischen Denkens durchgeht. Außerdem hatten sie ja Recht, die Glaubenswächter: Eckhart war tatsächlich ein Revolutionär, ein stiller Umstürzler, der das religiöse Denken klammheimlich aus seinem bisherigen Rahmen löste und auf eine ganz neue Basis stellte.

Denn die Geburt Gottes in der Seele bringt zum ersten Mal in der Philosophiegeschichte ein subjektives Moment in die menschliche Vernunft. Das ist kein Mittelalter mehr, sondern Neuzeit. Der Mensch erreicht Gott nicht mehr, indem er die Dinge der Welt anschaut und deren Schöpfer sozusagen als ihre höchste Stufe erkennt, als Ursprung und Krone des Seins, sondern indem er das eigene Denken auf die Spitze treibt, in freier schöpferischer Subjektivität.

Gott wird in der Menschenseele geboren, das heißt, diese kleine, arme Menschenseele nimmt an der schöpferischen Kraft Gottes teil. Menschliche Vernunft steht nicht in Konkurrenz zu Gott, ist nicht autonom, so weit geht Eckhart noch nicht, aber sie partizipiert an der göttlichen Vernunft, die alles Sein hervorbringt und begreift. Gott wird im Selbstvollzug menschlichen Denkens gefunden – zu einem so souveränen Vertrauen in die eigene Vernunft war der mittelalterliche Mensch bisher nicht fähig gewesen.

Eckhart, der Rebell. Eine gewisse boshafte Lust an der Provokation konnte er nicht verleugnen: „Darüber kommen manche Pfaffen zum Hinken!", mokierte er sich, wenn ihm eine besonders schräge Formulierung geglückt war. Wie wollte er da auf nachsichtiges Verständnis hoffen?

Entsprechend unfair ging man mit ihm um: Die Inquisitoren warfen ihm einen schwammigen Gottesbegriff vor, rissen Sätze aus dem Zusammenhang, behandelten weitschweifige Spekulationen so, als hätte Eckhart neue Dogmen aufgestellt. Vergeblich wies der Magister Missverständnisse und fehlerhafte Predigtnachschriften zurück.

Am 13. Februar 1327 ließ er in der Kölner Dominikanerkirche seine Verteidigungsschrift öffentlich verlesen. Nie habe er sich von der Kirche trennen oder den Glauben der einfachen Leute verwirren wollen: „Wenn sich also etwas Irrtümliches finden sollte, das ich geschrieben, gesagt oder gepredigt hätte, heimlich oder öffentlich, irgendwann oder irgendwo, unmittelbar oder mittelbar, sei es aus schlechter Einsicht oder verkehrten Sinnes, so widerrufe ich ausdrücklich hier öffentlich vor euch allen und jedem Einzelnen (…) und erkläre, dass ich von nun an solches nicht gesagt oder geschrieben haben will, besonders auch, weil ich höre, dass ich falsch verstanden worden bin."

Immerhin schrumpften die ursprünglich mehr als hundert Anklagepunkte auf achtundzwanzig Sätze aus seinen Schriften zusammen, die Papst Johann 1329 in seiner eingangs zitierten Bulle als teils sehr missverständlich, teils eindeutig ketzerisch verurteilte.

Der Einfluss von Eckharts Philosophie lässt sich noch bei *Fichte, Schelling* und *Hegel* nachweisen. Im 20. Jahrhundert finden sich deutliche Spuren seines Denkens bei *Martin Heidegger, Erich Fromm, Ernst Bloch;* letzterer benutzte ihn als Kronzeugen dafür, wie das Prinzip Hoffnung die Geistesgeschichte durchdringt.

Aber wir begegnen dem unsterblichen Magister Eckhart auch in Zusammenhängen, wo man es nicht vermuten würde: etwa in *Robert Musils* monumentalem Roman „Der Mann ohne Eigenschaften". Eigenschaftslosigkeit, das genaue Gegenteil von Charakterlosigkeit, als unerlässliche Vorbedingung menschlicher Freiheit – das ist echt Eckhart'sches Denken. Bei Musil ist der Mensch ohne Eigenschaften allerdings verloren – bei Eckhart ist es jemand, der sich selbst gefunden hat.

Heute befruchtet der abendländische Mystiker Eckhart zunehmend das asiatische Denken. Das Hinabsteigen auf den Grund der Seele, die Versenkung ins reine Sein, die Schau höchster Geheimnisse in den ganz alltäglichen Dingen – das interessiert die Buddhisten. Japanische Religionsphilosophen beschäftigen sich intensiv mit Meister Eckhart. Und auf dem Umweg über die fernöstliche Spiritualität kommen die mystischen Schätze des Westens zu uns zurück.

Vielleicht geht es dann manchem Eckhart-Leser so, dass er die säkularisierte moderne Welt, wo Gott keinen Namen hat, als Ort religiöser Erfahrung entdeckt.

4

DER WEG INS LAND DER FREIHEIT

Die Mystikerin Marguerite Porete (um 1260–1310)
wollte Gott ohne Vermittler finden

> „Alles, was man über Gott sagen oder schreiben
> kann oder auch zu denken vermag, ist weit mehr
> eine Lüge als eine wahrheitsgemäße Aussage."

NOCH IM BEGINNENDEN 18. Jahrhundert konnte ein den „gelehrten Frauenzimmern" sonst durchaus mit Bewunderung gegenüberstehender Historiker diese Dame nur naserümpfend zur Kenntnis nehmen: „Porreta (Margaretha), aus Hennegau gebürtig, kam im 13. Seculo gen Pariß", notierte *Johann Caspar Eberti* 1706, „und ließ daselbst ein Buch voll Ketzereyen ausgehen, deshalben sie allda verbrandt wurde."

So frei war in jenem fernen 13. Jahrhundert tatsächlich keine gewesen. So rückhaltlos vertraute diese Marguerite Porete ihrer inneren Stimme, dass sie sich auch durch bischöfliche Verbote und eine dramatische Bücherverbrennung nicht abhalten ließ, ihre Ideen weiterzuverbreiten – bis sie als rückfällige Ketzerin selbst auf dem Scheiterhaufen landete. Die keinem Orden angehörende Mystikerin *Marguerite Porete* schrieb über den Aufstieg der Menschenseele zu Gott, was nicht neu war. Doch auf dem Weg zur unendlichen Liebe befreit sich diese Seele Stück für Stück von menschlichen Abhängigkeiten, Tugendleistungen, Normen und frommen Praktiken, bis sie am Ende keine irdischen Heilsvermittler mehr braucht, keine Sakramente, keine Priester, sogar keine Bibel mehr – und das roch nach Ketzerei.

Skandal: Gott spricht als „Dame Amour"

Marguerite Porete, Poirette oder Porrée – ihr hübscher Beiname bedeutet „kleiner Lauch" – stammte aus dem nordfranzösischen Hennegau bei Valenciennes. Marguerites geschliffene Sprache, ihre theologischen und literarischen Kenntnisse, ihr nicht zu erschütterndes Selbstbewusstsein sprechen dafür, dass sie eine ausgezeichnete Bildung genossen hat, wahrscheinlich in Form von Privatunterricht.

Sie schloss sich den Beginen an, einer damals in den Niederlanden, Frankreich und Deutschland weit verbreiteten Bewegung frommer Frauen, die in Wohngemeinschaften zusammenlebten und sich als frühe Sozialarbeiterinnen der Elenden und Kranken annahmen. Weil sie keine bindenden Gelübde ablegten und sich keiner männlichen Kontrolle unterstellten, wurden sie von der Kirchenführung bald als gefährliche Sekte bekämpft. Und dann hatten sie auch noch die Stirn, die Bibel auf Französisch, auf Deutsch, auf Holländisch zu lesen und zu diskutieren, in ihren merkwürdigen Kommunen und bisweilen auch auf öffentlichen Plätzen!

„Ich habe gesagt, ich wolle ihn lieben:
Ich lüge, das bin nicht mehr ich.
Er allein ist es, der mich liebt:
Er ist, und ich bin nicht mehr.
Mehr bedarf ich nicht."
Marguerite Porete, Le Mirouer des Simples Ames

Vermutlich lebte sie in keiner Wohngemeinschaft, sondern – was bei begüterten Beginen häufig vorkam – in einem eigenen Haus, wo sie ihre Texte schrieb, als freie Schriftstellerin sozusagen, und sich als spirituelle Lehrerin betätigte. Ihre Gedanken fasste Marguerite um 1300 in einem mit lyrischen Gebeten und wissenschaftlichen Essays durchsetzten Dialog zusammen, den sie ebenso bescheiden wie umständlich *Le mirouer des simples ames anienties et qui seulement demourent en vouloir et desir d'amour* nannte: „Der Spiegel der einfachen zu Nichts gewordenen Seelen und jener, die einzig im Wollen und Verlangen nach Liebe verbleiben". Die Schrift richtete sich an keine bestimmte Adressatengruppe, sondern an alle, „die nach dem Land der Freiheit fragen".

„Vous qui en ce livre lirez,
Se bien le voulez entendre
Pensez ad ce que vous direz,
Car il est fort a comprendre …
Ihr, die ihr in diesem Buch lesen werdet,
wollt ihr es richtig verstehen,
so nehmt euch in acht, was ihr darüber sagt,
denn es ist schwer zu erfassen.
An die Demut müsst ihr euch halten …"

Das im Untergrund kursierende Buch war anonym erschienen und im Französisch der Ile-de-France geschrieben, das sich damals als einheimische Hochsprache durchsetzte. Wer mochte der Autor sein? Ein Theologieprofessor aus Paris? Ein gelehrter Mönch aus Cluny oder Saint-Denis? Erst allmählich sickerte durch, dass die Schrift von einer Frau stammte, die nicht einmal im Kloster lebte. Und sich für ihre Ideen keineswegs auf Visionen oder göttliche Eingebungen berief, sondern auf ihren eigenen Verstand.

Das Buch hatte es in sich. *Ame,* die Seele, *Raison,* die Kraft des Geistes und der Vernunft, und alle die anderen menschlichen Energien und Tugenden führen eine spannende Debatte mit *Une Deité,* der Stimme der Gottheit, die hier – und das war in der Theologie tatsächlich ohne Beispiel und fand nur im Sprachgebrauch der galanten Troubadours eine Parallele – als *Dame Divine Amour* auftritt, als „Dame Gottesliebe" sozusagen. Gott spricht als Frau mit den Menschen, wendet sich ihnen in weiblicher Gestalt zu!

„Ihr Kinder der Heiligen Kirche, spricht die Liebe, für euch habe ich dieses Buch geschrieben, damit ihr das vollkommene Leben und den Zustand des Friedens besser begreifen lernt, zu dem die Kreatur durch die Jugendkraft der vollkommenen Liebe gelangt."

Marguerite geht es um den Aufstieg aus dem „Tal der Demut" über die „Ebene der Wahrheit" auf den „Berg der Liebe", der „so einsam ist, dass man dort nur Gott sieht". Ihr Gott, den sie dezent „Loingprés" nennt, den Fern-Nahen, dieser Gott verkörpert die ganze höfische Courtoisie der Zeit, er verlangt „fin amour", jene edle Liebe, wie sie die Troubadours besingen. Gleichzeitig behält er aber immer einen Rest von Distanz und etwas theologisch Abstraktes, er macht sich nicht zu rasch mit den Menschen gemein. Von der massiv erotisch aufgeladenen Mystik ihrer Zeit ist bei Marguerite Porete wenig zu finden. Die Begegnung mit dem Loingprés, dem fern-nahen Gott, schildert sie diskret und eher sachlich:

„Von diesem herrlichen Augenblick (...) kann man nichts aussagen." – „Denn das Ausgießen der göttlichen Liebe, das ich (...) dank göttlichem Licht in einem von oben herabfahrenden Blitz gesehen hatte, zeigte mir unversehens ihn und mich. Ihn sehr hoch oben und mich so tief unten (...). So aber wurde mein Bestes geboren. Wenn ihr es nicht versteht, so kann ich es nicht ändern."

Fachleute interpretieren solche Stellen so, dass es sich bei der Porete zweifellos um echte Mystik handelte, um eine Erweiterung des geläufigen religiösen Bewusstseins durch unmittelbare, sehr individuelle Gotteserfahrung – nicht bloß um jene spirituelle Offenheit, wie sie zu jedem ernsthaften Christenmenschen gehört. Aber bei ihr klingt das eher nüchtern und ganz anders, als wenn mittelalterliche Mystikerinnen stolz von der Eifersucht ihres himmlischen Bräutigams berichten oder erzählen, wie sie die Seitenwunde Jesu wieder und wieder küssen.

Glücklicher Glaube ohne Zwang

Ihr Thema, die Befreiung der Menschenseele von allen Abhängigkeiten und ihren Weg zur Schau Gottes, bewältigt Marguerite auf verschiedenen ineinander geschobenen literarischen Ebenen und mit einer Fülle von Bildern. Einmal muss die Seele drei Tode sterben, um völlig frei für Gott zu werden, den Tod der Sünde, den Tod der Natur und ganz zuletzt den Tod der leer gewordenen Seele selbst.

Dann wieder schildert sie den Aufstieg zum „Berg der Liebe" in sieben Stufen: Die ersten vier Stufen entsprechen der konventionellen Frömmigkeit; die Seele ist damit beschäftigt, Gottes Gebote zu halten, in den Tugenden zu wachsen, Meditation und Betrachtung zu pflegen. Marguerite vergleicht die Christen in diesem Stadium wenig schmeichelhaft mit Sklaven, Tagelöhnern oder Krämern, die etwas leisten wollen, um einen Lohn dafür zu erhalten.

Auf der fünften Stufe erst kommt die Seele dem Reich der Freiheit näher: Sie begreift, dass sie nichts ist, Gott aber alles. „Anihilatio" nennt Marguerite diesen Vorgang, wörtlich und ziemlich hässlich übersetzt „Vernichtigung", Verzicht auf Wollen und Erkennen. Auf der sechsten Stufe handelt Gott souverän, weil sich die Seele entschlossen hat, nicht mehr zu handeln: Nicht um eine menschliche Leistung zu belohnen, sondern aus Gnade erfüllt er sie mit Erkenntnis und Liebe.

Jetzt ist die Menschenseele frei, sie sorgt sich um nichts mehr, nicht einmal mehr um ihr Heil. Marguerite: „Diese Seele hat durch das Licht Gottes das Wesen des Landes, wo sie hingehören soll, erspäht, und hat das Meer durchfahren." Die Schau der göttlichen Dreieinigkeit, das Leben mit Gott in ewiger Glorie, ist der siebten Stufe vorbehalten. „Davon erlangen wir keine Kenntnis, bis unsere Seele den Körper verlassen hat."

In den meditativen Gedankengängen, wissenschaftlichen Essays und lyrischen Gebeten der oft verwirrenden Schrift sind etliche Provokationen versteckt. Nicht nur der bühnenreife Auftritt Gottes als *Dame Divine Amour*. Auch Marguerites Umgang mit der Vernunft scheint unerhört: Dass die Liebe, vor allem wo sie mit Gott gleichgesetzt wird, das letzte Wort hat und dass sich ihr auch die Vernunft beugen muss, klingt bei einer Mystikerin ganz normal. Man muss aber beachten, dass *Raison*, die Vernunft, hier nicht nur das rationale Denken verkörpert, sondern auch die theologische Lehre und die kirchliche Norm. Das heißt, die unbefangene, unmittelbare Beziehung zu Gott gerät bei der Porete in Konflikt mit der Schultheologie – die sie genau gekannt haben muss – und dem kirchlichen Lehramt: „Niemand vermöchte die Eingenommenheit der Vernunft von sich selbst zu beschreiben!", lästert sie. „Das sieht man genug an ihren Anhängern." – „Solche Leute, die ich Esel nenne, suchen Gott in den Geschöpfen, durch Gebete in den Kirchen, (...) in Menschenworten und in Schriften. (...) Den Unerfahrenen scheint es, dass sie (...) in der Annahme lebten, Gott sei seinen Sakramenten und seinen Werken unterworfen. Ach weh! (...) Ich finde ihn allüberall, (...) und ebenda ist er auch."

Die Porete regt sich auf über die ewige Versuchung der Theologen, Gott mit Begriffen und Lehrsätzen fassen zu wollen, und gegen die Anmaßung der Kirchenbeamten, den Zugang zu Gott regeln zu können.

„Alles, was man über Gott sagen oder schreiben kann oder auch zu denken vermag, ist weit mehr eine Lüge als eine wahrheitsgemäße Aussage."

Auch der intellektuellen Begine Marguerite geht es um Erkenntnis – aber die bedeutet bei ihr das Eintauchen in Gottes unendliche Güte und Liebe, nicht die Vermessenheit, sein Wesen erfassen zu wollen. Freiheit ist der zentrale Begriff in ihrem „Spiegel der einfachen Seelen" – und später für die Inquisitoren der Inbegriff der Ketzerei. Ame, die Seele, sagt all den frommen Leistungsnormen fröhlich Lebewohl:

„Tugend, ich nehme Abschied von Euch auf immer!
Mein Herz ist nun ganz unbelastet und recht hochgemut.
Euer Dienst ist zu sehr festgefahren (…).
Ich war Eure Leibeigene, nun bin ich daraus befreit.
Entkommen bin ich aus Eurer Gewalt und bleibe nun in Frieden."

Wie der reiche junge Mann im Evangelium, dem Jesus rät, alles zu verkaufen und ihm in voller Konzentration nachzufolgen, soll sich die Seele nicht nur von sündhaften Neigungen, sondern vom zwanghaften Streben nach Tugendleistungen frei machen. Sie muss nichts mehr für Gott tun, sie will nicht mehr über ihn sprechen, sie lässt einfach die Divine Amour, Gottes Liebe, in sich wohnen – und ist glücklich:

„Diese Seele, spricht Amour, achtet nicht auf Schmach und nicht auf Ehre, (…) nicht auf Liebe noch Hass,

nicht auf Hölle noch Paradies (…). Und eine solche
Seele, die zu Nichts geworden ist, hat dann alles."

Keine Leistungsfrömmigkeit mehr, kein fremdbestimmter, normierter Glaube, sondern Vertrauen auf die eigene spirituelle Erfahrung. Den Himmel kann man sich nicht durch Wohlverhalten erkaufen, und mit Gott lässt sich kein Geschäft machen.  Mehr als zweihundert Jahre vor Luther warnt sie bereits vor dem selbstzufriedenen Vertrauen auf gute Werke: „Sie gehen zugrunde mit ihren Werken, ihrer Selbstgefälligkeit wegen."

Die „Dame Gottesliebe" ruft zur Rebellion

Der Blick in den eigenen Abgrund lässt die Menschenseele das Ausmaß der göttlichen Güte ahnen – und glücklich erkennen, dass sie keine Vermittlungsinstanz mehr auf dem Weg zu Gott braucht: „Diese Seele, spricht Amour, hat Flügel wie die Seraphim. (…) Zwischen ihrer Liebe und Gottes Liebe gibt es nichts Vermittelndes." Das heißt, all die gewohnten Heilsinstanzen sind überflüssig geworden, sakrale Räume und Sakramente, Bußübungen und Priester, ja sogar die Bibel. Die Institution Kirche, die sich so gern zum absolut notwendigen Heilsmittler stilisiert, wird in ihrer Bedeutung zurechtgestutzt. „Dame Amour" macht sich über die hochtrabende Titulatur „Heilige Kirche" lustig:

„Heilige Kirche, fürwahr! *Solche* Seelen heißen im eigentlichen Sinn Heilige Kirche. Sie tragen und belehren und ernähren die ganze Heilige Kirche (…), vielmehr die ganze Dreieinigkeit durch sie." Künftig nennt sie die Institution mit freundlicher Ironie „Heilige Kirche die kleine" – und die Schar der befreiten Seelen heißt „Große Kirche".

Und die allerletzte Provokation: Im Gegensatz zu anderen Mystikerinnen verpackte Marguerite ihre Ideenwelt keineswegs in die Gestalt von Visionen, im entrückten Zustand aus dem Himmel empfangen und demütig aufgezeichnet; sie informierte freimütig darüber, dass es *ihre* Ideen waren. Sogar die große Hildegard von Bingen hatte sich auf einen unmittelbar von Gott erhaltenen Auftrag berufen, um das Lehrverbot für Frauen zu umgehen und doch noch in die theologische Diskussion eingreifen zu können.

Auch die Porete, dieser ungeschliffene Solitär unter den mystischen Autorinnen, steht in einer Tradition. Sie knüpft an theologische Klassiker wie *Augustinus, Dionysius Areopagita, Bernhard von Clairvaux, Bonaventura* an und denkt ihre Ansätze selbstständig weiter. Sie erfährt durchaus Ermutigung durch Männer, erhalten ist ein sehr respektvolles Gutachten von *Godfroid de Fontaine,* der damals eine Autorität in der Pariser wissenschaftlichen Welt war. Aber sie bleibt notgedrungen eine Einzelkämpferin, als Frau hat sie keinen Rückhalt in irgendeinem akademischen Lehrkörper.

Marguerite Porete weiß selbst, wie leicht ihre zugespitzte Rede missverstanden werden kann: „Ich bitte euch um der Liebe willen, merkt auf mit scharfer Verstandeskraft und großer Sorgfalt! (…) Denn sonst werden alle, die nun zuhören, es fehldeuten."

Der Konflikt schien unvermeidlich. Man verdächtigte Marguerite, der Bewegung der Brüder und Schwestern vom Freien Geist anzugehören, die von der Vergöttlichung des Menschen durch Selbsterkenntnis und vom anbrechenden Zeitalter des Heiligen Geistes träumten, ohne Papst, ohne Klerus, ohne Sakramente. Man warf der Porete vor, ohne Autorisierung durch die kirchliche Obrigkeit die Heilige Schrift auszulegen und einfache Gemüter mit theologischen Spitzfindigkeiten zu verwirren. Ihre gelehrte Bildung betrachtete man mit Misstrauen, ihre Freiheitsvisionen mit Entsetzen; was konnte bei Frauen, die weder durch das Joch der Ehe noch durch Klostermauern gebändigt wurden, anderes herauskommen als sexuelle Zügellosigkeit?

Möglicherweise, das geben einige Forscher zu bedenken, fiel sie auch politischem Kalkül zum Opfer: Fünf Tage vor Marguerite Poretes Hinrichtung ließ *König Philipp der Schöne* von Frankreich vierundfünfzig wegen Ketzerei verurteilte Tempelritter verbrennen – um seinen Glaubenseifer zu beweisen, wie er verbreiten ließ. Skeptische Beobachter waren damals schon sicher, dass er nur seine Taschen mit dem Templerschatz füllen wollte. Ein weiteres Bauernopfer wie die renitente Begine Porete würde helfen, die Fiktion vom frommen König aufrechtzuerhalten, dem es nur um den Schutz des rechten Glaubens ging.

Widerrufen wollte sie nie

Jedenfalls konfiszierte der zuständige Bischof von Cambrai im Jahre 1300 Marguerites Buch und ließ es öffentlich verbrennen. Sein Nachfolger als Bischof, *Philipp von Marigny* – interessanterweise der Bruder von König Philipps allmächtigem Schatzmeister – verurteilte die Schrift 1306 erneut als häretisch. Die Autorin kam noch einmal davon, sie wurde lediglich verwarnt. Sollte sie das Buch weiter verbreiten, müsse man sie allerdings leider dem „weltlichen Arm" übergeben.

Hätte sich Marguerite retten können? Noch war nicht einmal ein Widerruf von ihr verlangt worden. Aber wie hätte sie die überall kursierenden, von fleißigen Anhängern mühsam abgeschriebenen Exemplare des „Spiegels" einsammeln sollen? Und sie wollte ihre Ideen ja unter die Leute bringen, noch zu diesem späten Zeitpunkt schickte sie ihr Buch hoffnungsvoll an den Bischof von Châlons-sur-Marne. Alles andere wäre ihr als schäbiger Verrat am eigenen Verstand und an Gott erschienen.

Zwei Jahre später ließ sie Bischof Marigny verhaften und lieferte sie der Pariser Inquisition aus. In einem finsteren, feuchtkalten, vor Dreck starrenden Kerkerloch wartete die Schriftstellerin auf ihren Prozess. Der „Fall Porete" lag in den Händen des Dominikanertheologen *Guillaume Humbert,* den der Papst wegen seiner allzu eifrigen Verhandlungsführung gegen die Templer vorübergehend als Generalinquisitor von Frankreich abgesetzt hatte; als Beichtvater des französischen Königs Philipp des Schönen hatte er freilich immensen Einfluss.

Humbert erlebte eine unerhört renitente Angeklagte. Trotz der Drohungen mit Exkommunikation und Scheiterhaufen weigerte sie sich, Fragen zu beantworten oder auch nur einen Eid abzulegen. Nur vor Gott wollte sie sich verantworten, nicht vor irdischen Autoritäten – treu der inneren Freiheit, die sie so überzeugend gepredigt hatte. Im damaligen gesellschaftlichen Gefüge war das Rebellion.

Am 11. April 1309 zitierte man die ausgemergelte Gefangene vor eine Kommission von einundzwanzig Magistri theologiae in Paris. Der Generalinquisitor Humbert legte der Versammlung fünfzehn Artikel vor, die den Inhalt von Marguerites Buch zusammenfassen sollten; den vollständigen „Spiegel einfacher Seelen" hatte wohl keiner der großmächtigen Theologen gelesen. Das Buch wurde verurteilt, die Autorin exkommuniziert; sie hatte sich erneut geweigert, Fragen zu beantworten oder Reue zu bekunden.

Man wartete ein volles Jahr zu, scheinbar ein Akt der Milde. Doch weil Marguerite in dieser Zeit keinen Widerruf geleistet und um Absolution gebeten hatte, galt sie nun als „heretica relapsa", als rückfällige Ketzerin. Im April 1310 wurde ihr Buch noch einmal verurteilt, diesmal von einer elfköpfigen Kommission. Am 31. Mai 1310 fällte der Chefinquisitor Guillaume Humbert das endgültige Urteil: „Nos igitur (…) te, Margaretam non solum sicut lapsam in heresim, sed sicut relapsam finaliter condemnamus et te relinquimus iusticie seculari (…) So verurteilen wir dich, Marguerite, als rückfällige Ketzerin und übergeben dich dem weltlichen Gericht (…)"

Marguerite hätte auch jetzt noch widerrufen können und so den Scheiterhaufen gegen lebenslängliche Kerkerhaft eingetauscht. Sie tat es nicht. Am 1. Juni 1310, einem Pfingstmontag, wurde sie auf der Place de Grève in Paris verbrannt. Zwei Chronisten berichten, die Ketzerin habe auf dem Scheiterhaufen Zeichen der Reue erkennen lassen. Es klingt nach frommer Lüge.

Niemand weiß, wo Marguerites Asche geblieben ist. Ihr Buch aber hat überlebt. Obwohl der Inquisitor bei Strafe der Exkommunikation befohlen hatte, sämtliche Exemplare abzuliefern, machte es sich in anonymen oder unter Männernamen kursierenden Abschriften, in Altfranzösisch, Latein, Altitalienisch, Mittelenglisch, auf den Weg durch Europa, vierzehn Handschriften sind uns erhalten. Offensichtlich wurde es nicht nur von Gelehrten studiert, sondern auch im Kreis einfacher Menschen eifrig gelesen. In der Toskana hielt der heilige *Bernardin* donnernde Predigten gegen das Buch. In Venedig ging es unter Ordensleuten von Hand zu Hand. *Margarete von Navarra,* die durch ihre Novellensammlung „Heptaméron" unsterblich wurde, aber auch einen „Spiegel der sündigen Seele" publizierte, zitierte es begeistert. 1946 haben Romanisten die Abschriften, in denen der Name der Autorin fehlte, endlich sicher als Marguerites Werk identifiziert.

Marguerite Poretes Provokationen sind aus der Geschichte der abendländischen Spiritualität nicht mehr wegzudenken. Mehr als sechs Jahrhunderte später schrieb eine andere Französin, *Simone Weil,* die Christin ohne Kirche sein wollte, ihre Gedanken nieder. Sie klingen, als hätte ihr Marguerite die Feder geführt: „Gott hat mich wie ein Nicht-Sein geschaffen, das den Anschein des Seins hat, damit ich aus Liebe auf dieses Schein-Dasein verzichte und die Fülle des Seins mich zunichtemache."

5
„ICH TANZE, WENN DU MICH FÜHRST"

Gertrud von Helfta (1256–1301/02) und ihre
Mitschwestern verkündeten einen
menschenfreundlichen Gott –
und zeigten, was Religion mit Erotik zu tun hat

> *„Du bist meines Herzens einziges,*
> *ganzes, liebstes Wesenskernchen."*
> Gertrud von Helfta

GOTT HAT GRÖSSERE FREUDE an einem sehnsuchtsvollen Menschenherzen", schreibt die große Gertrud, „als je ein Mensch haben kann an blühenden, duftenden Frühlingsblumen." Ihm solle man sich nur getrost in die Arme werfen. Denn:

> „Immer wenn sich ein Mensch der Güte Gottes übergibt, sich seiner Gnade und Vorsehung anvertraut, dann wird der Herr ihn in seine besondere Obhut nehmen."

Und diesen Gott redet sie an wie einen Geliebten, voll zärtlicher Bewunderung:

„Du Leben meiner Seele!
Du bist die Schönheit und Pracht aller Farben,
die Süße allen Wohlgeschmacks,
der Duft aller Düfte,
die Harmonie aller Töne."

„Du kunstfertigster Handwerker,
mildester Lehrer,
weisester Ratgeber,
gütigster Helfer,
treuester Freund!"

„Dort hüpft aus mir heraus in dich,
den lebendigen Gott,
und springt schon jauchzend empor
mein Herz und die Seele."

„Eia, Geliebter, (…) mach schnell,
dass ich zu dir gelange,
(…) dass ich in dir ewiges Leben schöpfe immerdar.
Eia, schnell,
lass dein Angesicht über mir aufleuchten,
dass ich freudig von Angesicht zu Angesicht dich schaue.
Eia, schnell,
zeig mir dich selbst,
dass ich glücklich mich freue an dir auf ewig."

Ein „Liebhaber" der armseligen Kreaturen ist es, den sie verkündet, ein menschenfreundlicher Gott, nicht der alle Schwächen unnachsichtig rächende Himmelstyrann, den zeitgenössische Bußprediger in den schwärzesten Farben malen. Gertruds Mystik ist Frauentheologie im besten Sinne, emotional, sehr persönlich, aber auf der Hut vor verzückter Schwärmerei, aus der Bibel lebend und die eigene innere Erfahrung bescheiden in den Glaubensschatz der Jahrhunderte einbettend. Diese Art Mystik ist kein völlig subjektives emotionales Erleben, sondern ganz bewusst angebunden an die strengen Formen kirchlicher, liturgischer Frömmigkeit.

„O wenn es mir doch gelänge,
(...) auch nur für einen Augenblick
in Ruhe zu verweilen
unter deinem gar so liebenswerten Mantel
der Liebe und Neigung (...).
Und hören soll dann
meine Seele aus deinem Mund
dieses gute und liebliche Wort:
Dein Heil bin ich;
siehe, schon steht dir offen
meines Herzens Ruhekammer."

„Ich will dich trunken machen"

Am Anfang von Gertruds nicht gerade aufregendem Leben steht wie in den meisten alten Heiligengeschichten ein Bekehrungserlebnis: 1256 geboren, wird sie als Fünfjährige, damals nicht unüblich, in das sächsische Zisterzienserinnenkloster Helfta gebracht – es liegt am Rand eines alten Fischerdorfs in einem wunderschönen Tal nahe Eisleben – und in der hervorragenden Schule der Abtei erzogen. Hohes theologisches Niveau und kontemplative

Tiefe verbanden sich in den Nonnen von Helfta, die in der Seelsorge arbeiteten.

Doch mit sechsundzwanzig Jahren verliert sie von einem Tag auf den andern die Lust an den bisher mit Begeisterung betriebenen „weltlichen" Studien, an Literatur und Sprachwissenschaft. Sie sei entschlossen gewesen, „keinem Mann an Gelehrsamkeit nachzustehen", erinnert sie sich später.

Plötzlich ist nichts mehr, wie es bisher war in ihrem Leben. Es geschieht am 27. Januar 1281, nach dem klösterlichen Abendgebet, als eben die Dämmerung hereinbricht. In einer Vision sieht sie Christus vor sich und hört seine Stimme: „Fürchte dich nicht. Ich will dich retten und frei machen. Bisher hast du mit meinen Feinden den Staub der Erde gegessen und ein paar Honigtropfen aus Dornen gesaugt. Komm zu mir; ich will dich trunken machen mit dem Strom meiner göttlichen Wonne!"

Christus, so erzählt sie es später selbst, hebt sie über eine dichte Dornenhecke hinüber, zeigt ihr seine wie Juwelen leuchtenden Wundmale und nimmt sie an der Hand. Gertrud: „Von dieser Stunde an war meine Seele froh und im Frieden." Nüchtern ausgedrückt: Sie begreift, dass alle menschliche Gelehrsamkeit hinter der seligen Schau des göttlichen Lichts zurückbleiben muss, und entscheidet sich für ein Leben der Betrachtung und Vereinigung mit Gott.

Dieses mystische Leben vollzieht sich bei Gertrud angenehm unauffällig. Keine außerordentlichen Phänomene, keine öffentlichen Ekstasen, kein Schweben über dem Boden, keine blutenden Wundmale. „Wohltuende Schlichtheit, Ruhe, Gleichmäßigkeit, Seelenstärke und Milde" habe sie ausgestrahlt, urteilt der Benediktiner *Anselm Manser*. Nie erliegt sie der Versuchung, ihre Visionen und himmlischen Erleuchtungen selbstzufrieden für sich zu genießen. Was ihr an Glück widerfährt, muss sie weitererzählen.

Sie versteht sich als Propagandistin eines barmherzigen, leidenschaftlich in seine Geschöpfe verliebten Gottes. Mit zärtlicher Liebe geht sie auf die Menschen zu, auch auf die unter menschlicher Gedankenlosigkeit und Ausbeutung leidenden Tiere, denen sie mit einer bislang nicht gekannten Sensibilität begegnet.

Gott verlässt seinen Himmel

Mit ihren Schriften wirkt sie weit über die Mauern der Abtei hinaus, die nach 1542 säkularisiert, 1999 als vielversprechendes Zeichen eines spirituellen Aufbruchs in den neuen Bundesländern wiedergegründet worden ist. Und natürlich inspirieren und ermutigen sie sich gegenseitig, die mystisch begabten Ordensfrauen *Gertrud, Mechthild von Hackeborn* (ihre Lehrerin) und *Mechthild von Magdeburg* (an ihrem berühmten Buch „Das fließende Licht der Gottheit" hat Gertrud höchstwahrscheinlich entscheidend mitgearbeitet), die durch einen glücklichen Zufall zwei Jahrzehnte gemeinsam in Helfta leben.

Gertrud hat eine Menge geschrieben. Komplizierte theologische Abhandlungen großer geistlicher Lehrer fasste sie in einprägsamen Texten zusammen – für den Hausgebrauch sozusagen. Unter dem Titel „Die geistlichen Übungen" brachte sie ein an der Liturgie orientiertes Gebetbuch heraus, in kraftvoller, gar nicht süßlicher Sprache. Ihr „Gesandter der göttlichen Liebe" wird zu den Perlen mystischer Literatur des Mittelalters gerechnet, obwohl nur ein einziger seiner fünf umfangreichen Teile von der Heiligen direkt stammt; das Buch übte starken Einfluss auf die spanische Mystik aus.

> „Dich allein habe ich lieb.
> (…) Eia, bring mich hinüber,
> in die Flamme deines lebendigen Brandes,
> und mach, dass ich nun mich schmiege
> so voll und ganz an dich,
> dass, wenn in der Todesstunde
> zurückgelassen ist der Körper,
> mir auf ewig wohl sei in dir.
> Denn meine Seele liebt dich,
> mein Herz ersehnt dich,
> meine Tugendkraft hat dich lieb,
> und mein ganzes Leben ist,
> während es von mir zu dir hinübergeht,
> schon weggegangen hin zu dir."

„Zur Lobpreisung und Verherrlichung Gottes, des Liebhabers des menschlichen Heiles" habe sie ihre Visionen aufgeschrieben, mit „wunderbarer Hilfe der göttlichen Barmherzigkeit", so zieht ihr Ghostwriter im letzten Kapitel des „Gesandten der göttlichen Liebe" Bilanz. Wenn der weniger erfahrene Leser vielleicht nicht so unbeschwert „im Strom der göttlichen Liebe zu schwimmen" vermöge wie die große heilige Gertrud, so könne er sich doch durch das Buch an der Hand leiten lassen und am Ende erfahren, „wie süß der Herr ist"!

Im Mittelpunkt ihrer Visionen stand die Menschwerdung Gottes: Gott bleibt nicht in der Herrlichkeit eines fernen Himmels, sondern begibt sich mitten hinein in die armselige Existenz der Menschen, um mit ihnen „von

Herz zu Herz" zu sprechen und den winzigen Menschlein – Staubkörnchen im Weltall – eine unendliche Würde zu verleihen. Die Kirche muss es ihm gleichtun, sie darf seine Nähe niemals selbstzweckhaft genießen, sondern muss sie den Menschen vermitteln.

Auf die ewigen Menschheitsfragen „Woher komme ich? Wohin gehe ich? Welchen Sinn hat mein Leben?" antwortet Gertrud mit einem für Mystiker typischen Konzept: Geschaffen und gewollt durch Gottes unbändige Liebe, bestimmt für eine Liebe, die auch die Grenze des Todes überwinden wird, soll der Mensch diese Liebe leben und für andere – und den ganzen Kosmos – fruchtbar machen. In Bildern spricht sie, nicht in Begriffen, zur eigenen Erfahrung einladend und nicht zum Nachsprechen von Lehrsätzen, sondern zum Vertrauen ermunternd.

Wenn die „Gottesrede" vor dem Hintergrund heutiger Lebensprobleme nicht mehr greift, hilft Gertruds visionäre Prophetie, das Verstummen als Schrei nach einer neuen Sprache zu interpretieren und Gottes Gegenwart gerade in dieses frustrierende Verstummen hinein zu bezeugen – meint die Würzburger Theologin *Hildegund Keul:* Christliche Prophetie müsse es ernst nehmen, wenn das menschliche Wort vor der erdrückenden Macht von Not und Elend versage. „Wo sie das Verstummen übergeht oder die Verstummten zum Schweigen bringt, löst sie sich vom Wort Gottes." Doch mitten im Verstummen menschlicher Rede beginne eine Verheißung zu sprechen, „die das erniedrigte Leben aufrichtet und Menschen zum Leben begeistert", beginne Gott selbst zu reden, der die Verstummten „nicht mundtot, sondern sprachfähig" mache. Voraussetzung dafür: der Respekt vor dem Verstummen der Verzweifelten – und vor dem lebensmächtigen, überraschenden Wort Gottes.

So gesehen, ist das geöffnete Herz des Erlösers, das Gertrud in ihren Schauungen immer wieder erblickt, nicht nur ein Signal für die private Frömmigkeit – wie man es verstand, als im siebzehnten und achtzehnten Jahrhundert in Frankreich und Deutschland die Herz-Jesu-Verehrung aufblühte und Hildegards Schriften wiederentdeckt wurden –, sondern eine Aufforderung an die Kirche, ihr Herz weit für die Sorgen und Nöte der Menschen zu öffnen.

Am Ende ihrer *Exercitia spiritualia,* die man als Summe ihrer Mystik sehen kann, betrachtet Gertrud intensiv die Passion Jesu – aber nicht, um zur Nachfolge des leidenden Jesus zu ermuntern, wie es oft geschieht, sondern um im Leiden und Sterben des gemarterten Erlösers den Triumph der Liebe zu schildern, der dem Menschen das Herz Gottes öffnet und sein kleines Menschenherz mit dem großen Herzen Gottes vereint.

„Eia, es öffne sich mir
deines liebsten Herzens
heilbringender Eingang.
Sieh, mein Herz
habe ich nicht mehr bei mir;
doch du, o Liebster, mein Schatz,
du bewahrst es auf
in deiner Kammer bei dir.
Du, du bist meines Herzens einziges,
ganzes, liebstes
Wesenskernchen;
dir allein hat sich glutvoll
angeschmiegt meine Seele."

„Eia, mach, dass ich sterbe vor Liebe,
die liebend sich dir zuneigt.
O liebstes teuerstes Herz,
in dich, so bitte ich, sauge ganz auf mein Herz."

Ein Gott zum Küssen

Erheblich abenteuerlicher war der Weg von Gertruds älterer Freundin *Mechthild von Magdeburg* (um 1207–1282) nach Helfta verlaufen: Mechthild wollte weder das luxuriöse Leben ihrer vornehmen Familie noch das wohlversorgte Dasein einer adeligen Nonne in einem klösterlichen Damenstift führen. Stattdessen schloss sie sich den Beginen an, teilte die Lebensbedingungen der armen Schichten der Magdeburger Stadtbevölkerung, versorgte Alte und Kranke, um die sich sonst niemand kümmerte.

Die Aufbruchsbewegung der Beginen mit ihrer frischen weiblichen Spiritualität und ihrem selbstbewussten, von keinem Bischof oder Beichtvater kontrollierten sozialen Engagement war der Prälatenkirche freilich ein Dorn im Auge. Weil sie zu allem Überfluss den gelehrten Theologen in Magdeburg mit ihren freizügig formulierten Visionen von einem himmlischen Liebhaber auf die Nerven ging und die geistig wenig beweglichen Domherren „stinkende Böcke" nannte, vergraulte man Mechthild um 1270 aus ihrem Beginenhaus.

Mechthild, Anfang fünfzig, fand Zuflucht im Zisterzienserinnenkloster Helfta, das dabei war, sich zu einem Zentrum deutscher Frauenmystik und Literatur zu entwickeln. Als sie hierher kam, war sie offenbar schon krank und gebrechlich. Ihre letzten Buchkapitel soll sie erblindet den Mitschwestern diktiert haben. Umso heller leuchtete ihr Geist. Der Dominikaner *Heinrich von Halle*, der ihre Bildung schätzte, sammelte ihre in Reimprosa gehaltenen Visionen. Später erhielten sie den hintergründigen Titel „Das fließende Licht der Gottheit": eine Anspielung auf den damals, im Übergang zur Gotik und zur städtischen Machtentfaltung, langsam absterbenden Minnesang.

Dort war die Rede von der „spielenden Liebesflut" gewesen, in der alles ineinander drängt, gewaltige Kräfte freigesetzt und die Menschen in einen eruptiven Rausch versetzt werden. So ähnlich sieht Mechthild ihre Beziehung zu Gott. In Bildern, Rhythmen, Traumerfahrungen spricht sie davon, nicht in abstrakten Begriffen wie die starr gewordene scholastische Theologie.

Ihr Gott ist Licht, Brand, Glut, Bewegung, wärmende Sonne und tosendes Wasser. Man kann ihn berühren, umarmen, halten, küssen, ja er verlangt danach mit allen Fasern einer stürmischen Emotion: „Gott hat an allen Dingen genug, nur die Berührung der Seele wird ihm nie genug." Das Gebet, behauptet sie, macht nicht nur „eine kalte Seele brennend", es „zieht auch den großen Gott hernieder in das kleine Herz und treibt die hungrige Seele hinauf zu dem Gott der Fülle".

„Gott spricht zur Seele:
Du bist mein Lagerkissen,
mein Liebesbett.
(…) Du bist eine Lust meinem Gottsein,
ein Trost meinem Menschsein,
ein Bach meinem Durst."

„Die Seele singt zu Gott:
Du bist mein Spiegelberg,
meine Augenweide,
ein Verlust meiner selbst,
ein Sturm meines Herzens,
ein Fall und Untergang meiner Kraft,
meine höchste Sicherheit."
Mechthild von Magdeburg,
Das fließende Licht der Gottheit

Ohne Scheu vor paradoxen Aussagen, derben Vergleichen, erotischen Lustgefühlen singt Mechthild Gott ihr Liebeslied. Wobei man sich vor dem flotten Urteil hüten sollte, auf diese Weise hätten die armen eingesperrten Nonnen nur ihre unterdrückte Sexualität ausgelebt. Zum einen hatte mittelalterliches Klosterleben für Frauen nicht selten ausgesprochen emanzipative Züge; es befreite von den Zwängen einer Ehe und ermöglichte ein erheblich unabhängigeres Leben mit der Befriedigung intellektueller, musischer, literarischer Interessen.

Zum andern münden unausgelebte sexuelle Fantasien in aller Regel nicht in die Aufforderung zum wachen gesellschaftlichen Bewusstsein und zum Einsatz für Gerechtigkeit und Frieden, wie es bei Mechthild der Fall ist; das untrügliche Kriterium, das christliche Mystik von sentimentaler Schwärmerei unterscheidet. „Was nützen erhabene Worte ohne barmherzige Werke?" fragt sie sarkastisch und rät Mitschwestern und Leserpublikum, sich ganz am „Bruder Jesus" oder der „Schwester Maria" zu orientieren, die arm, liebevoll und hilfsbereit gewesen seien.

„Diese sieben Dinge sollen wir üben:
gerecht im Leben,
barmherzig in der Not,
getreu in der Gemeinschaft,
hilfsbereit im Verborgenen,
in Not und Elend schweigen,
voll der Wahrheit sein,
der Lüge Feind sein."

Die Kirche ihrer Zeit mit ihrem Machthunger, ihrer Sittenlosigkeit und ihrer Blindheit gegenüber dem Elend der Armen tadelt sie in prophetischem Zorn als regelrechtes Gegenmodell der jesuanischen Botschaft: „Du bist verarmt und hast die wahre Liebe nicht", wirft sie ihr vor; die den Hirten anvertrauten Schafe seien „alle todkrank, weil sie nicht von der gesunden Weide essen"; das heilige Priestertum besitze nur noch einen schäbigen Rest seiner alten Würde, „das ist die geistliche Gewalt, mit ihr kämpfst du gegen Gott und seine auserwählten Freunde."

„Am Anfang war die Beziehung"

Doch weil Gott selbst die Wunden seiner Kirche heilen und ihr „einen neuen Mantel umlegen" wird, bleibt sie zuversichtlich und lässt sich die Freude an ihrem himmlischen Freund nicht austreiben. „Ich tanze, wenn du mich führst", verspricht sie ihm in aufgeregter Vorfreude. Gott gibt zwar den Rhythmus vor und lenkt den Schritt, aber beim Tanzen kommt es immer auch auf den Partner an. Das ist das Besondere an Mechthilds spiritueller Theologie. Ihre Visionen sind kein stummes Empfangen, sondern ein Gespräch mit Gott: „Am Anfang war die Beziehung." Mechthild nimmt den barmherzigen Schöpfer der Welt beim Wort, „mahnt" ihn „an die endlose Liebe, die er für jede Menschenseele hat", lässt ihn versprechen:

„Meine Seele kann es nicht ertragen,
den Sünder von mir zu verjagen.
Darum folge ich manchem so lange,
bis ich ihn fange,
und behalte für ihn einen so schmalen Ort,
dass kein Menschenverstand mir folgt bis dort."
Mechthild von Magdeburg,
Das fließende Licht der Gottheit

Mehr als einmal stürzte Mechthild in jenes schwarze Loch, in dem man nur noch Verzweiflung und Sinnlosigkeit fühlt und über das Wort Liebe bitter lachen muss: „Dann kam der Unglaube und hüllte mich in so große Finsternis und schrie mich an mit so heftiger Wildheit, dass mir vor seiner Stimme graute."

Sie weiß um die lähmende Erfahrung der Gottesfinsternis und um die nagenden Schmerzen, die das radikale Suchen mit sich bringt. Sie will alles erleben, extrem und bis an die Grenzen. Sie kommt so weit, diesen Zustand als „selige Gottesentfremdung" zu preisen: „Herr, in der Tiefe der reinen Demut kann ich dir nicht entfallen!" Sie hat begriffen, dass der Sturz in die Finsternis der „Gottesnacht" die Vorstufe der Begegnung mit dem stürmisch liebenden Gott ist. Das ist das Gegenteil einer Wohlfühlreligion, die nichts kostet. Liebe, stark und leidenschaftlich, keine Nettigkeiten. Ein Gott zum wilden, fordernden Umarmen, nicht zum Kuscheln.

„Wie er seinen allerliebsten Sohn
vom Himmel niederwarf
auf die Straße, in die fremde Krippe,
so reißt unser Herr noch immer
seine auserwählten Freunde
aus allem irdischen Trost,
damit sie nach dem himmlischen Trost hungern."
Mechthild von Magdeburg,
Das fließende Licht der Gottheit

Am Ende blieb ihr nur das Staunen: „Gott ist stets mächtiger und wunderbarer auf mich gefallen."

Gott ist erreichbar

Mechthild von Hackeborn (1241–1298/99), als Siebenjährige in Helfta eingetreten und Leiterin der Klosterschule, war die Dritte im Bund der wortgewaltigen Mystikerinnen. Ihr *Liber gratiae specialis* (Buch der besonderen Gnade) war anfangs populärer als die Schriften der großen Gertrud – und ist heute vergessen. Angeblich hat sie ihre Offenbarungen erst in den letzten, von schwerer Krankheit gezeichneten Lebensjahren ihren Mitschwestern anvertraut, die sie heimlich aufschrieben. Christus selbst soll sie dann in einer Vision ermuntert haben, einer Publikation zuzustimmen.

Diese Visionen überfielen sie vorwiegend während des Chorgebets und der Eucharistiefeier; deshalb schließen sie sich eng an die Liturgie und die kirchlichen Festzeiten an – und lenken all die Riten, Texte und Mysterien auf ihre Mitte zurück: Jesus Christus als berührbar gewordener

Gott und sein Herz als erschütterndes Symbol der Fleischwerdung Gottes in der Not dieser Welt.

Zentral ist in ihrem Buch das Gotteslob; „alles ist ihr Liturgie", schreibt *Hans Urs von Balthasar,* „aber nicht im Sinn einer überspannten, unnatürlichen Feierlichkeit; sie ist frisch und spontan, hell und demütig." Als sie sich einmal sehnsüchtig wünschte, selbst zu einem einzigen Lob Gottes zu werden, sah sie, wie der Herr ihr das Herz aus der Brust nahm; es hatte die Gestalt eines mit Gold und Edelsteinen geschmückten dreiseitigen Glases (Symbol der Dreifaltigkeit), „und aus diesem Glas trank er mit Freude sein eigenes Lob". Danach reichte er es allen Heiligen weiter, und am Ende durften auch noch die Seelen der Toten daraus trinken, „auch solche, die noch nicht voll gereinigt waren".

> „Sieh, sooft du dich nach mir sehnst, ziehst du mich in dich. Denn ich habe mich mitteilsamer und leichter erreichbar gemacht als alle anderen Dinge. Kein Ding ist ja so klein und gemein, nicht einmal ein Faden oder ein Strohhalm, dass man es durch den bloßen Willen erwerben kann; mich aber kann der Mensch durch den bloßen Willen oder einen einzigen Seufzer bekommen."
> *Mechthild von Hackeborn, Liber gratiae specialis*

Mechthilds Gott ist erreichbar, fürsorglich, rührend um das Wohl seiner Geschöpfe besorgt. Sie liegt krank zu Bett, betrübt, nicht am Konventsgottesdienst teilnehmen zu können, da sieht sie „den Herrn eilends von seinem Thron aufstehen" und alle Heiligen mit ihm, um ihn stellvertretend für sie zu loben. „Wo immer du bist, da bin ich auch", tröstet er die Kranke. „Wo immer du weilst, dort ist mein Himmel; du magst essen oder schlafen oder sonst etwas tun, immer ist meine Wohnstatt in dir." Bei einer anderen Gelegenheit erscheint ihr Christus und teilt ihr mit: „Sieh, ich habe deine Schmerzen angezogen (...), ich will sie alle in mich ziehen und will alle in dir durchleiden, (...) einverleibt meiner Passion."

In der Fastenzeit dachte sie, getreu der Liturgie, an Christi vierzigtägigen Aufenthalt in der Wüste und beschloss, ihm dort nahe zu sein. In einer Vision sah sie ihn einen wunderschönen hohlen Baum aussuchen, der „Baum der Demut" genannt wurde, wo er übernachten wollte.

„Da frug sie: ‚Und ich, wo soll ich bleiben?' Und der Herr: ‚Kannst du nicht in meinen Schoß fliegen und da ruhen, so wie es die Vögel zu tun pflegen?' Und alsogleich sah sie sich selbst in Gestalt eines Vögleins, das in des Herrn Schoß flog und dort aufs ungestörteste ruhte. Sie sprach zum Herrn: ‚Mildester Herr, lege deinen Finger auf mein Haupt, damit ich so einschlafe.' Und der Herr: ‚Weißt du nicht, dass die kleinen Vögel, wenn sie schlafen wollen, den Kopf in die Federn stecken?' Sie aber: ‚Herr, was sind denn meine Federn?' Er erwiderte: ‚Deine Sehnsucht ist eine rote Feder, denn sie brennt immer; deine Liebe ist eine grüne Feder, denn sie grünt und wächst sich aus. Deine Hoffnung ist eine feuerfarbene Feder, denn unablässig begehrst du nach mir.'"

Mechthild von Hackeborn, Liber gratiae specialis

Weil Gott so ein Menschenfreund ist, deshalb ist barmherziger Menschendienst immer auch Gottesdienst. Und deshalb kümmerte es Mechthild wenig, als die bischöfliche

Behörde im Streit um irgendeine Geldsumme dem Kloster das Interdikt auferlegte, das heißt die Feier der Eucharistie untersagte. Sie sah in einer provokanten Vision einfach Christus höchstpersönlich die Messe lesen, begleitet von seiner Mutter und allen Heiligen. Johannes der Täufer trug die Epistel vor, der Apostel Johannes das Evangelium.

6

EIN HEILIGER, DER FLIEGEN KONNTE

Filippo Neri (1515–1595) und andere verrückte Spaßvögel lebten die herrliche Freiheit der Kinder Gottes – und führten vor, wie rebellisch das Lachen sein kann

> *„Skrupel und Melancholie,*
> *geht fort von meinem Haus!"*
> Filippo Neri

BEI MANCHEN HEILIGEN der italienischen Renaissance scheinen Ekstasen und andere von der Parapsychologie her bekannte Phänomene das Normalste von der Welt gewesen zu sein. Ein nichts ahnender Besucher der römischen Kirche San Girolamo della Caritá, so wird berichtet, erblickte um das Jahr 1580 plötzlich einen Menschen, der vor dem Hochaltar ein beträchtliches Stück über dem Boden schwebte. Der Mesner, der gerade beim Kirchenputzen war, kehrte ungerührt mit dem Besen unter dem Schwebenden her und antwortete dem entgeisterten Besucher, als ob überhaupt nichts dabei wäre: „Na und? Vater Filippo ist nur in Verzückung!"

Filippo Neri war ein stadtbekannter Spaßmacher, ein frommer Clown, ein selbsternannter Hofnarr der Mächtigen und Geehrten. Vaterfigur, Don Quichotte und treffsicherer Karikaturist seiner Umwelt in einem. Ein verrückter Kerl, vor dessen hintergründigem Spott kein Amtsträger in seiner steifen Würde und kein eingebildeter Hohlkopf sicher war und der doch eine entwaffnende Güte und Menschlichkeit ausstrahlte.

Die Römer hielten ihn alle für ziemlich überdreht, aber sie liebten ihn zärtlich, und manche nannten ihn in stolzem Überschwang *Il Santo,* den Heiligen. Noch heute kennt dort jeder die köstliche Geschichte von der Klatschbase und dem Huhn. Vor mehr als vierhundert Jahren wollte die Plaudertasche bei Filippo Neri beichten, dem komödiantisch begabten Priester – und Menschenkenner. Er hatte bald herausgefunden, worin ihre größte Lust bestand: nämlich darin, die Schwächen und Missgeschicke ihrer Nachbarinnen überall herumzuposaunen.

Filippo ersann eine ungewöhnliche Buße für die geschwätzige Dame: Sie sollte ein Huhn rupfen und die Federn in ganz Rom vom Wind zerstieben lassen. Doch als sie bald darauf wieder zur Beichte erschien, bezichtigte sie sich erneut der üblen Nachrede. Worauf Filippo ein neues Bußwerk erfand: Sämtliche Hühnerfedern sollte sie wieder aufsammeln und in die Kirche bringen. Großes Entsetzen bei der Dame: Das sei ja unmöglich! Darauf Filippo: Genauso unmöglich, die Wirkung böser Worte zurückzunehmen und einmal ausgestreute Verleumdungen wieder einzusammeln.

Solche Anekdoten über das Priesterlein von San Girolamo sind Legion. Sie zeugen nicht nur von Filippos psychologischem Gespür, sondern genauso von der Zuneigung, mit der die Römer an ihm hingen. Pippo buono nannten sie ihn, das gute Philippchen. Seinen Todestag am 26. Mai feiern sie heute noch wie ein Volksfest.

Aufrührerischer Humor

Dabei hat sich der Priester Filippo oft genug wie ein kompletter Narr aufgeführt. Er lief mit nur zur Hälfte rasiertem Gesicht herum, auf dem Kopf ein unförmiges türkisches Kissen als Turban, über der abgeschabten schwarzen Soutane ein viel zu weites knallrotes Nachthemd. Mitten aus einem stillen Gebet heraus begann er plötzlich in wilden Bocksprüngen durch die Kirche zu tanzen, und während des Gottesdienstes konnte es ihm einfallen, fröhlich mit den Ministranten zu plaudern oder gedankenverloren vor dem Altar auf und ab zu trippeln. Schwärmerischen Verehrerinnen, die um seinen Segen baten, warf er die Frisur durcheinander und eilte kichernd davon, oder schlimmer noch, er erzählte ihnen einen ordinären Schwank.

Als er später in Rom auf päpstlichen Befehl die Wohnung zu wechseln hatte – was auch eine Beförderung bedeutete –, da ärgerte er sich so, dass er aus lauter Trotz einen bühnenreifen Umzug inszenierte: In feierlicher Prozession wandelten traurig dreinblickende Gestalten durch die Straßen, die mit wichtiger Gebärde ein altersschwaches Bett, eine Bratpfanne, eine Feuerschaufel und den übrigen armseligen Hausrat von Vater Filippo trugen.

Doch die sogenannten einfachen Leute spürten genau, wie viel Weisheit hinter der ganzen Narretei steckte: Nicht nur das Wissen, dass es keinen Himmel ohne Lachen gibt und Gnade etwas mit Freiheit zu tun hat. Nicht nur die Erkenntnis, dass fröhliche Menschen es leichter haben, gut zu sein. „Skrupel und Melancholie, geht fort von meinem Haus!" lautete sein Lieblingsspruch, und er klang wie eine Beschwörungsformel. Einmal fand man ihn in der Kirche an der Totenbahre seines jungen Freundes Nicolo Gigli, wie er lachend das Gesicht des Toten streichelte. War er jetzt vollends verrückt geworden? Ja sollte er sich denn nicht freuen, entgegnete Filippo, da diese Lilie – Gigli heißt Lilie – jetzt für ewig im Himmel blühe?

Die Begebenheit mit Nicolos Leichnam zeigt schlaglichtartig, was sich hinter Filippos Späßen und unberechenbaren Einfällen verbirgt. Sein Humor hatte eine ausgesprochen rebellische Qualität. Mit seinem purpurroten Nachthemd wollte er natürlich die eitlen Kardinäle ärgern. Einen Schüler, der sich selbst für einen begnadeten Redner hielt, ließ er dieselbe Predigt siebenmal wiederholen, bis sich die amüsierten Kirchenbesucher zutuschelten, der arme Tropf könne wohl nur diese eine Ansprache, und der so Gedemütigte selbst an seiner Begabung verzweifelte.

Ein gefährlicher, aber auch befreiender Humor. Befreiend, weil Filippo weiß: Jeder ist irgendwie lächerlich – und jeder ist von Gott geliebt. Zwecklos, sich unter einem mörderischen Erwartungsdruck abzustrampeln – auf Gottes Gnade kommt es an, und die kann man sich nicht durch Leistung verdienen. Gott gibt sie gern und freiwillig, denn er ist kein müder Griesgram, der den Menschen die Freude am Leben verderben will. Filippo liest das Evangelium anders als die bärbeißigen Inquisitoren; er findet Freude über die Nähe Gottes darin, Freude an der Schöpfung, Freude über die Vergebung der Schuld und neugierige Vorfreude auf das kommende Reich.

Gefährlich ist dieser Humor, weil er die geltende Wertordnung auf den Kopf stellt. Der Tod eines Freundes ist kein Anlass zu hoffnungsloser Verzweiflung, sondern

Grund zur Mitfreude. Wenn sich einer für den Nabel der Welt hält, so reizt das Pippo unwiderstehlich zum Lachen, weil es so grundverkehrt ist: Christus ist die Mitte der Welt, er allein, und die sich als die Herren von Kirche und Gesellschaft aufführen, sind in all ihrer Überheblichkeit und Machtverliebtheit nichts als aufgeblasene Zwerge.

Die Insignien von Würde und Autorität entpuppen sich als alberne Kostümierungen großer Kinder. Die allgewaltige Ordnung kann durchbrochen werden, Tabus sind nicht mehr unverletzlich, der Mensch ist mehr wert als der Sabbat und die fröhliche Spontaneität wichtiger als die Einhaltung eiserner Regeln.

Was zunächst als Schrulle erscheint, entwickelt mit der Zeit eine ungeahnte gesellschaftliche Sprengkraft, weil es neue Möglichkeiten sichtbar macht und die Selbstverständlichkeit der geltenden Normen in Frage stellt. *Pippo buono* verhilft dem zweckfreien Spiel zu seinem Recht und rettet die unverlogene Individualität vor dem Zugriff jener, die alles kontrollieren und gleichschalten wollen.

Der Vagabund wird Sozialarbeiter

So ein Mensch, behauptete der Florentiner Schriftsteller *Giovanni Papini,* konnte nirgendwo anders geboren werden als hier in der Stadt der Komödien und Feste. Florenz: Lebensfreude und Schönheitskult, Kunst und Humanismus. Filippos Wiege stand allerdings im Viertel San Giorgio nahe der Porta Romana, wo die weniger Begüterten lebten, im Haus eines miserabel verdienenden kleinen Notars.

Ein Onkel, Kaufmann in San Germano am Monte Cassino, sollte Filippo eine sichere Zukunft verschaffen. Doch der junge Mann teilte den Bettlern mit vollen Händen aus der Ladenkasse aus und hielt sich lieber bei den Benediktinern von Monte Cassino auf als im Geschäft. Der Onkel wird nicht allzu böse gewesen sein, als der Träumer auf sein karges Erbe verzichtete und zu Fuß nach Rom pilgerte, um sich dort als Hauslehrer durchzuschlagen, bei einem päpstlichen Zolldirektor.

Ein erbärmlich bezahlter Job, den er offenbar bald wieder aufgab. Denn wir finden ihn als Hörer an der päpstlichen Sapienza-Akademie und am Kolleg der Augustiner, in der vordersten Helferfront bei einer Hungersnot und als Mädchen für alles in den verdreckten Spitälern, wo er die Krankensäle reinigt, die Patienten wäscht und Stunde um Stunde geduldig zuhört, tröstet, Mut zuspricht. Die Nächte verbringt er gern in den Katakomben, in der Zwiesprache mit den toten Märtyrern.

Irgendwann hat er wohl auch von der Theologie genug, wie sie an den Akademien betrieben wird: unverbindliches Gerede, Bürgerreligion. Filippo wird zum Streuner, zum Großstadteremiten, von denen es damals in Rom eine ganze Menge gegeben hat. Später einmal werden seine Biografen diese Vagabundenexistenz verklären. Der venezianische Kardinal *Valieri* etwa, der Filippo den bewundernden Beinamen „christlicher Sokrates" gibt.

Es ist immer die Nachwelt, die den Provokateuren Kränze flicht. Der lebendige Filippo, der im römischen Florentinerviertel durch die Straßen bummelt und die Passanten in verwirrende Plaudereien verwickelt, erregt Anstoß und Empörung. Genau wie einst Sokrates beginnt er mit belanglosen Themen, bittet um Auskünfte, lässt sich von seinen geschmeichelten Gesprächspartnern ihre Spezialgebiete erklären – um unversehens zu tieferen Problemen vorzustoßen, über die sie noch nicht nachgedacht haben oder die sie gern verdrängen.

Harmlose Fragen legen versteckte Hintergründe bloß, freches Sich-dumm-Stellen entlarvt, hartnäckige Sturheit bricht kühle Distanz auf. Filippos Gesprächspartner sind verunsichert, genervt, entrüstet. Sie schimpfen über den aufdringlichen Kerl – aber sie sind nicht mehr die alten. Die Mauer um ihr sorgsam gehütetes Seelenleben hat Risse bekommen, das Selbstverständliche ist nicht mehr sicher. Und sie beginnen zuzuhören, wenn Filippo davon spricht, dass es außer dem Lohnbeutel und einem guten Abendessen noch etwas anderes gibt, wofür es sich zu leben lohnt.

Bei aller Lust am Provozieren muss er ein grundguter Mensch gewesen sein. Rom war damals voll finsterer Bußprediger, die mit Gottes Strafgericht und dem Höllenfeuer drohten. Nicht so Filippo. Er erzählt lieber von dem Glück, das in Gottes Nähe zu finden ist. Außerdem führt er nicht nur fromme Reden, der gottgeweihte Herumtreiber. Für die Schulkinder baut er einen Spielplatz, ausgelassen tollt er mit ihnen durchs Grüne, aber er betet auch mit ihnen, schickt sie für die Kranken betteln und zum Kirchenputzen.

Als er fünfunddreißig Jahre alt ist, nimmt sein Leben erneut eine Wende. Filippo gibt das Herumvagabundieren auf. Zusammen mit seinem Beichtvater und ein paar Freunden gründet er die *Trinità dei Pellegrini*, die Bruderschaft von der heiligsten Dreifaltigkeit für Pilger. Für jene abgekämpften Wallfahrer, die zu Tausenden in die Ewige Stadt strömen, oft schwerkrank und halbverhungert auf den Kirchenstufen liegen und um Almosen betteln.

Die Bruderschaft organisiert Nahrung, Unterkunft und medizinische Behandlung – so wirkungsvoll, dass später in einem einzigen Jahr hundertfünfundvierzigtausend Wallfahrer in ihrem Hospital Aufnahme finden. Die Mitglieder der Trinità treffen sich zu geistlichen Gesprächen und gehen jeden Sonntag gemeinsam zur Kommunion, was im sechzehnten Jahrhundert so ungewöhnlich ist wie heute ein verheirateter Papst.

Filippo ist jetzt eine Art Sozialarbeiter geworden, der längst wie ein Priester lebt und mehr für die Armen getan hat als alle Prälaten der Kurie zusammen. Den Rat seines Beichtvaters, sich zum Priester weihen zu lassen, hat er jedoch immer ausgeschlagen. Das sei nichts für so ein schlichtes Gemüt ... und dann seine Neigung zum Komödiespielen!

Mit sanftem Druck bringen seine Freunde den Sechsunddreißigjährigen schließlich dazu, das Sakrament doch noch zu empfangen. Aber sie bereuen es bald, ihn gedrängt zu haben, denn der Neugeweihte pfeift auf Würde. An Festtagen kommt er mit einem verkehrt herum angezogenen Chorrock in die Kirche. Wenn fromme Seelen ein erbauliches Gespräch mit ihm führen wollen, schneidet er boshafte Grimassen. Einmal platzt Vater Filippo in ein Krankenzimmer, wo ein gelangweilter Priester gerade die Sterbegebete spricht. Pippo gibt seinem Kollegen, dessen Leichenbittermiene ihn ärgert, scherzhaft eine Ohrfeige und beginnt selbst zu beten. Was den Kranken so amüsiert, dass er auf der Stelle gesund wird!

Eine solche Geschichte beleuchtet wieder einmal den kostbaren Hintergrund von Filippos burlesken Späßen:

Er will nicht nur die überheblichen Spitzen der Gesellschaft in ihrer steifen Würde veräppeln. Mit seinem schrillen Humor versucht er angstgeplagte Mitmenschen von Depressionen zu heilen und ein mildes Licht in ihr trübsinniges Dasein zu bringen. Einen griesgrämigen Priester fordert er kurzerhand zu einem Wettlauf auf, statt lange über seinen Seelenzustand zu diskutieren.

Ein psychisch labiler junger Mann kommt zu Filippo und vertraut ihm an, in seinem Zimmer habe sich ein Dämon eingenistet. „Ach geh, sieh doch den Tristo, den trübseligen Teufel!", sagt Filippo wegwerfend zu dem Gepeinigten, „tu diesem Tristo bloß nicht die Ehre an, von ihm zu sprechen!" Dieser armselige Teufel habe doch überhaupt keine Macht über einen Menschen, der sich im Schutz Gottes wisse, beruhigt er ihn. Und umarmt den Angsthasen und schneidet ihm komische Gesichter. Der Junge fängt zu lachen an und ist von seiner Dämonenfurcht geheilt.

„Ich liebe Dich und kann nicht anders, denn
Ein Wunsch besiegt mich ganz und gar:
Das Mein sei Dein und Deine Liebe mein, wenn
Unser Tausch – Du in mir, ich in Dir – wird wahr.

Doch Zeit wird noch vergehen, wenn
Ich endlich lassen kann den üblen Kerker
Des Vergessens, den dumm und blind ich nenn',
In dem, von mir gebannt, ich leide immer stärker.

Erd', Himmel, Zeit und Raum erfüllt von Lachen sind.
Die Winde stehen still, es ruhn die Wogen.
Nie strahlend so wie heut jemand die Sonne find't.

Die Gipfel rufen: Wer ist's, der zu lieben blind
Und nicht sich freut? Nur ich: Der Freude Bogen
Überspannt, wie krank und schwach doch meine
Kräfte sind."
Filippo Neri zugeschriebenes Sonett

Das war *Pippo buono,* der gute kleine Philipp mit dem großen Herzen, der sich nicht scheute, einen zur Hinrichtung geführten Ketzer in die Arme zu schließen – und die Aufhebung des Todesurteils erreichte. Pippo buono, der Juden im theologischen Disput ermunterte, gemeinsam mit ihm zum Gott Abrahams, Isaaks und Jakobs zu beten. Pippo buono, der sich manchmal nur deshalb so schrecklich närrisch aufführte, weil ihm sonst das Herz vor lauter Liebe zu Gott und seinen Menschengeschwistern zersprungen wäre.

Koryphäen der medizinischen Wissenschaft haben Filippo nach seinem Tod obduziert und festgestellt, dass Herz und Arterien erheblich vergrößert waren. Zwei Rippen nahe beim Herzen hatten sich von ihren Knorpeln gelöst, ihre Spitzen standen nach außen hervor. Mit diesem einzigartigen Phänomen muss Neri fünfzig Jahre lang gelebt haben, wenn seine beiläufige Notiz stimmt: An Pfingsten 1544 sei während des Gebets in den Katakomben eine „Feuerkugel" in seinen Mund und in sein Herz hinabgefahren. Von da an habe er gefühlt, wie das Blut stürmisch gegen sein Herz dringe, und wenn er erregt sei oder die Messe feiere, klopfe es so laut wie ein Hammer.

Für die Visionen, Ekstasen, außergewöhnlichen Erregungszustände, die Filippo häufig übermannten, gibt es recht zuverlässige Zeugen. Sie berichten auch, dass er vor Rührung und Mitleid mit dem gekreuzigten Christus Bäche von Tränen vergoss und man um sein Augenlicht fürchtete. Im tiefsten Herzen war er ein Mystiker, der verrückte Spaßmacher von San Girolamo, glühend von einer unbändigen Liebe.

Einmal stellte er Christus die nachdenkliche Frage: „Wie gern möchte ich von dir wissen, wie es denn gemacht ist – jenes Netz der Liebe, das so viele einfängt!" Und seiner Nichte riet er in einem Brief: „Geben wir uns ganz und gar seiner göttlichen Liebe hin und gehen wir ganz und gar in die Wunde seiner Seite ein, jene lebendige Quelle der Weisheit des menschgewordenen Gottes. Geben wir uns so sehr hin, dass wir uns selber auslöschen und nie mehr den Weg herausfinden."

„Mein Herr, ich möchte den Weg lernen,
zum Himmel zu kommen.
Ich kenne dich noch nicht, Jesus,
weil ich dich nicht suche!
Ich möchte dich lieben und finde den Weg nicht.
Wenn du mir nicht hilfst,
bringe ich niemals etwas Gutes zustande!
Wenn du mir nicht hilfst, gehe ich unter!
Gib mir Kraft, mein Jesus, dass ich dich
nicht aus Furcht, sondern aus Liebe lieben kann.
Ich bin der Weg, die Wahrheit und das Leben,
sagt der Herr."
Stoßgebete, die Filippo oft gesprochen haben soll

Solche schmerzhaften Erfahrungen der Nähe Gottes wollte der demütige Pippo um jeden Preis verbergen, um dem wundersüchtigen Volk keinen Anlass zur Bewunderung zu geben. Er spielte den Narren, um das staunende

Publikum abzulenken und sich vor Entrückungszuständen zu schützen. Als er beim Herannahen einer Reliquienprozession wieder von himmlischer Erregung übermannt wurde, sprang er auf die Spalier bildenden Schweizergardisten zu und zog sie wie von Sinnen an den Bärten, laut lachend und gestikulierend.

Wallfahrten mit Chianti und Salami

„Herberge zur christlichen Fröhlichkeit" hieß die bescheidene Kammer in San Girolamo, wo Filippo wohnte; ihre Tür stand immer offen. Dort versammelte er Scharen junger Leute um sich, mit denen er sang, betete, Heiligenlegenden las. Goldschmiede, Schuhmacher und Strumpfwirker gehörten zu seinen Schülern, aber auch nachdenkliche junge Adelige vom päpstlichen Hof.

Einer aus der bunt zusammengewürfelten Gesellschaft, der florentinische Parfümhändler *Monte Zarrara*, sagte später im Heiligsprechungsprozess aus: „Nach der Messe schickte er uns zu den Krankenhäusern von San Giovanni und Santo Spirito, um den armen Kranken etwas zu essen zu geben (...). Wir gingen an den Feiertagen dorthin und brachten den Kranken Pflaumenkonfekt, um sie zu trösten (...). Wenn wir von den Krankenhäusern zurückkamen, gingen wir zu den Predigten und bettelten um Almosen für die armen Kranken und die anderen Armen."

Genauso gern spazierte die Gesellschaft aber ins Grüne, oder Filippo veranstaltete merkwürdige Wallfahrten zu den sieben Hauptkirchen Roms, begleitet von Musikanten, lärmenden Kindern und Mauleseln, die Chianti-Flaschen, Salami und Eier trugen. Irgendwo in einem Garten wurde dann Rast gemacht, und während die Pilger aßen und tranken, hörten sie der Musik oder einem Kind zu, denn Filippo ließ die Kleinen mit Vorliebe Predigten halten, das machte ihnen Spaß und ihm noch mehr.

Aus dieser losen Gemeinschaft entwickelte sich das sogenannte Oratorium, das es in vielen Ländern heute noch gibt. Selbstverständlich hat sich damals auch die Inquisition für das neuartige Unternehmen interessiert, wo Laien predigten und mit Feuereifer die Bibel lasen. Doch das Oratorium überlebte – wenn auch als reine Priestergemeinschaft, mit Häusern in Frankreich, Spanien, Südamerika, Ostindien; im deutschsprachigen Raum gibt es Oratorien in Aachen, Celle, Hannover, Heidelberg, Frankfurt am Main, Dresden, Leipzig, München, Wien und Zürich.

Die Oratorianer wurden wichtig für die liturgische Erneuerung des sechzehnten Jahrhunderts und für die sakrale Musik. Denn Filippo hat die lateinische Messe durch Andachten und Meditationen auf Italienisch ergänzt, selbst Lieder gedichtet und Komponisten wie Anerio und Palestrina für sein Oratorium gewonnen. In Rom hielten die Patres Kurse für Beichtväter, halfen bei Hungersnöten. Filippo sorgte für notleidende Familien, schusterte besitzlosen jungen Mädchen die Aussteuer zu. Als ein Maler aus seiner Bruderschaft starb und die Witwe mit sechs kleinen Kindern mittellos dastand, tauchte Filippo in ihrem Haus auf und rief, vielleicht eine Spur zu forsch und fröhlich: „Non dubitate, keine Sorge, Euer Mann ist im Himmel! Er hat mir Euch und Eure Kinder anvertraut, seid guten Mutes!"

Sprach's und packte Brot, Mehl und Öl aus, legte Geld auf den Tisch und schickte einen Schneider, der sich auf

Kinderkleidung verstand. Genauso unkompliziert wie mit der Malerwitwe ging Filippo mit den Erzbischöfen, Künstlern, Professoren und Hofdamen um, die ihn um Rat fragten. Auch den Päpsten gegenüber schlug er einen lockeren Ton an; er konnte es sich leisten, das Kardinalsbirett, das ihm *Gregor XV.* verleihen wollte, lachend zurückzuschicken. Dessen Nachfolger *Clemens VIII.* bekam von Filippo einen köstlichen Brief, der uns erhalten geblieben ist:

„Heiliger Vater, Ihr als Papst müsstet ja eigentlich die Demut in Person sein. Nun ist aber Jesus in der siebten Stunde der Nacht gekommen, um sich mir zu schenken und bei mir zu bleiben. Eure Heiligkeit aber hat sich bisher immer gehütet, auch nur ein einziges Mal unsere Kirche zu besuchen. Jesus Christus ist Mensch und Gott und kommt mich dennoch immer besuchen, wenn ich es wünsche. Eure Heiligkeit aber ist ein einfacher Mensch, ein Kind der Donna Agnesina, gewiss einer sehr würdigen Frau, aber Er ist Kind der Jungfrau aller Jungfrauen. Was könnte ich noch alles sagen, wollte ich meinem Groll freien Lauf lassen (…). Und ich darf Euch erinnern, dass es einem Papst gut ansteht, Versprechen zu halten."

Clemens VIII. reagierte nicht etwa indigniert. Er schrieb im selben vertraut-ironischen Stil zurück und gab Filippo zu bedenken: „Was den Besuch bei Euch angeht, so sagt [der Papst], dass Ihr den nicht verdient, da Ihr ja auch nicht den Kardinalspurpur annehmen wollt, den er Euch so oft angeboten hat (…). Was Euch angeht, so befiehlt er Euch, auf Euch selbst achtzugeben (…). Und das nächste Mal, wenn unser Herr Euch besuchen kommt, dann bittet auch für den Papst und die großen Nöte der Christenheit."

Zu dieser Zeit verfiel Filippo schon mehr und mehr. Er aß kaum noch etwas, wurde ständig von fiebrigen Katarrhen geplagt, kam aber nicht auf die Idee, sich zu beklagen: „Du, Christus, am Kreuz – und ich in meinem Bett, gut gepflegt und bedient, umgeben von vielen Freunden!" Seine Messe dauerte jetzt Stunden und wurde von langen Perioden völliger Versunkenheit unterbrochen.

Eines Nachts im Jahr 1595, Filippo ist fast achtzig, ruft er nach seinen „Söhnen". Sie finden ihn am Bettrand sitzend, wie reisefertig. „Ich gehe fort", sagt er zu ihnen, macht eine segnende Bewegung und stirbt in Frieden. Auf dem Sterbebett hat der Mann, den man kaum drei Jahrzehnte später heiligsprechen wird, geweint und seinen Freunden das verzweifelte Geständnis gemacht: „Ich habe nie etwas Gutes getan, nichts, gar nichts", und diesmal ist es kein Spaß. „Wenn ich gesund werde, will ich mein Leben ändern!"

Der fröhliche Bettler des lieben Gottes

Zu Pippos besten Freunden gehörte *Felix von Cantalice*, der anscheinend völlig vertrottelte Almosensammler der römischen Kapuziner. Weil er auf beißenden Spott und derbe Schimpfworte immer nur mit freundlichem Grinsen und einem herzhaften *Deo gratias,* „Gott sei Dank", reagierte, hatte er schnell seinen Spitznamen weg: „Der Bruder Deogratias kommt!", johlten die Gassenbuben, wenn Felix irgendwo auftauchte. Mit ihm konnte man einfach alles machen.

Aber derselbe Felix von Cantalice wird heute in der Chiesa Cappuccini an der Piazza Barberini in Rom, wo ein eleganter Steinsarkophag seine sterblichen Überreste birgt, hoch verehrt, und die katholische Kirche hat ihn mit vollem Recht heiliggesprochen: Strahlte in ihm doch etwas von der „Güte und Menschenfreundlichkeit Gottes" auf, die laut Evangelium in Jesus Christus auf die Erde gekommen ist.

Felix, „der Glückliche" heißt das auf Deutsch, wurde 1515 als Sohn bettelarmer Bergbauern in dem kleinen umbrischen Dorf Cantalice geboren. Schon als Kind musste er hart auf den Feldern schuften und das magere Vieh seiner Eltern hüten. Der tüchtige Schäfer und Knecht sehnte sich nach einem Eremitenleben, allein mit Gott. Ein Priester wies ihn auf die Kapuziner hin – den strengeren Zweig des Franziskanerordens –, und mit dreißig Jahren trat Felix als Laienbruder in das Kapuzinerkloster Cittá-Ducale ein.

Der Orden schickte ihn nach Rom, wo er mehr als vierzig Jahre als unermüdlicher Almosensammler für seine Mitbrüder unterwegs war. Tagaus, tagein wanderte er auf der Suche nach milden Gaben wie ein Lasttier durch die Straßen. Seine herzensgute Art und seine Menschenkenntnis machten ihn schon zu Lebzeiten zu einer legendären Figur. Üble Zeitgenossen sollen einen Bogen um ihn gemacht haben, weil er sie durchschaute. Richtig verliebt aber war Bruder Felix in die Kinder aus den Elendsvierteln am Tiber. Er scharte sie um sich und sang mit ihnen schwermütige oder ausgelassene Lieder, die er selbst komponiert hatte.

Zweiundsiebzig Jahre ist er alt geworden. Am 18. Mai 1587 ging dieses scheinbar so bedeutungslose Leben zu

Ende, das eine enorme Breitenwirkung in der Ewigen Stadt entfaltet hatte: Vielleicht trug der fröhliche Bettler mit seinen Späßen und Liedern mehr zur religiösen Erneuerung Roms bei als mancher gelehrte Prediger.

Vergnügt wie ein kleiner Vogel

Als in dem apulischen Bergdörfchen Copertino 1603 ein Kind namens *Giuseppe Desa* zur Welt kam, war Filippo Neri schon ein paar Jahre tot. Bestimmt hätte er sich auch mit dem linkischen, begriffsstutzigen Jungen verstanden, der in der Schule die Zielscheibe von Spott und Aggression war: *Bocca aperta* nannten sie ihn boshaft, „offenes Maul", weil er so gern mit offenem Mund vor sich hin träumte, den herumschwirrenden Fliegen nachsah und die Fragen des Lehrers gar nicht hörte.

Der Schuhmacher, zu dem Giuseppe danach in die Lehre gegeben wurde, konnte mit dem schwächlichen, geistig offenbar zurückgebliebenen Träumer auch nicht viel anfangen. Den Franziskanern war er zu blöde, sie nahmen ihn gar nicht erst auf. Schließlich erbarmten sich die Kapuziner des Tölpels – und bereuten es bitter. Denn als Küchenjunge setzte der geistesabwesende Giuseppe die Töpfe verkehrt herum auf das Feuer, beim Tischdienst ließ er sämtliche Teller fallen. Als das Kloster fast kein Geschirr mehr hatte, jagte man den armen Tropf davon.

Zum Glück gab es in der Familie Desa einen geistlichen Onkel, einen Franziskaner, der im Marienwallfahrtsort Grotella gerade ein Klösterchen errichtete und dem schwarzen Schaf Unterschlupf gewährte. Hier brachte man dem mittlerweile Zweiundzwanzigjährigen zum ersten Mal Vertrauen entgegen – und siehe da, er bewährte sich bei der Stallarbeit und als Betreuer des klostereigenen Eselchens.

Die Franziskaner von Grotella waren auch die ersten, die Giuseppes spirituelle Begabungen erkannten und zu ahnen begannen, was sich hinter seiner Geistesabwesenheit und Hilflosigkeit in praktischen Dingen verbarg: die Fähigkeit, Gott ganz nahe zu sein und sich vollständig auf die andere Welt zu konzentrieren.

Man ließ ihn die Gelübde ablegen und meldete Bruder Joseph, wie er jetzt hieß, sogar für die Priesterweihe an. Mit viel Glück schaffte er das Examen, denn es kam die einzige Bibelstelle dran, über die er mit ausufernder Begeisterung reden konnte. Die Brüder bewunderten seine Bußübungen, seine vor dem Allerheiligsten verbrachten Nächte – und konnten doch nicht immer verbergen, wie sehr er sie nervte. Schickte man ihn zum Betteln, so vergaß er sein Vorhaben einfach und fand irgendwann ins Kloster zurück, ohne ein einziges Stück Brot mitzubringen.

Und dann diese peinlichen Auftritte, die der weltentrückte Träumer lieferte: Bei der geistlichen Lesung stieß er plötzlich einen markerschütternden Schrei aus, so dass sich die andern zu Tode erschraken, und versank für Stunden in einen Dämmerzustand. Beim Gottesdienst erhob sich das geistesabwesende Priesterlein nicht selten vom Kirchenpflaster, schwebte eine Zeit lang über den Köpfen der staunenden Menge dahin, glitt dann wieder sanft zu Boden, kam zu sich – und rannte voller Scham davon.

Für Parapsychologen sind solche Zustände gar nicht so ungewöhnlich. Aus der Geschichte der Mystiker sind immer wieder *Levitationen* oder *Elevationen* überliefert, wie das Schweben über dem Boden genannt wird. Einzigartig aber ist jenes zielgerichtete Fliegen, wie es unzählige Augenzeugen unabhängig voneinander berichten: Vergnügt und unbeschwert wie ein kleiner Vogel segelte Bruder Joseph durch den Kirchenraum zum Hochaltar, hielt sich dort eine Viertelstunde lang mit den Händen am Tabernakel, während sein ausgezehrter Körper ganz ruhig waagrecht in der Luft lag, wie der eines entspannten Schwimmers, und glitt sacht wieder auf den Boden zurück. Oder er schoss wie eine Rakete zu einer hoch oben an einer Kirchenfassade angebrachten Marienstatue empor, die es ihm angetan hatte.

Lasst euch die Sehnsucht nach dem Himmel nicht austreiben!

Märchen für Kinder? Wer eine Ahnung hat, mit welch skeptischer Akribie Rom die Berichte von Wundern und übernatürlichen Erscheinungen prüft, wird sich mit einem raschen Urteil zurückhalten. Die Botschaft dieser verrückten Geschichten könnte jedenfalls auch modernen Menschen einleuchten: Klammert euch doch nicht so ängstlich an eure kleine Welt mit ihren Sicherheiten und Selbstverständlichkeiten, lasst euch die Sehnsucht nach dem Himmel nicht austreiben! Träumt wenigstens von der Freiheit, euch über die Erde zu erheben, wenn ihr es mir schon nicht gleichtun könnt!

Und auch das ist überliefert: *Joseph von Copertino* kehrte aus seinen Entrückungszuständen mit einer unbändigen Liebe zu den Menschen und mit einem fantastischen Einfühlungsvermögen in ihre Sorgen zurück. Der vermeintlich hoffnungslos blöde Franziskaner wusste Rat in schlimmsten Lebensnöten und vermochte Krankheiten wie Jesus zu heilen: durch Zuwendung und Güte.

Einen von Angstzuständen und Selbstzweifeln geplagten Menschen umarmte er, strich ihm liebevoll über den Kopf und redete ihm mit starker Stimme zu: „Sieh, ich nehme dir alle Skrupel vom Leib hinweg. Tu Gutes, hab eine gute Meinung und sei unverzagt!" Der bescheidene Bruder Joseph pflegte seinen Oberen aufs Wort zu gehorchen – was ihn keineswegs vor der Inquisition bewahrte. Pilgerten die Leute nicht schon zu ihm wie zu einem Heiligen? Hatte er nicht den Tod von Päpsten und die Ergebnisse des nächsten Konklaves vorhergesagt? Man verbot ihm, öffentlich die Messe zu feiern, verbannte ihn nach Assisi, wo er von eifersüchtigen Mitbrüdern gequält und schikaniert wurde, und internierte ihn schließlich in einer winzigen Einsiedelei, versteckt in den Bergen. Nicht einmal Briefe durfte er mehr schreiben.

Zehn Jahre später, am 18. September 1663, verlosch sein Leben. Schwer krank und müde, versammelte er die Brüder, die ihn nun endlich besuchen durften, um seine Strohmatte, deutete auf seinen ausgemergelten Körper und flüsterte: „Das Eselchen beginnt den Berg hinaufzusteigen!"

7

DIE DUNKLE NACHT DES GLAUBENS

Die spanischen Mystiker und Klosterreformer
Teresa von Ávila (1515–1582) und Juan de la Cruz
(1542–1591) erlebten Krisenerfahrungen als befreiend

> *„Es wäre töricht, wollten wir uns selbst
> zu Engeln machen auf dieser Erde."*
> Teresa von Ávila

> *„Seit ich mich auf das Nichts
> eingestellt habe, fehlt mir nichts."*
> Juan de la Cruz

IN EINER KALTEN Mainacht des Jahres 1569 glauben zwei alte Damen im spanischen Toledo, der Teufel sei los: Mächtige Stöße gegen die Wand lassen ihr Schlafgemach erzittern, der Putz bröckelt von der Mauer, schließlich kracht die halbe Wand in sich zusammen. Dem Mauerloch entsteigen ein paar schwarzgekleidete, staubbedeckte Gestalten, die den angstschlotternden Matronen fröhlich einen guten Morgen wünschen und sich für das unangemeldete Eindringen entschuldigen: Karmelitinnen aus dem neuen Orden der Madre *Teresa de Ávila*.

Auf diese Weise gründet Teresa ihre Klöster. Verlotterte Gebäude zu finden, ist zwar nicht schwer. Weil aber städtische Behörden, rivalisierende Orden und skeptische Nachbarn Schwierigkeiten machen – was, schon wieder ein Kloster, das auf Almosen und Zuschüsse wartet? –, ist Teresa dazu übergegangen, ihre Häuser im Schutz der Dunkelheit zu besetzen. In den spanischen Städten kann man in jenen Jahren immer wieder einmal eine verdächtige Bande Vermummter beobachten, die mit Strohmatten, Besen, Heiligenbildern und kostbarem goldenem Kirchengerät beladen durch die nächtlichen Straßen ziehen und in irgendeinem abgelegenen Gebäude zu hämmern und zu putzen anfangen. Wenn der Tag anbricht, ruft ein auf dem Trödelmarkt erstandenes Glöcklein mit scheperndem Klang die verdutzten Nachbarn zur Frühmesse – in einem Kloster, von dessen Existenz am Abend zuvor noch niemand etwas wusste.

So ist sie, die Madre Teresa, deren Wahlspruch lautet, „kein Maß zu kennen im Dienst Gottes", ein Temperamentbündel, heftig, unbeugsam, eine ungebärdige Natur, die mit dem Kopf durch die Wand will und dabei überraschenderweise fast immer Erfolg hat: mitreißend impulsiv, wortgewandt, charmant und hartnäckig.

Teresa von Ávila: stur wie ein Ochse, dickfellig wie ein Elefant und schlau wie ein Fuchs, Opfer der Inquisition und Lehrerin der Kirche, der fleischgewordene Gegenbeweis für all jene schauderhaften Klischeevorstellungen, wie Heilige, Klosterfrauen und überhaupt Katholikinnen zu sein haben: brav, bescheiden, nicht zu intelligent und vor allem gehorsam gegenüber den Männern. „Die Welt irrt", kommentiert Teresa und stellt erleichtert fest, Gott sei kein Richter wie diese Männer,

„die meinen, jede gute Fähigkeit bei einer Frau verdächtigen zu müssen".

Das „peinliche Leben" einer Durchschnittsnonne

In der wehrhaften Stadt Ávila in der kastilischen Hochebene kam Teresa 1515 zur Welt. Als Kind verschlang sie unter der Bettdecke wildromantische Abenteuerromane und schrieb sogar selbst einen, als junges Mädchen war sie angebeteter Mittelpunkt der Gesellschaft von Ávila. Mit einer Mischung von Geschäftsgeist, missionarischem Elan und imperialistischer Arroganz blickte Spanien in jenem „Goldenen Zeitalter" auf die neugewonnenen Kolonien, verschwendete keinen Gedanken auf Selbstkritik und Erneuerungsbestrebungen. Doch während man die politischen Erfolge der Königsmacht und die Annexionen der „heidnischen" Reiche in Übersee begeistert religiös verbrämte, wurde das *Siglo de oro* auch zur Glanzzeit der spanischen Mystik mit einer gewaltig aufbrechenden Tendenz nach innen, weg von bloß äußerlichen Formen religiöser Praxis, hin zu einer persönlichen Christuserfahrung.

Zum Beispiel Teresa: Als sie neunzehn war, riss die umschwärmte Schönheit von zu Hause aus und pochte an die Pforte des Karmelitinnenklosters Maria von der Menschwerdung. Sie bewohnte ein hübsch eingerichtetes zweistöckiges Appartement, sah im Gebet einen „überaus schönen" Christus, pflegte eine an Geschwüren leidende Mitschwester, flickte nachts heimlich die schäbigen Umhänge der ärmeren Nonnen – und fühlte sich doch häufig kreuzunglücklich.

Denn die Freude an der Nähe Gottes wechselte mit der Sehnsucht nach der Welt draußen. Beim Menschwerdungskloster handelte es sich um eine Gründung des Adels zur Versorgung unverheirateter Töchter, ein Damenstift also mit lockeren Regeln. In den Sprechzimmern gaben sich die vornehmen Nichtstuer von Ávila ein Stelldichein, und die Nonnen ließen sich durch das Sprechgitter mit Klatsch und Pralinen versorgen.

Auf diese Weise kamen Teresas Bemühungen immer wieder ins Stocken. „O langwieriges und peinliches Leben!", klagte sie ihrem Tagebuch. „O Leben, in dem man nicht lebt." Am Ende erlitt sie einen Nervenzusammenbruch mit einer langwierigen Lähmung. In dieser Zeit erzwungener Ruhe muss der Himmel selbst sie umgekrempelt haben. Teresa begegnete einem Gott, der uns im geschundenen Menschen Jesus nahekommt. „Bisher war von *meinem* Leben die Rede", gestand sie. Jetzt lebt Gott in mir (…). Gelobt sei Gott, der mich von mir selbst erlöst hat!"

Protest gegen das Wohlstandschristentum

Teresa wurde wieder gesund und verwendete die in der Einsamkeit errungene neue Kraft dazu, ihren Orden zu reformieren. Zum Glück fand Teresa im Menschwerdungskloster eine Anzahl Gleichgesinnter; Bestrebungen, von der flexiblen Moral der Angepassten zur kompromisslosen Armut und Schlichtheit des Evangeliums zurückzukehren, gab es damals an vielen Orten Spaniens. Am 24. August 1562 zog die elegante Doña Teresa ihre Schuhe aus, kleidete sich und vier Mitschwestern in raue Wollgewänder und zog in ein von einer reichen Gönnerin gestiftetes Haus, wo sie ihr eigenes Klösterchen San José einrichtete – ohne einen Pfennig Geld.

Schon wieder ein Kloster mit ein paar frommen Hungerleidern! Doch die Gegner waren bald entwaffnet – vom rührenden Fleiß der Schwestern, die keineswegs um Almosen bettelten, sondern ihren Lebensunterhalt mit sauber gefertigten Web- und Näharbeiten bestritten. Und man war beeindruckt davon, wie diese aufmüpfige Nonne Teresa den Weg zurück zur alten Ordensregel beschritt, die den ersten Eremiten vom Berg Karmel 1209 in Palästina gegeben worden war. Dort in den waldreichen Gebirgsschluchten – Karmel heißt Garten – oberhalb Haifa lebten schon seit dem fünften oder sechsten Jahrhundert fromme Einsiedler.

Teresa und ihre Freundinnen wollten zurück zur alten Strenge: Klausur statt Taubenschlag, grobe Kleider statt Schmuck und Eleganz, Wollsack statt Federbett. Unübersehbares Zeichen für die Kursänderung sollte der unbekleidete Fuß sein. Barfüßernonnen, Barfüßermönche als lebende Anklage gegen den Luxus einer verbürgerlichten Christenheit.

> „Ihr alle, die ihr unter diesem Banner streitet,
> schlaft nicht, schlaft nicht,
> denn es ist kein Friede auf Erden!
>
> Wie ein tapferer Feldherr stürzte
> unser Gott sich in den Tod;
> weil wir ihm den Tod gegeben,
> lasst uns ihm entschlossen folgen.
> (…) Schlaft nicht, schlaft nicht,
> Gott fehlt der Erde!

> Niemand darf sich feig zeigen,
> setzen wir unser Leben ein,
> denn keiner wird es besser behüten,
> als wer es verloren gibt.
> Jesus ist unser Anführer
> und der Kampfpreis nach dem Sieg –
> (...) Fürchtet euch nicht, schlaft nicht,
> denn es ist kein Friede auf Erden!"
> *Teresa von Ávila (zur Ablegung der Ordensgelübde komponiert)*

Kennzeichnend für das Leben im reformierten Karmel ist ein unerhörter Ernst im Bestreben, Gott nahe zu kommen. Teresas Gott ist ein feuriger Liebhaber voller Majestät, aber auch „jederzeit zu sprechen", man kann sich mit ihm unterhalten „wie mit einem Freund". Ihre Handbücher für das geistliche Leben mit Titeln wie „Weg der Vollkommenheit" oder „Die innere Burg" wurden Bestseller, weil sie eigene Erfahrungen mitteilen und ungeschminkt Gefühle offenbaren.

Zweitens der Gedanke der Stellvertretung: Gebete, Nachtwachen, Fasten dürfen kein Selbstzweck sein, sondern müssen im Dienst der Kirche und der Welt stehen, sonst ist alles nutzlos. Das ist die spezielle Prägung des Ordens: Ganz arm und leer vor Gott werden, um die von allen menschlichen Sicherheiten entleerte Seele mit dem Schatz seiner Gegenwart füllen zu lassen. Sich hingeben, um andere zu befreien. Den eigenen Wünschen sterben, damit andere leben können. Stellvertretung. „Kleine Wüsten, die für die Welt beten" hat jemand die Karmelklöster genannt. Kontemplative Menschen sind für Teresa „Fahnenträger", die in der Schlacht zwar nicht selbst kämpfen, aber mit dem Banner in der Hand vorangehen und genauso gefährdet sind wie die anderen.

Das dritte Kennzeichen dieses erneuerten Ordenslebens ist die Verbindung von Disziplin und Menschlichkeit. „Gott bewahre mich vor Heiligen mit verdrießlichen Mienen!", ruft sie aus und gesteht, eine mürrische Nonne mehr zu fürchten als eine ganze Rotte böser Geister. Sie ist verrückt nach rosa Zuckerbonbons, hält die damals verbreiteten Selbstgeißelungen bis aufs Blut für Einflüsterungen des Teufels und empfiehlt einer depressiven Briefpartnerin weder Andachten noch Bußübungen, sondern Spaziergänge in frischer Luft. Wenn sie Lust hat, greift sie zum Tamburin, tanzt und singt und dichtet alberne Verse aus dem Stegreif.

Ordensgründerin unter Hausarrest

Mit dem gelungenen Projekt San José gibt sich eine Frau wie Madre Teresa keineswegs zufrieden. In den folgenden Jahren gründet sie mehr als dreißig Klöster in ganz Spanien, überzieht das Land mit einem Netz von Reformzentren, baut systematisch den Alternativ-Orden der Unbeschuhten Karmeliten auf. Madre Teresa zeichnet Baupläne, putzt und hämmert, näht Ordenskleider, schreibt Bettelbriefe, verhandelt mit Behörden und Stiftern, wählt Kandidatinnen und Beichtväter aus.

Mit der Zahl ihrer Gründungen wächst freilich auch die Schar der Neider, die Schlimmes für die Kirche befürchten, wenn man einer theologisch ungebildeten Frau eine derartige Bewegungsfreiheit einräumt. Verdächtig erscheint zum Beispiel, dass Teresa das innere Gebet in der

Stille propagiert, ohne behördlich abgesegnete Textvorlagen. Der Ordensgeneral verfügt die Auflösung aller ohne seine Genehmigung errichteten Klöster und ordnet an, Madre Teresa unter Hausarrest zu stellen. Der Päpstliche Nuntius lässt die renitenten Barfüßer verhaften und ins Gefängnis werfen, die Madre nennt er ein „unruhiges Frauenzimmer", eine „Streunerin, ungehorsam und verstockt; unter dem Schein der Frömmigkeit denkt sie sich falsche Lehren aus".

Doch unbeirrt hält die in ihrem Reformeifer gebremste Nonne den Männern ihre Ungerechtigkeit und mangelnde Achtung der Frauen vor, den Frauen wiederum ihre Ängstlichkeit und Unentschlossenheit. Es seien schließlich „viel häufiger die Frauen als die Männer, denen der Herr seine Gnade mitteilt", weil die Frauen auf dem „inneren Weg" weiter kämen als die Männer! Ziemlich verwegen, in der Blütezeit der Ketzerverfolgung solche erschütternden Sätze zu schreiben:

„Herr meiner Seele! Als du noch in dieser Welt wandeltest, hast du den Frauen immer deine besondere Zuneigung bewiesen. Fandest du doch in ihnen nicht weniger Liebe und Glauben als bei den Männern.
Die Welt irrt, wenn sie von uns verlangt, dass wir nicht öffentlich für dich wirken dürfen, noch Wahrheiten aussprechen, um derentwillen wir im geheimen weinen, und dass du, Herr, unsere gerechten Bitten nicht erhören würdest. Ich glaube das nicht, Herr, denn ich kenne deine Güte und Gerechtigkeit. Du bist ja kein Richter wie die Richter dieser Welt, die Kinder Adams, kurz: nichts als Männer, die meinen, jede gute Fähigkeit bei einer Frau verdächtigen zu müssen (…). Aber ich werfe unserer Zeit

vor, dass sie starke und zu allem Guten begabte Geister zurückstößt, nur weil es sich um Frauen handelt."
Teresa von Ávila, Camino de perfección
(Weg der Vollkommenheit)

Fünf Jahre dauerte der Zwist, bis *Papst Gregor XIII.* 1580 endlich die reformierte Ordensregel bestätigte und die Unbeschuhten Karmeliten als selbstständigen Zweig anerkannte. „Nun sind wir alle in gutem Frieden, Beschuhte und Unbeschuhte", freute sich die Madre, „und es stört uns nichts mehr im Dienst Gottes."

Gott will unser Freund sein

Gott – das ist das Stichwort ihres Lebens, Freundschaft mit ihm ihre stärkste Sehnsucht. Gewiss, solche Freundschaft setzt den Respekt voraus. Gottes Größe verträgt keine plumpe Vertraulichkeit. „Majestät!" redet sie ihn an, wie den König in Madrid, und ihre Schwestern mahnt sie: „Wenn ihr mit Gott reden wollt, so müsst ihr das so tun, wie es sich einem so großen Herrn gegenüber geziemt; und da ist es gut, dass ihr bedenkt, wer der ist, mit dem ihr sprecht, und wer ihr seid, damit ihr wenigstens mit Anstand redet." Gott ist für sie wohl ein Spanier, ein spanischer Grande, ganz hoheitsvolle Distanz – aber auch ganz Feuer.

Ja, ein feuriger Liebhaber ist ihr Gott, viel leidenschaftlicher noch als sie. „Erlesener Liebhaber" nennt sie ihn, „guter Freund", und richtiges Beten ist für sie nichts anderes als „ein Gespräch mit einem Freund, mit dem wir oft und gern allein zusammenkommen, um mit ihm zu reden, weil wir sicher sind, dass er uns liebt".

Dieser Gott ist „jederzeit zu sprechen", man kann sich tatsächlich mit ihm unterhalten „wie mit einem Freund". Man solle doch nicht fürchten, diese Sonne könne untergehen: „Gott lässt uns nicht im Finstern. Nur wenn wir ihn verlassen, gehen wir zugrunde."

Diese persönliche Freundschaftsbeziehung zu Gott ist vielleicht Teresas wichtigste Botschaft für die Menschen heute. Kaputt und krank wie sie sind, Gott und den Mitmenschen entfremdet, macht sie ihnen Mut, ihre Barrieren zu überwinden, wieder mit ihm und miteinander zu sprechen. Gott hat sich nicht verabschiedet. Gott ist kein bloßes Prinzip, keine Denkfigur, um letzte Leerstellen in unserem nüchternen Weltbild zu füllen, keine verschwommene Chiffre für Mitmenschlichkeit.

Gott kann unser Freund sein, unser Bruder und Herr, wenn wir die Mauer überspringen. Springt doch, sagt Teresa, und ihr werdet es endlich fertigbringen, identisch mit euch selber und in Freundschaft mit den anderen zu leben. Denn die Freundschaft mit dem Himmel verändert die Erde.

Teresas Menschenliebe ist realistisch. Sie wehrt sich gegen religiös verbrämte Versuche, die menschliche Natur zu vergewaltigen. „Wir sind keine Engel", sagt sie, „wir haben einen Körper. Es wäre töricht, wollten wir uns selbst zu Engeln machen auf dieser Erde." Nein, „Gott bewahre uns vor Leuten, die so hochfliegenden Geistes sind, dass sie alles und jedes zur vollkommenen Schau machen wollen!"

Alltagsglaube ohne Höhenflüge

Teresas Glaube ist ein bescheidener, alltäglicher. Bisweilen liebt sie Gott sozusagen mit zusammengebissenen Zähnen. Man brauche keine Flügel, meint sie, um Gott zu suchen. Der „verborgene Schatz" liege in Wirklichkeit im Menschen selbst. „Seele, suche dich in mir und suche mich in dir" – wozu Gott in einem ihrer tiefsten Gedichte ermuntert, das ist, näher betrachtet, gar nicht so mystisch, sondern der nüchterne Verzicht auf unfruchtbare Höhenflüge. Der Mensch braucht sich nur auf den Weg in sein eigenes Inneres zu machen, um dort etwas zu finden, was nicht aus ihm selbst kommen kann. „Ganz in seinem Innern gewahrt dieser Mensch, wie in einem tiefen Abgrund, die Anwesenheit Gottes."

„Gewöhnt euch daran, Jesus immer bei euch zu haben", sagt sie ihren Schwestern. Das genügt. Es ist nicht nötig, viel über Jesus nachzudenken oder scharfsinnige theologische Erwägungen anzustellen. Von Zeit zu Zeit kurz von den Dingen des täglichen Lebens aufblicken und ihn anschauen – das allein schon verändert den Alltag.

> „Nada te turbe,
> nada te espante ...
> Nichts soll dich ängstigen,
> nichts dich verwirren,
> alles vergeht.
> Gott bleibt derselbe.
>
> Geduld erreicht alles.
> Wer sich an Gott hält,
> dem fehlt nichts.

Sólo Dios basta.
Gott nur genügt."
Einen Zettel mit diesem Text
fand man nach ihrem Tod in Teresas Brevier

Teresa geht einen sehr modernen Weg zur Freundschaft mit Gott. Einen Weg, der Zerrissenheit und Zerfahrenheit des Menschen einkalkuliert. Wichtig ist nicht, dass es jedes Mal gelingt, „abzuschalten". Wichtig ist nur das Verweilen bei Gott, eine Zeit lang, und sei es auch „erfüllt mit tausend beunruhigenden Sorgen und weltlichen Gedanken" (Teresa). Gegen das Herunterleiern von Gebeten („eine schlechte Musik!") gibt sie zu bedenken: „Es genügt Gott, wenn wir in einer Stunde das Vaterunser nur einmal beten. Wichtig ist, daran zu denken, dass er uns nahe ist." Ja, es sei gar nicht notwendig, laut mit ihm zu sprechen. „Gott, der in uns weilt, wird sich uns schon verständlich machen."

Und wenn er es nicht tut? Teresa kennt bereits die Erfahrung der Leere, benutzt sie allerdings nicht als Ausrede, nicht mehr an die Nähe Gottes zu glauben: „Wir müssen unsere Arbeit tun, man behandelt uns ungerecht, wir schlagen uns mit Leiden und Verstimmungen herum – lauter Umstände, in denen wir uns nicht entrückt und erhaben fühlen können. Dann ist Christus für uns ein besonders guter Freund. Denn wir sehen ihn als Menschen, wir sehen ihn in Schwachheiten und Leiden, wir haben ihn zum Weggenossen."

Wenn wir den überlieferten Zeugnissen glauben dürfen, so gehört die Madre zu den größten Mystikerinnen und Visionärinnen der Christumsgeschichte. Sie habe ein Licht gesehen, resümiert sie, gegen das die Klarheit der Sonne unansehnlich erscheine. „Ich gehe fast wie eine Betrunkene umher", so beschreibt sie die „glorreiche Verrücktheit" ihrer Ekstasen.

Aber erstens misstraut sie sich selbst in dieser Hinsicht so gründlich, sucht sie so angestrengt nach objektiven Maßstäben für das geistliche Leben, dass die Diffamierungsfeldzüge der Mitwelt gegen die „Angeberin" wirklich nicht nötig gewesen wären. Und zweitens betont sie dauernd, dass ein anständiges Leben und gut getane Alltagsarbeit viel wichtiger sind als irgendwelche Entrückungszustände. Der höchste Grad der Vollkommenheit bestehe nicht in erhabenen Verzückungen und prophetischer Begabung, sondern in der Gleichförmigkeit unseres Willens mit dem Willen des Herrn. Teresa: „Tun wir, was recht ist. Vor albernen Andachten aber bewahre uns Gott!"

Ihre Mystik ist nicht Zeitvertreib einer Geflohenen, egozentrischer Genuss einer in die eigene Seelenlandschaft Verliebten, sondern Kraftquelle für eine unwahrscheinliche Aktivität. „Dies ist der Zweck des Gebets", stellt sie klar, „Taten hervorzubringen, immer nur Taten." Und noch prägnanter: „Handeln heißt beten." Denn wenn ein Mensch vertrauten Umgang mit Gott hat, so muss das auch den anderen Menschen Heil bringen. Letztlich ist die Liebe zum Mitmenschen der Prüfstein dafür, ob die Gott entgegengebrachte Liebe echt ist: „Ob wir Gott lieben, kann man nicht wissen, aber ob wir unseren Nächsten lieben, das merkt man."

Beides gehört zusammen: die feste Verankerung im Ewigen und der wache Blick, das offene Herz und die entschlossen zupackende Hand für die Nöte des Mitmenschen.

„Sehe ich Menschen, die so sehr auf ihre Gebetsweise versessen sind, dass sie sich starr und steif in sich selbst verschließen – wie wenn sie nicht wagten, sich zu rühren, um ja kein Krümel ihrer Andacht zu verlieren –, so verraten sie mir damit, wie wenig sie von dem Weg wissen, der zur Vereinigung mit Gott führt. Sie meinen, auf Andachtsgenüsse komme es an. Nein, meine Schwestern, nein, Werke will der Herr! Wenn du weißt, du könntest einer Kranken Linderung verschaffen, so lass ohne Zögern von deiner Andacht ab und tu's."
Teresa von Ávila

Zwei Jahre nach dem endlich erfolgten Signal aus Rom spürte sie, dass es zu Ende ging. Ihr Gesicht begann zu leuchten, und sie rief: „Es ist Zeit, dass wir uns sehen, mein Geliebter, mein Herr! Es ist Zeit, dass ich mich auf den Weg mache." Am 4. Oktober 1582 schlief Teresa friedlich ein, im Alter von siebenundsechzig Jahren. Schon vier Jahrzehnte später wurde sie heiliggesprochen. 1970 erhob sie Papst Paul VI. zur Kirchenlehrerin.

Gesänge aus dem Kerker

In einer eiskalten Dezembernacht 1577, wenige Jahre vor Teresas Tod, wurden die Bewohner des Karmelitenklosters La Encarnación (Menschwerdung) in Ávila von ohrenbetäubendem Lärm geweckt. Eine Horde Bewaffneter brach die Tür auf, stürzte sich auf zwei schlaftrunkene Patres, stülpte ihnen Säcke über den Kopf und schleppte sie davon.

Der eine der beiden, *Fray Juan*, findet sich im Karmelitenkloster von Toledo wieder, in einem fünf Quadratmeter großen Gästeabort, dunkel, stickig, fensterlos. Hier verbringt der kränkliche Ordensmann mehr als acht Monate in strenger Haft, hungernd, frierend, ohne die Möglichkeit, mit jemandem zu sprechen. Zum Mittagsmahl holen ihn die anderen Mönche aus seinem Kerkerloch, lassen ihn bei Wasser und Brot auf dem Boden sitzen, während sie es sich schmecken lassen. Am Ende muss er sich von jedem einen Geißelhieb auf die nackte Schulter abholen.

Es klingt wie aus einem Mittelalterkrimi, und das Schlimme dabei ist, die Entführer des Fray Juan sind Mitbrüder aus seinem Orden, und die Tortur beim Mittagessen ist die satzungsgemäße Strafe für Klosterrebellen. Fray Juans Vergehen: Er hat die umstrittene Teresa von Ávila bei ihrem Reformprogramm unterstützt, und er hat anderen Nonnen geholfen, ihre Rechte wahrzunehmen.

Noch erstaunlicher aber als die Gewaltaktion gegen einen Mitbruder ist Fray Juans Verhalten: Wenn spärliches Tageslicht durch die Ritzen in sein Verließ dringt, malt er Landschaften im Stil von El Greco in ein Schulheft. Und die Gedichte und Gesänge, die er in seinem stinkenden Loch niederschreibt, klingen wie der Nachhall heiterer Ferientage:

> „Qué bien sé yo la fonte que mana y corre,
> aunque es de noche ...
> Wie gut kenn' ich die Quelle,
> die sprudelt und fließt,
> auch wenn es Nacht ist.
> (...) Ich weiß, dass es nichts Schöneres gibt
> und dass Himmel und Erde aus ihr trinken,
> auch wenn es Nacht ist."
> *Juan de la Cruz*

In einem finsteren Kerkerloch singen, zärtliche Gedichte schreiben und wunderschöne Landschaften zeichnen – das können wohl nur Heilige, das heißt Leute, die auch in einer verzweifelten Situation Gottes Nähe zu spüren vermögen.

Fray Juan und Salvador Dalí

Juan de Yepes y Álvarez kam 1542 im kastilischen Fontiversos in armen Verhältnissen zur Welt. Sein Vater stammte aus altem Adel, war aber wegen seiner Heirat mit einer Bürgerlichen verstoßen worden und musste sich als Weber durchbringen. Als der Vater starb, verdingte sich die Mutter als Tagelöhnerin; Juan kam ins Waisenhaus, wo er ein Handwerk lernen sollte.

Er erwarb sich Grundkenntnisse im Schreinern, Holzschnitzen, Schneidern und Malen, die ihm später bei den Klostergründungen zugute kommen sollten. Von einer vielseitigen Begabung zeugen auch seine wenigen erhaltenen Zeichnungen, von denen eine sogar Salvador Dalí als Vorlage diente. Es ist jener „Christus des heiligen Johannes vom Kreuz" in Glasgow, der so schmerzhaft schwer am Kreuzesholz hängt, dass er es auf die Erde herabzuziehen scheint.

Als Bote, Spendensammler und Pfleger in einem Spital für Syphiliskranke erwies sich Juan als so talentiert, dass man ihn bei den Jesuiten studieren ließ und zum Krankenhauskaplan machen wollte. Doch der Querkopf begann für ein zurückgezogenes, strenges Ordensleben zu schwärmen, lief aus dem Spital davon und trat einundzwanzigjährig bei den Karmeliten ein. Er nannte sich jetzt Fray

Juan, Bruder Johannes, erregte mit seiner Vorliebe für harte Disziplin Verwunderung und wurde wegen seiner Geradlinigkeit geschätzt. Die Karmeliten schickten ihn zum Theologiestudium nach Salamanca, damals eine Art theologisches Oxford, wo man bereits die Erkenntnisse des Kopernikus lehrte.

Juan war begeistert – und enttäuscht. In seinem etabliert und verweltlicht gewordenen Orden sah er die einstigen Eremitenideale verwässert. Zum Glück traf er in der resoluten Madre Teresa von Ávila eine Gleichgesinnte. Als sie daran ging, den Orden zum ursprünglichen Ernst der Regel zurückzuführen, machte sie den jungen Heißsporn Juan zu ihrem Mitstreiter. Senequito nannte sie ihn zärtlich, ihren kleinen weisen Seneca.

Fray Juan wurde beim Aufbau der Reformklöster eingesetzt, als Novizenmeister, Prediger, Beichtvater. Er brachte das Kunststück fertig, an allen möglichen Orten radikal einfach und in sich gekehrt wie ein Eremit zu leben und gleichzeitig unter den Bauern und Tagelöhnern eine engagierte Seelsorge zu treiben. Er war einer von ihnen, er predigte nicht über ihre Köpfe hinweg, sondern packte bei den Bauarbeiten selbst mit an, riss Mauern nieder, schleppte Schutt, schmückte Altäre.

Die einfachen Leute liebten ihn, weil ihn seine Mystik den Menschen nicht entfremdete, sondern näherbrachte. Aber offenbar konnte er auch mit den Intellektuellen gut umgehen, denn 1571 schickte ihn Teresa als Rektor ihres Karmelitenkollegs nach Alcalá, damals Spaniens kulturelles Zentrum mit einer Universität, an der hundertvierzig Theologen und Philosophen lehrten.

Die Gottesfinsternis beginnt zu leuchten

Währenddessen brauten sich über den Reformern düstere Wolken zusammen. Die Beschuhten Karmeliten versuchten die Barfüßermönche zurückzuholen, wie man die radikale Fraktion nannte; die Reformer agierten nicht immer klug, maßten sich Eigenmächtigkeiten an. Der Zwist eskalierte, als Spanien einen neuen Nuntius bekam, der die Barfüßer gnadenlos verfolgte. An Fray Juan sollte ein Exempel statuiert werden. Es kam zur bereits geschilderten Entführung und Einkerkerung, acht Monate lang.

Dann gelang ihm die Flucht, auf abenteuerliche Weise: Er schaffte es, nachts sein Gefängnis aufzubrechen, ein Fenster zu erreichen und sich an zusammengenähten Bettlaken aus schwindelnder Höhe abzuseilen. Reformierte Karmelnonnen versteckten ihn und verhalfen ihm zur weiteren Flucht nach Andalusien. Dort hatte er endlich Muße, seine halbfertigen Werke zu vollenden, fromme Romanzen in der Art zeitgenössischer Liebeslyrik, vor allem aber tief schürfende Kommentare zu den im Kerker entstandenen Gesängen, die in einer hintergründigen mystischen Theologie von der „dunklen Nacht des Glaubens" sprechen.

Juan de la Cruz, Johannes vom Kreuz, wie er sich seit jenen qualvollen Monaten nennt, interpretiert dieses innere Dunkel als den sichersten Weg zum scheinbar schweigenden Gott: Den Gekreuzigten kann nur finden, wer sich erniedrigt und von Gott verlassen fühlt. Die Krisenerfahrung der „Nacht des Glaubens" zerschlägt alle Sicherheiten und Selbsttäuschungen und macht den Menschen so leer, dass ihn der nicht fassbare, nicht berechenbare Gott mit seiner Liebe füllen kann.

„En una noche oscura,
in einer dunklen Nacht,
voller Sehnsucht, in Liebe entflammt,
o glückliches Geschehen!,
entkam ich unerkannt,
als mein Haus schon stille lag (…)
In jener glücklichen Nacht,
im Geheimen, als niemand mich sah,
blind ging ich dahin,
nur ein Licht mich führte,
das in meinem Herzen brannte (…)
O Nacht, die du führtest!
O Nacht, liebenswerter als die Morgenröte!"

„Sucht der Mensch nach Gott: wie viel mehr sucht Gott den Menschen!" versichert Juan. Aber zunächst bleibt dem Menschen die Erfahrung versagt, nach der er so hungert. Er fühlt sich Gott entfremdet, ausgetrocknet, Gott schweigt. Gottesfinsternis!

Aber das muss so sein. Wenn ein Mensch Gottes Gegenwart zu ahnen beginnt, verblassen die bisherigen Lichter, wird die Befriedigung der gewohnten Bedürfnisse uninteressant, fühlt sich die Seele einsam, schmerzlich zerrissen zwischen der Sehnsucht nach Gott und dem Unvermögen, ihm nahezukommen. Das ist die „Nacht des Glaubens": Die Ahnung der beglückenden Nähe Gottes, die zaghafte Freude an seiner Gegenwart entgleitet ins Dunkel. Der Mensch fühlt sich verlassen, ins Nichts gestoßen.

Doch das ist die Stunde, in der Glaube wächst, jener „nackte Glaube" – desnudez nennt ihn Juan –, der keine Krücken und Vergewisserungen mehr nötig hat. Es geht um ein Loslassenkönnen, um das Freiwerden von Vorstellungen und Abhängigkeiten, die das Leben erleichtern und den Glauben ermöglichen sollen und in Wirklichkeit die Begegnung mit dem lebendigen Gott verhindern. Der Mensch muss lernen, Gott die Initiative anzuvertrauen, sich von ihm verwandeln zu lassen.

Für Juan de la Cruz bedeutet „Nacht" eine religiöse Tiefenerfahrung. Theologen der christlichen Frühzeit haben ähnliche Gedanken geäußert. Sie sprechen von Gottes überwältigender Lichtfülle, die den Menschen blendet und damit ins Dunkel stellt. Nacht als Läuterung, um bereit zu machen für das wirkliche Licht.

Am Ende seines Lebens wurde Juan all seiner Ämter enthoben und in ein abgelegenes Kloster verbannt. Am 14. Dezember 1591 starb er im Kreis der Mitbrüder einen friedlichen Tod.

8
TROST UND REBELLION

Melancholische Liederdichter wie
Paul Gerhardt (1607–1676) oder Gerhard Tersteegen
(1697–1769) machten ihre Lebenserfahrung
zum gesungenen Glaubensbekenntnis

> „Da ich noch nicht geboren war,
> da bist du mir geboren."
> Paul Gerhardt

> „Mein Heim ist nicht in dieser Zeit."
> Gerhard Tersteegen

WENN HEUTIGE SCHULKINDER über Paul Gerhardts von Männerchören hartnäckig geschätzte Abendidylle „Nun ruhen alle Wälder" in ihren Schulbüchern lästern, dann befinden sie sich in guter Gesellschaft: Die Aufklärer haben das auch schon getan. Der „Alte Fritz" erließ gar eine Kabinettsorder gegen das „törichte Zeug" und fragte, wie das aussehe, wenn ein Baum vom Schlaf erwache.
   Mit seinen einhundertzweiundfünfzig Oden, Hymnen, Liedern und Gedichten hat sich Gerhardt nicht nur einen Lorbeerkranz als geistlicher Lieblingspoet der Deutschen erworben, sondern auch einen schlimmen Ruf als Pro-

duzent von sentimentalen Ohrwürmern und von protestantisch-pietistischem Schmäh.

Gut möglich, dass der schnelle Eindruck täuscht. Dietrich Bonhoeffer etwa schätzte den Dichter anfangs nicht besonders. 1936 bezeichnete er Paul Gerhardts Lieder in einem Vortrag naserümpfend als „fromme Poesie". Zu viel Innerlichkeit, zu viel subjektive Empfindung; es sei alles richtig und doch werde die reformatorische Botschaft verfehlt: das Wort Gottes allein, karg und objektiv. Aber 1943, als man ihn ins Gefängnis wirft, entdeckt Bonhoeffer in der Einsamkeit seiner Isolierhaft, ohne Bücher, nur mit ein paar Bibelstellen und Gesangbuchversen im Kopf, plötzlich die Kraft dieser Lieder. In den knappen Briefen an seine Eltern zitiert er Paul Gerhardt wie einen alten Freund. Es sind keine Fluchtwelten, die er hier findet, keine billigen Vertröstungen, sondern eine rebellische Energie, die Mut macht, den aufgeblasenen Herren der Epoche lachend Widerstand zu leisten:

„Ist Gott für mich, so trete
gleich alles wider mich;
sooft ich ruf und bete,
weicht alles hinter sich.
Hab ich das Haupt zum Freunde
und bin geliebt bei Gott,
was kann mir tun der Feinde
und Widersacher Rott?
(...) Trotz sei nun allem, was mir will
mein Herze blöde machen;
wärs noch so mächtig, groß und viel,
kann ich doch fröhlich lachen:
Man treib und spanne noch so hoch

Sarg, Grab und Tod, so bleibet doch
Gott mein Erlöser leben."

Ähnliche Erfahrungen wie Bonhoeffer haben auch andere Widerstandskämpfer gemacht, Soldaten in den Schützengräben, hochgebildete Theologen und die sogenannten einfachen Leute nach einem Schicksalsschlag. Nüchterne Gläubige empfanden Gerhardts zeitlos frische Bilder immer schon als angenehmen Kontrast zur verkopft-spröden Gottesdienstsprache.

Das schrecklich langweilige Leben eines Genies

Diese Lieder sind nicht totzukriegen. Über die Jahrhunderte hinweg haben sie eine Kraft behalten, die nur mit den Psalmen der hebräischen Bibel und mit Luthers mächtiger Schriftverdeutschung zu vergleichen ist. Germanisten ziehen allenfalls noch die Märchen der Brüder Grimm heran, um eine ähnlich stark im Volk verwurzelte Poesie zu finden. Gerhardts Werk ist offenbar so unsterblich, wie sein Leben langweilig war.

1607 im kursächsischen Landstädtchen Gräfenhainichen nahe Wittenberg geboren, als Sohn eines Bauern und Winzers, besuchte er die renommierte Bildungsanstalt Grimma, wo man im Unterricht nur Latein sprechen durfte. Das Theologiestudium absolvierte er in Wittenberg, damals die Hochburg des Luthertums, geprägt von einer gemäßigten Orthodoxie.

Möglicherweise ist er ein paar Jahre Hauslehrer oder Feldprediger gewesen, er hat kaum Spuren hinterlassen in dieser Zeit. In Berlin finden wir ihn als Privatlehrer im

Haus eines Kammergerichtsadvokaten. Gerhardt ist vierundvierzig Jahre alt, als er endlich eine Pfarrstelle übertragen bekommt: Mittenwalde im Spreewald. Er scheint seine Arbeit in Kirche und Schule sehr ordentlich getan zu haben. Achtundvierzig Jahre ist er alt, als er die Tochter jenes Berliner Juristen heiratet.

Und die Lieder? Kurz vor seiner Berufung nach Mittenwalde ist das erste Bändchen mit Gerhardts Texten erschienen. Den Titel kann sich auch kein Fachmann merken: „Praxis Pietatis Melica. Das ist Übung der Gottseligkeit in Christlichen und Trostreichen Gesängen Herrn D. Martini Lutheri fürnemlich und denn auch anderer vornehmer und gelehrter Leute. Ordentlich zusammen gebracht und mit vielen schönen außerlesenen neuen Gesängen gezieret: Auch zu Beförderung des Kirchengottesdienstes mit beygesetzten Melodien Benebst dem Basso Continuo verfertiget von Johann Crügern."

Dieser *Johann Crüger*, Kantor und Organist an der Berliner Nicolai-Kirche und zugleich Musikdirektor am Gymnasium, war ein Glücksfall für den Dichter. Denn Paul Gerhardt scheint eine graue Maus gewesen zu sein, öffentlichkeitsscheu, grüblerisch, erfüllt von Selbstzweifeln. Nie wäre er ohne Crügers geduldiges Zureden auf die Idee gekommen, seine Gelegenheitspoesie zu sammeln oder herauszugeben. Während seine Dichterkollegen Literaturgesellschaften gründeten, bei Hofe antichambrierten und um Adelsprädikate buhlten, vergrub sich Gerhardt in seiner Studierstube – auch als er 1657 als dritter Pfarrer an die angesehene Berliner Hauptkirche St. Nicolai berufen wurde.

Glaubensbekenntnis aus Lebenserfahrung

Das ist der äußere Rahmen, ein schlichtes, unauffälliges Seelsorgerleben. Wer genauer hinsieht, entdeckt die Dramen und Tragödien, die sein Schaffen so tief und menschlich sensibel gemacht haben. Da war zum einen der Dreißigjährige Krieg, der ganze Landstriche verheerte. Berlin war zerstört und entvölkert, als Gerhardt seinen Dienst dort antrat. In Mittenwalde hatte raublustige schwedische Soldateska seinen Amtsvorgänger am Altar niedergeschossen, als er die Kirche vor Plünderung schützen wollte. Im Gefolge des Krieges zogen Pest und Hungersnot übers Land. Die Spuren solch traumatischer Erfahrungen vernehmen wir heute noch in Paul Gerhardts Neujahrsgesang „Nun lasst uns gehen und treten":

„Durch so viel Angst und Plagen,
durch Zittern und durch Zagen,
durch Krieg und große Schrecken,
die alle Welt bedecken.
(...) Schleuß zu die Jammerpforten
und lass an allen Orten
auf so viel Blutvergießen
die Friedensströme fließen."

Dem tausendfältigen Leid und Tod in seiner Umwelt korrespondierte Gerhardts tragische Familiengeschichte: Sein erstes Kind, eine Tochter, starb im Alter von acht Monaten. Er begrub sie unter dem Orgelchor der Mittenwalder Kirche und setzte ihr die Inschrift, sein „erstgeborenes hertzliebes Töchterlein" Maria Elisabeth „hat allhier ihr Ruhebettlein / Und dieses Täfflein zum Gedächtnuß / von ihren lieben Eltern / Genesis 47 Vers 9 / Wenig und böse ist die Zeit meines Lebens". Drei weitere Kinder wurden nur wenige Wochen oder knapp über ein Jahr alt, lediglich ein Sohn sollte ihn überleben. Als Paul Gerhardt sechzig Jahre alt war, verlor er auch seine Frau.

Aus so viel Dunkel wuchs ein realistischer, kraftvoller Glaube, eine tapfere Hoffnung auf ein Licht, das nicht von dieser Welt ist, aber ihr Elend erleuchtet – und nicht zu vergessen, eine ausgesprochen individuelle Religiosität. Man hat gesagt, bei Gerhardt trete das „Ich" an die Stelle von Luthers „Wir": „Ist Gott für *mich*, so trete / gleich alles wider mich" statt „Ein feste Burg ist *unser* Gott". Das hat mit der Mentalitäts- und Frömmigkeitsgeschichte zu tun: Zu Gerhardts Zeit begann eine private, ja individualistische Glaubenspraxis das stramme Lagerdenken der Luther-Epoche abzulösen.

Vielleicht liegt genau hier das Geheimnis dieses Erzpoeten. Dogmen werden bei ihm zu Bildern, trockene Katechismusweisheiten zu frischen Sprüchen, Gelehrtenargumente zum stürmischen Vertrauen auf einen liebevollen Gott. Vielleicht fliegen ihm deshalb heute noch die Herzen zu, weil er das kirchliche Glaubensbekenntnis so überzeugend mit der persönlichen Lebenserfahrung zu verbinden wusste.

Ohrwürmer am laufenden Band

Dazu kommt sein meisterlicher Umgang mit der Sprache. Sie ist musikalisch und melodiös, rhythmisch elegant und gleichzeitig volkstümlich einfach. Er spielt mit volltönenden Vokalen und raffinierten Anklängen an die Bibel. Gerhardts Bilder wirken erstaunlich wenig abgegriffen, seine Lieder sind ellenlang, haben auch schon mal achtzehn oder neunundzwanzig Strophen, aber sie langweilen nicht. Was er schreibt, klingt immer farbig und lebendig – selbst wenn es längst zum Ohrwurm geworden ist:

„Befiehl du deine Wege
und was dein Herze kränkt,
der allertreusten Pflege
des, der den Himmel lenkt:
Der Wolken, Luft und Winden
gibt Wege, Lauf und Bahn,
der wird auch Wege finden,
da dein Fuß gehen kann."

Ohrwürmer am laufenden Band hat Paul Gerhardt produziert: Das freudig erregte Adventslied „Wie soll ich dich empfangen" stammt von ihm, Gottes Erlöserliebe dankbar meditierend mit einem ernsten Ausblick auf das Weltgericht. Der innige Weihnachtsgesang „Ich steh an deiner Krippen hier", mit unnachahmlicher Wärme vertont von Johann Sebastian Bach:

„Da ich noch nicht geboren war,
da bist du mir geboren,
und hast mich dir zu eigen gar,

eh ich dich kannt', erkoren.
Eh ich durch deine Hand gemacht,
da hat dein Herze schon bedacht,
wie du mein wolltest werden."

Das ausgelassen-sieghafte Osterlied „Auf, auf, mein Herz, mit Freuden", dem Freund Crüger einen italienischen Tanzrhythmus unterlegte:

„Er war ins Grab gesenket,
der Feind trieb groß Geschrei.
Eh er's vermeint und denket,
ist Christus wieder frei
und ruft Victoria!,
schwingt fröhlich hie und da
sein Fähnlein, als ein Held,
der Feld und Mut behält."

Paul Gerhardts heute wohl bekanntestes Kirchenlied ist die Übersetzung eines Hymnus aus der lateinischen Tradition, fälschlich *Bernhard von Clairvaux* zugeschrieben: „Salve caput cruentatum". Der Zisterziensermönch *Arnulf von Löwen*, gestorben 1250, war der Autor. Crüger verwendete für die musikalische Umsetzung ebenfalls eine ältere Vorlage: *Hans Leo Haßlers* Liebeslied „Mein Gmüt ist mir verwirret, das macht ein Jungfrau zart". *Johann Sebastian Bach* wiederum bediente sich bei Gerhardt und Crüger für seine Matthäus-Passion und machte das Lied damit weltberühmt.

„O Haupt voll Blut und Wunden,
voll Schmerz und voller Hohn!
O Haupt, zum Spott gebunden
mit einer Dornenkron!
O Haupt, sonst schön geschmücket
mit höchster Ehr und Zier,
doch nun von Schmach gedrücket,
gegrüßet seist du mir!

(…) Wann ich einmal soll scheiden,
so scheide nicht von mir;
wann ich den Tod soll leiden,
so tritt du dann herfür.
Wann mir am allerbängsten
wird um das Herze sein,
so reiß mich aus den Ängsten
kraft deiner Angst und Pein."

Lieder gegen die Depression mit therapeutischem Wert

An Paul Gerhardts Hand kann man durch das ganze Kirchenjahr wandern – aber auch durch einen gottgesegneten Tag. Sein Morgenlied „Wach auf, mein Herz, und singe / dem Schöpfer aller Dinge" lässt an eine fröhliche Schulklasse denken. Die Abend-Idylle „Nun ruhen alle Wälder" wird von Dichterkollegen, Germanisten und Chorsängern bis heute heiß geliebt:

„Nun ruhen alle Wälder,
Vieh, Menschen, Städt und Felder,
es schläft die ganze Welt:

> ihr aber, meine Sinnen,
> auf, auf! ihr sollt beginnen,
> was eurem Schöpfer wohlgefällt.
>
> (...) Der Tag ist nun vergangen,
> die güldnen Sterne prangen
> am blauen Himmelssaal:
> also werd ich auch stehen,
> wenn mich wird heißen gehen
> mein Gott aus diesem Jammertal.
>
> (...) Auch euch, ihr meine Lieben,
> soll heute nicht betrüben
> kein Unfall noch Gefahr!
> Gott lass euch selig schlafen,
> stell euch die güldnen Waffen
> ums Bett und seiner Engel Schar!"

Der Melodie liegt die alte Volksweise „Innsbruck, ich muss dich lassen" zugrunde; Bach soll von diesen Noten gesagt haben, er gäbe alle seine Werke darum hin.

Beherrschendes Thema von Gerhardts Dichtungen ist das Vertrauen auf den treuen Gott. Der Trost, den ein aus Liebe am Kreuz gestorbener Erlöser zu schenken vermag. Der zähe Lebensmut, der aus so einem Glauben wächst. Es sind Lieder gegen die Depression, ihr therapeutischer Wert ist zeitlos:

> „Schwing dich auf zu deinem Gott,
> du betrübte Seele!
> Warum liegst du, Gott zum Spott,
> in der Schwermutshöhle?

Merkst du nicht des Satans List?
Er will durch sein Kämpfen
deinen Trost, den Jesus Christ
dir erworben, dämpfen.

(...) Ich bin Gottes, Gott ist mein:
wer ist, der uns scheide?
Dringt das liebe Kreuz herein
mit dem bittern Leide,
lass es dringen, kommt es doch
von geliebten Händen,
bricht und kriegt geschwind ein Loch,
wenn es Gott will wenden."

Gegen Ende seines Lebens geriet Paul Gerhardt, der stille Poet und dezente Seelsorger, in einen schweren Konflikt mit der politischen Macht. Trotz des zu Augsburg geschlossenen Religionsfriedens herrschte zwischen den Konfessionen eine explosive Stimmung, und auch im Lager der neuen Lehre tobte der Streit zwischen Lutheranern und Reformierten. Die Kurfürsten von Brandenburg, die zum reformierten Bekenntnis übergetreten waren, versuchten den Dauerzwist durch Edikte einzudämmen, sie verlangten gegenseitige Toleranz, friedlichen theologischen Disput, Verzicht auf Verketzerung.

Ein löbliches Unterfangen, doch die treuen Lutheraner witterten Verrat an ihren Überzeugungen. Paul Gerhardt hatte sich im Auftrag seiner lutherischen Freunde zwar noch an erfolglosen Einigungsgesprächen beteiligt. Doch dann gehörte er zu jenen Pfarrern, welche die Unterschrift unter die kurfürstlichen Erlasse verweigerten und deshalb ihr Amt verloren. Gerhardts Gemeinde lief gegen die

Amtsenthebung Sturm, man muss ihn geliebt haben. Gerade Gerhardt, so wurde argumentiert, habe auf der Kanzel nie eine andere Konfession geschmäht oder beleidigt.

Kurfürst *Friedrich Wilhelm,* „Befiehl du deine Wege" war sein Lieblingslied, ließ sich erweichen, er machte eine Ausnahme und gestattete dem renitenten Dichter, sein Pfarramt auch ohne Unterschrift weiter auszuüben; er erwarte freilich von ihm, auf Angriffe gegen die Reformierten zu verzichten. Damit stürzte er Gerhardt in neue Gewissensnöte. Er verzichtete auf die Sondererlaubnis und teilte dem Kurfürsten in allem Respekt mit: „Ich fürchte mich vor Gott, in dessen Anschauen ich hier auf Erden wandle und vor welches Gerichte ich auch dermaleinst erscheinen muss, und kann nach dem, wie mein Gewissen von Jugend auf gestanden und noch jetzo stehet, nicht anders befinden, als dass ich, wo ich auf vorher berührte Art und Weise wieder in mein Amt treten sollte, seinen Zorn und schwere Strafe auf mich laden werde."

Einsame Jahre folgten, seine Frau und der Musikus Johann Crüger starben, und obwohl Crügers Nachfolger Ebeling eine gediegene Gesamtausgabe von 120 Paul-Gerhardt-Liedern mit sechsstimmigen Tonsätzen veröffentlichte, versiegte seine Feder. 1669 verschaffte ihm die Provinzstadt Lübben im Spreewald, die unter der Herrschaft des Herzogs von Sachsen-Merseburg stand, noch einmal ein Amt: Der städtische Rat holte ihn als Pfarrer, behandelte ihn aber mit Misstrauen. Am 27. Mai 1676 starb Paul Gerhardt hier in Lübben im Alter von neunundsechzig Jahren.

Ein Versprechen, mit Blut geschrieben

Hundert Jahre später, „Ökumene" war in sämtlichen Konfessionen immer noch ein Fremdwort, lebte in Mühlheim an der Ruhr ein kleiner Bandwirker namens *Gerhard Tersteegen* ganz selbstverständlich ein Barrieren überwindendes Christentum. Seine leidenschaftliche, tief innere, fast mystische Beziehung zu Gott kannte keine Feindbilder und ließ sich von keinem Katechismus Grenzen setzen. Tersteegens unaufdringliche, schlichte Frömmigkeit zog Kreise, vor allem seit er eine Bruderschaft von „Mitpilgern", wie er sie liebevoll nannte, um sich geschart und eine fruchtbare schriftstellerische Tätigkeit entfaltet hatte.

Kein Wunder, dass man auch in katholischen Gottesdiensten Verse des protestantischen Liederdichters singt, an Weihnachten zum Beispiel:

„Jauchzet, ihr Himmel, frohlocket, ihr Engel, in Chören,
singet dem Herren, dem Heiland der Menschen, zu Ehren!
Sehet doch da: Gott will so freundlich und nah
zu den Verlornen sich kehren."

Grenzgänger war Tersteegen eigentlich schon von Geburt: In Moers an der deutsch-niederländischen Grenze kam er 1697 zur Welt. Sein Vater war ein wohlhabender Kaufmann, doch er starb früh, hinterließ acht Kinder, und es war kein Geld da, um Gerhard das ersehnte Studium zu ermöglichen. Er richtete sich in Mühlheim einen Krämerladen ein, ohne viel Erfolg, machte eine Weberlehre und verdiente sich von da an als Bandwirker seinen bescheidenen Lebensunterhalt.

Mühlheim an der Ruhr war damals ein Zentrum der Pietisten, einer ganz auf die Bibel und eine verinnerlichte Frömmigkeit konzentrierten Erneuerungsbewegung im Protestantismus. Es gab häusliche Bibelkreise und „Erweckungspredigten". Gerhard ließ sich begeistert darauf ein, erlebte Wechselbäder der Gefühle zwischen depressiver Verzweiflung und stürmischer Freude an Gott – und beschloss am Gründonnerstag 1724, mit sechsundzwanzig Jahren, sich Christus vorbehaltlos und für immer auszuliefern. Mit seinem eigenen Blut schrieb er sein Versprechen nieder:

> „Meinem Jesu! Ich verschreibe mich dir, meinem einigen Heiland und Bräutigam, Christo Jesu, zu deinem völligen und ewigen Eigentum (…) von diesem Abend an, als an welchem du, mein Blutbräutigam, mein Erlöser, durch deinen Todeskampf, Ringen und Blutschwitzen im Garten Gethsemane mich dir zum Eigentum und Braut erkaufet (…). Ja. Amen. Dein Geist versiegle es, was in Einfalt geschrieben.
> Dein unwürdiges Eigentum am Gründonnerstag-Abend Anno 1724."

So war er, Gerhard Tersteegen: radikal und schlicht zugleich, hingerissen von unbändiger Leidenschaft und dann wieder von nüchterner Entschlusskraft, bedächtig abwägend und der einmal getroffenen Entscheidung kompromisslos treu. „Wahre Gottseligkeit", so erläuterte er, bestehe weder in einem äußerlich anständigen „bürgerlichen Leben" noch in fleißigem Gottesdienstbesuch oder Almosengeben und schon gar nicht in außerordentlichen Phänomenen wie Visionen oder Ekstasen. Vielmehr müsse das menschliche Herz in beständiger Übung zur Wohnung Gottes gemacht werden.

Es gehe um die Aufmerksamkeit für das „Inwendige", um das „Sicheinsenken" in Christus und das Bleiben in ihm, so dass das Herz „von Gott gefangen und willig gemacht" werden könne. Die Methode des „inneren Gebets" hatte er von Teresa von Ávila gelernt, die Zuwendung zu den Mitgeschöpfen im Tier- und Pflanzenreich teilte er mit Franz von Assisi. Über solche Menschen, die fähig seien, vor Gottes Angesicht „Sabbat zu feiern und zu pausieren", sagte Tersteegen: „So leben sie in Gott und seiner Gegenwart (...) gleich wie ein Fisch im Wasser oder wie ein Vogel in der Luft." Ihr Gemüt werde „allmählich Gott immer gleichförmiger und fähiger, sein seligmachendes Angesicht anzuschauen".

Bibelsprüche und Kräutertees

Tersteegens Sehnsucht nach einem stillen Leben in Gottes Nähe ist beileibe nicht mit Weltflucht oder träger Gleichgültigkeit gegenüber irdischen Nöten zu verwechseln. „Sein Leben wie seine Frömmigkeit haben Begegnungs- und nicht Versenkungscharakter", urteilt ein Fachmann, der ihn nicht einfach den Mystikern im klassischen Sinn zurechnen möchte. In der Tat hat sich Tersteegen von Anfang an als Seelsorger betätigt und den Menschen in einer überraschend modernen Art von Pastoralarbeit zugewandt.

Mindestens ebenso viel wie von Predigt und Schriftstellerei – mit beidem hatte er großen Erfolg – hielt er nämlich vom Bemühen, den Glauben in Freundeskreisen und kleinen Gruppen zu leben, und vom intensiven Einzelgespräch. Die von ihm in der Nähe von Wuppertal begründete Bruderschaft, die sich den Mut zur Stille, das Gebet auch während der Arbeit und einen einfachen Lebensstil zum Ziel setzte, war ein Novum im deutschen Protestantismus. Als geduldiger, Mut machender Gesprächspartner übte Tersteegen eine solche magnetische Anziehungskraft aus, dass die Ratsuchenden mit Leitern zu seinem Fenster hochstiegen, wenn sie unten an der Tür keinen Einlass mehr fanden. Bis aus Schweden und Amerika kamen Briefe von Notleidenden und Glaubenszweiflern.

Längst hatte er sein Handwerk aufgegeben, lebte überaus bescheiden von den Honoraren für seine Schriften und von Zuwendungen guter Freunde. Die Wirkung seiner Persönlichkeit bleibt ein Rätsel: Er war ein dürrer, stets kränkelnder Mensch mit leichenblassem Gesicht – und hatte doch offensichtlich einen unerschöpflichen Lebensmut zu verschenken. Seinen Besuchern gab er übrigens nicht nur Meditationsworte aus der Bibel und praktische Ratschläge für den Alltag mit, sondern auch selbstgebraute Kräutertees und sachkundig gesammelte Naturheilmittel: Lange vor Sebastian Kneipp verband der menschenfreundliche Liederdichter bereits die Sorge um die gefährdete Seele mit dem Interesse für den kranken Leib.

Tersteegens dickleibige Gedichtbände, die so schöne Namen tragen wie „Geistliches Blumengärtlein inniger Seelen" oder „Der Frommen Lotterie", kennt heute kaum noch jemand, ebenso wie seine im „Weg der Wahrheit" gesammelten Abhandlungen und Sinnsprüche oder die „Auserlesenen Lebensbeschreibungen Heiliger Seelen", in denen der Protestant Tersteegen überraschenderweise ausschließlich Katholiken porträtiert, streng an den Quellen orientiert und mit Blick auf ihr Alltagsleben.

Unsterblich sind jedoch etliche seiner zahlreichen Kirchenlieder geworden, mit denen Gerhard Tersteegen nationale und konfessionelle Grenzen zu überwinden wusste – von dem Bekenntnis „Ich bete an die Macht der Liebe", das preußische Militärs auf merkwürdige Art zum Background ihres Zapfenstreichs zweckentfremdeten, über das als Eingangslied zum Gottesdienst beliebte „Gott ist gegenwärtig. Lasset uns anbeten" und die erschütternde Einladung zur Nachfolge „Gott rufet noch. Sollt ich nicht endlich hören?" bis zu den klassischen Abendliedern mit ihrer Stimmung von Frieden und Geborgenheit, die sich aber mit einer wehmütigen Sehnsucht nach der anderen Welt paart:

„Ein Tag, der sagt dem andern,
mein Leben sei ein Wandern
zur großen Ewigkeit.
O Ewigkeit, so schöne,
mein Herz an dich gewöhne,
mein Heim ist nicht in dieser Zeit."

1769 war Tersteegen am Ziel; er starb mit zweiundsiebzig Jahren.

9

SCHUTZPATRONIN DES ZWEIFELS

Die kleine Nonne Thérèse de Lisieux (1873–1897)
kannte die Abgründe heutiger Gottesfinsternis

> *„Ich glaube nicht an das ewige Leben.*
> *Jesus verbirgt sich, aber man ahnt ihn."*
> Thérèse de Lisieux

IM KARMEL VON Lisieux in der Normandie kämpft im Sommer 1897 eine vierundzwanzigjährige Nonne mit dem Tod. Die Tbc hat ihre Lungen zerstört, der Atem kommt schwach und rasselnd. Erstickungsanfälle, Hungerfantasien, Selbstmordgedanken. Als die kleine Thérèse Martin hier in Lisieux eingetreten ist, war sie voll himmelstürmender Ideale. Davon ist nichts geblieben.

„Sehen Sie dort unten das schwarze Loch, wo man nichts mehr unterscheiden kann?", fragt sie eine Besucherin und zeigt auf eine finstere Stelle unter den Kastanienbäumen im Klostergarten. „In einem solchen Loch bin ich mit Seele und Leib. O ja, was für eine Finsternis!" – „Aber das kann nicht sein, Sie schreiben doch so wunderschöne Lieder und Gedichte und Gebete an den lieben Gott!", entgegnet eine Mitschwester ganz entsetzt. Thérèse antwortet müde: „Ich besinge, was ich glauben *will* – doch ohne jede Empfindung!"

Im Kloster weiß kaum jemand, dass die immer so bezaubernd lächelnde Schwester Thérèse mit ihrem fröhlichen Kindergemüt seit achtzehn Monaten von entsetzlichen Glaubenszweifeln gequält wird. Der Himmel verschließe sich ihr mehr und mehr, vertraut sie ihrer Priorin traurig an.

> „Ich glaube nicht an das ewige Leben, es scheint mir, dass es nach diesem sterblichen Leben nichts mehr gibt."
> „Will ich mein Herz, ermattet von den Finsternissen, die mich umgeben, durch den Gedanken an das künftige ewige Leben erquicken, so verdoppelt sich meine Qual. Dann scheint es mir, als liehen sich die Finsternisse die Stimmen der Gottlosen und sprächen mir höhnend zu: Du träumst von Licht, von einer friedlichen Heimat, du träumst vom ewigen Besitz des Schöpfers dieser Herrlichkeiten (…). Nur zu! Nur zu: freu dich auf den Tod, der dir nicht das, was du erhoffst, bringen wird, sondern noch tiefere Nacht, die Nacht des Nichts!"
> *Thérèse auf dem Sterbebett*

Ein Jahr nach Thérèses Tod erscheint ein Büchlein mit ihren ziemlich sentimentalen, nicht gerade aufregenden spirituellen Aufzeichnungen. Sie selbst hat das Buch „Frühlingsgeschichte einer kleinen weißen Blume" nennen wollen. Im Kloster wird, noch schlimmer, der Titel „Vorübergang eines Engels" favorisiert. Schließlich einigt man sich auf „Geschichte einer Seele". Zweitausend Exemplare werden gedruckt und anstelle des üblichen knappen „Totenbriefs" an alle Karmelklöster verschickt. Doch bald reißt man sich in Spanien, Großbritannien, Polen, Russland, Japan um die Übersetzungsrechte. In den siebenundzwanzig Jahren bis zu Thérèses Heiligsprechung 1925 wird das Büchlein allein auf Französisch zweieinhalb Millionen mal verkauft – dazu kommen die Übersetzungen in fünfunddreißig Sprachen.

Plötzlich gilt die liebenswürdige kleine Zweiflerin aus der Normandie als Inbegriff schlichter Religiosität und fröhlicher Glaubensstärke. Thérèse avanciert zur Lieblingsfigur frommer Kitschproduzenten, in allen Kathedralen und Dorfkirchen lässt sie jetzt auf knallbunten Ölbildern verzückt lächelnd Rosen vom Himmel auf die Erde regnen. Was ist geschehen?

Nicht viel. Aber im Karmel von Lisieux gab es zwei leibliche Schwestern von Thérèse, Pauline und Céline. Die stürzten sich nach Thérèses Tod in frommer Begeisterung auf die hinterlassenen Schriften. Pauline, im Orden hieß sie *Agnès de Jésus,* war rastlos damit beschäftigt, die anstößigen Stellen abzuschleifen und zu entschärfen. Wenn Thérèse voller Verzweiflung schildert, wie der einst so tröstliche Gedanke an den Himmel zur Qual geworden ist, formuliert Agnès geschickt um: „Oh, wie angenehm ist mir diese Erinnerung!"

Und schon ist die peinliche Glaubenskrise verharmlost. Céline, die zweite Schwester, im Orden *Geneviève de la Sainte-Face,* ist künstlerisch talentiert. Sie liefert die ersten bunten Kitschgemälde, und die wenigen erhaltenen Fotos von Thérèse retuschiert sie bedenkenlos, montiert auf Gruppenbildern die Personen um, macht aus dem bisweilen so verloren und depressiv blickenden Schwesterchen mit dem herausfordernd eckigen Kinn und dem unsicheren Lächeln eine Ikone, weltentrückt, sanft, glatt, die Idealfigur einer Heiligen.

Erst 1956 publiziert ein Forscherteam des Karmeliterordens, zu dessen Ehre muss es gesagt werden, die kritische Rekonstruktion der Originaltexte. Fünf Jahre später bekommt die Öffentlichkeit auch die von Schwester Geneviève retuschierten Originalnegative zu sehen. Eine kleine Revolution: Die fröhliche Kitschheilige entpuppt sich als Weggefährtin skeptischer Menschen in ihrer Zerrissenheit zwischen religiöser Sehnsucht und Gotteszweifel.

„Ich will am Tisch der Sünder sitzen"

Als Kind hat sie eine Heilige werden wollen. Bis zum Bischof, ja bis nach Rom ist sie gegangen, um die Erlaubnis zu bekommen, schon mit fünfzehn Jahren in den Karmelitinnenorden einzutreten. Im Vatikan hat sie für einen Skandal gesorgt, als sie bei der Audienz die Knie von Papst *Leo XIII.* umklammerte und bettelte: „O sagen Sie ja!", bis sie von Nobelgardisten aus dem Thronsaal geschleppt wurde.

Lisieux, ein Provinzstädtchen in der Normandie, in den siebziger Jahren des neunzehnten Jahrhunderts. Wenn der Uhrmacher Louis Martin mit seinem Lieblingstöchterchen Thérèse durch die Stadt spaziert, warnt er es vor Schaufenstern, in denen etwas sittlich Anstößiges zu sehen sein könnte. Als Kleinstadt-Katholikin aus dem Bilderbuch ist sie aufgewachsen, mit liebevoller Strenge erzogen, sorgsam behütet vor allen Gefahren und Attraktionen zeitgenössischer Kultur.

Thérèses Schwestern gingen alle ins Kloster. Der weltfremde Vater und die geschäftstüchtige, aber melancholische Mutter wollten in ihrer Jugend ebenfalls Ordensleute werden, wurden aber abgewiesen. Eine Kindheit wie unter einer Glasglocke, geprägt von Weltverachtung. Doch trotz der muffigen Familienatmosphäre – in der es freilich Humor und handfeste Nächstenliebe gab – entwickelt sich Thérèse zu einem quicklebendigen, fröhlichen jungen Mädchen mit Charme und Eigensinn.

Thérèses Frömmigkeit bewegt sich zunächst ganz in konventionellen Bahnen. Die Martin-Kinder wetteifern in „Tugendakten" und „Öpferchen", wie es damals üblich ist. Für jede Überwindung, jedes gute Werk dürfen sie auf einem beweglichen Rosenkranz eine Perle nach vorne schieben oder eine Nuss in eine Schublade legen; am Abend wird gezählt und gelobt oder getadelt. Später als Klosterfrau wird Thérèse einen erbitterten Kampf gegen diese Frömmigkeit von Krämerseelen führen. Ihr berühmt gewordener „kleiner Weg" zu Gott ist nichts anderes als die Ersetzung solch ängstlicher Rechnerei durch unbefangenes Vertrauen und stürmische Liebe.

Thérèse ist erst vier Jahre alt, da stirbt die Mutter. Der Vater, zum Witwer geworden, vergräbt sich noch mehr. Thérèse lebt in fast vollständiger Isolation, wird von der älteren Schwester Pauline erzogen und erst mit achteinhalb Jahren in die Schule geschickt, wo sie als schüchterne Mimose und kleine Streberin gilt. Dann verliert sie auch noch Pauline, die vergötterte Ersatzmutter, die ins Kloster geht – wie bald darauf auch Marie, die zweite große Schwester. Thérèse reagiert mit Weinkrämpfen, Ohnmachtsanfällen, Angstzuständen, fürchterlichen Kopfschmerzen. Als sie älter wird, schafft sie es dann irgendwie, aus der kindlichen Überspanntheit herauszufinden und sich fremden Sorgen zu öffnen:

„Ja, ich fühlte die Liebe in mein Herz einziehen, das Bedürfnis, mich selbst zu vergessen, um Freude zu machen, und von da an war ich glücklich!"

Bezeichnend ihre Reaktion auf einen Pariser Mordprozess im Jahr 1887. Der dreißigjährige Henri Pranzini soll dort in der Rue Montaigne eine junge Frau von lockerem Lebenswandel, das Hausmädchen und dessen elfjährige Tochter kaltblütig erwürgt haben. Die Zeitungen schildern Pranzini als schönen Dämon, als Nihilisten und Abenteurer, Marienverehrer und Frauenhelden, hochintelligent, arrogant und rücksichtslos. Bis zur letzten Minute beteuert er seine Unschuld, ist aber nicht bereit, um sein Leben zu betteln. Man soll ihn nur hinrichten und aus seiner Haut Geldbörsen machen!

Pranzini und die Martins, Extremtypen an verschiedenen Enden der gesellschaftlichen Skala. Der Satan und die Guten, der Verlorene und die bewahrt Gebliebenen. Leute wie die Martins brauchen die Pranzinis, um sich die eigene Tugend bestätigen zu lassen und die Lust am Schrecken, am Gemeinen moralisch verklären zu können. Thérèse, das ist das Aufregende, macht dabei nicht mit. Ihr Interesse an Pranzini hat nichts von dem selbstgerechten Entsetzen an sich, mit dem der gute Bürger auf fremde Abgründe zu blicken pflegt. Die Vierzehnjährige erklärt Pranzini zu ihrem persönlichen Schützling, betet wochenlang um seine Bekehrung. Aber sie tut das nicht in der gönnerhaften Pose der reinen Jungfrau, die sich zu einem Auswurf der Menschheit herabneigt, sondern in der erstaunlich frühreifen Solidarität mit einem Gefährdeten. Später wird sie in ihrer Autobiografie schreiben:

„Dein Kind, o Herr, hat Dein göttliches Licht erkannt, es bittet Dich um Verzeihung für seine Brüder, es ist bereit, das Brot der Schmerzen zu essen, solange Du es willst, und es will sich von diesem mit Bitternis beladenen Tisch, an dem die armen Sünder essen, nicht mehr erheben vor dem durch Dich bezeichneten Tag. (…) Darf es daher nicht auch in seinem Namen, im Namen seiner Brüder sprechen: Erbarme Dich unser, Herr, denn wir sind arme Sünder!?"

„*Wir* sind Sünder", sagt sie, und „erbarme dich *unser*", nicht „erbarme dich *ihrer*", wie es christliche Tradition ist mit ihrer Versuchung zur frommen Heuchelei. Sie macht sich gemein mit den Sündern; sie sieht sich als ihre Schwester, nicht als ihre Missionarin; sie will am Tisch der Zweifler ausharren, nicht bloß einen unverbindlichen Besuch abstatten. Wenn es selbst für solche verpfuschten Existenzen wie den als Mörder angeklagten Pranzini eine Chance gibt, dann ist es nicht verrückt, wider alle Hoffnung zu hoffen, dann bedeutet kleingläubige Resignation eine Beleidigung Gottes und die Verdammung eines Menschen einen Angriff auf seine maßlose, alle Grenzen sprengende Liebe.

In der Morgendämmerung des 31. August 1887 wird Henri Pranzini hingerichtet. Bis zuletzt hat er jede Reuebekundung abgelehnt. Doch als ihn der Henker schon auf die Guillotine schnallen will, bittet er den Gefängispfarrer plötzlich um ein Kruzifix und küsst es voller Leidenschaft. Thérèse weint vor Glück, als sie den Bericht in der Zeitung liest.

„Das Zeug, das man uns erzählt, hilft mir nicht"

Immer noch sehnt sie sich nach dem Karmelitinnenkloster, in dem ihre Schwestern leben. Doch ihre Motive haben sich verändert. Sie will nicht nur Pauline und Marie wieder nahe kommen oder sich vor der „Welt" draußen verstecken, wie man das in ihrer Familie immer gemacht hat. Thérèses Klostertraum lebt jetzt immer stärker von mitmenschlicher Solidarität, vom Wunsch, den Verzweifelten, Ausgestoßenen, Elenden nahe zu sein, auch von einem missionarischen Ideal: Glaubenszeugnis. Stellvertretung. Weltveränderung durch betende Teilnahme.

Nach dem kleinen Skandal während der Papstaudienz genehmigt der zuständige Bischof von Bayeux, Flavien Hugonin, tatsächlich einen Tag vor ihrem fünfzehnten Geburtstag den Ordenseintritt. Thérèse findet sich im Karmel von Lisieux erneut in der Rolle des Nesthäkchens, als Jüngste unter fünfundzwanzig Schwestern, von denen viele schon gebrechliche Greisinnen sind.

Eine Idylle ist dieses Klosterleben nicht. Das Gebet bestimmt den Tagesablauf von fünf Uhr morgens bis elf Uhr nachts. Die Arbeit in Küche und Garten, Nähstube und Waschhaus wird von einem einfachen Mittagessen und zwei Erholungsstunden unterbrochen. Insgesamt bringt jede Schwester ungefähr sechs Stunden täglich in Gebet und Betrachtung zu. Auch Thérèse, im Kloster hieß sie Schwester Thérèse vom Jesuskind und vom Heiligsten Antlitz, hat das getan – und in der Wäscherei und im Garten emsig gearbeitet.

Auffallend, wie die jüngste Martin-Tochter vom ersten Tag an auf strikte Distanz zu ihren Schwestern Pauline und Céline geht. Nicht schroff, sondern auf ganz liebenswürdige Art. „Es wäre sehr hübsch, noch mit Ihnen zusammen zu sein, aber wir sind nicht mehr zu Hause!", erklärt sie freundlich, aber bestimmt.

Stattdessen bemüht sich die einstige Mimose mit Verstand und Gelassenheit, sich in die schwierige Gemeinschaft einzufügen – ein halbes Kind noch und doch fähig, charmant auf die Schrullen der alten Klosterdamen und die eifersüchtigen Gemeinheiten der jungen Novizinnen einzugehen und zugleich unbeirrt ihren ganz persönlichen Weg zu verfolgen. Den Nächsten zu lieben, heißt für Thérèse, die Menschen so anzunehmen, wie sie sind. Denn wer kann wissen, ob er nicht selbst eine arge Plage für die Mitwelt ist?

Neuneinhalb Jahre inmitten schrecklich gewöhnlicher Mitschwestern stehen ihr bevor. In jenen Zeiten tritt man nicht unbedingt aus religiöser Überzeugung in ein Kloster ein. Bei den Kandidatinnen aus kinderreichen Bauernhäusern und Kleinbürgerfamilien gibt oft genug der Gedanke an die sichere „Versorgung" den Ausschlag. Und für adelige Fräulein ist das Kloster nicht selten die Rettung vor einem freudlosen, geduldeten Dasein als alte Jungfer. Außerdem fühlt sich jeder Mönch, jede Nonne einmal ausgebrannt, der Schwung des Anfangs scheint verloren, die leidenschaftliche Liebe zu Christus und die Freude an den Weggefährten. Ordensleuten geht es wie Ehepaaren: Sie müssen sehr alt werden, um herauszufinden, dass Liebe weniger atemlose Leidenschaft bedeutet als entschlossene, nüchterne Treue.

„Jesus verbirgt sich, aber man ahnt ihn. Indem man selbst Tränen vergießt, trocknet man die seinen."
Thérèse an ihre Schwester Céline

Aber mag Gott sich auch vor ihr verbergen – längst hat Thérèse entdeckt, wo er unfehlbar zu finden ist: in ihren Mitschwestern, gerade in den anstrengenden, wenig angenehmen. Kein Mensch will in der Wäscheabteilung mit Schwester Marie de Saint-Joseph zusammenarbeiten, die wegen ihrer lautstarken Wutausbrüche gefürchtet ist. Thérèse aber schließt sich an sie an und verblüfft die Cholerikerin, wenn sie wieder einmal lospoltert, mit ihrem bezaubernden Lächeln.

Weil sie musische Talente zeigt, beauftragt sie die Priorin, die Kapelle in der Krankenabteilung auszumalen, Lieder zu texten und ein Krippenspiel zu schreiben. Dabei kommt ein fürchterlicher Kitsch heraus. Auch ihr Bühnenstück „Die Mission der Jeanne d'Arc" strotzt vor Pathos. Als Hauptdarstellerin muss Thérèse allerdings ziemlich gut gewesen sein. Sie setzte sich eine Perücke auf und schlüpfte in eine Ritterrüstung aus Karton. Auf den erhaltenen Fotos sieht sie aus wie eine schöne Amazone, kampflustig und ein wenig traurig zugleich. Denn ihre Jeanne d'Arc ist keine unbekümmerte Heldin, sondern ein schüchternes Mädchen, das dennoch der Stimme vom Himmel folgt, entschlossen zum Leiden.

Thérèses Religiosität wird sich zunächst genauso in konventionellen Bahnen bewegt haben wie die Theaterstücke, die sie schrieb. Auch ihre millionenfach verbreitete Autobiografie „Geschichte einer Seele" liest sich auf weite Strecken entsetzlich schwülstig, sentimental und peinlich pubertär. Doch unter all den biederen Herzensergüssen finden sich Perlen, unverbrauchte Bilder, Kabinettstückchen eines frischen, unbefangenen Glaubens.

Seit der Originaltext ihrer Autobiografie vorliegt, lässt sich die Geschichte einer erregenden Emanzipation herausschälen: Stück für Stück befreit sich Thérèse von den Frömmigkeitsmustern ihrer Epoche, setzt sie sich von der Angst machenden, freudlosen Religion ab, die damals Kanzeln und Katheder beherrschte. Dabei stützt sie sich ausschließlich auf das Evangelium, die gängigen Erbauungsbücher lehnt sie ab. Und auch auf einen männlichen „Seelenführer", wie man die Beichtväter damals nennt, kann sie verzichten.

„Was mir wohltut, was mir hilft, das ist gar nicht das Zeug, das man uns erzählt", erklärt sie erstaunlich forsch – und setzt gegen die üblichen Drohpredigten die Botschaft von Gottes bedingungsloser, rettender Liebe. Nicht in der Angst vor Gottes Rache dürfe die Antwort auf die furchtbare Realität des Kreuzes bestehen, sondern in Liebe und Treue. Glaube bedeute keine selbstverliebte, auf himmlischen Lohn rechnende Leistung, sondern Hingabe aus Vertrauen und Liebe. Damit wischt die blutjunge Nonne eine jahrhundertealte verhängnisvolle theologische Tradition ebenso sanft wie souverän vom Tisch:

„Ich will keine Verdienste für den Himmel anhäufen, ich will einzig um Deiner Liebe willen arbeiten, in der alleinigen Absicht, Dich zu erfreuen."

„Am Abend dieses Lebens werde ich mit leeren Händen vor Dir erscheinen, denn ich bitte Dich nicht, Herr, meine Werke zu zählen. All unsere Gerechtigkeit ist befleckt in Deinen Augen!"

Der „kleine Weg" des Glaubens

Das heißt, vor Gott kann man realistischerweise nur mit leeren Händen erscheinen, im Wissen, dass alles Gnade ist und jede menschliche Anstrengung nur dann Sinn macht, wenn er sie heiligt. Wie könne man Christus anders seine Liebe beweisen als damit, ihm „Blumen zu streuen", das heißt das Alltägliche aus Liebe zu tun? Aufmerksamer Umgang mit den Mitmenschen statt großmächtiger Tugendübungen. Saubere Erfüllung der Ordensregel statt abenteuerlicher Bußwerke. Ein einziger Schwung des Herzens auf Gott hin – heute nennt man das Thérèses „kleinen Weg" des Glaubens.

„Ich liebe Dich, Jesus, ich sehne mich nach Dir,
Sei für einen einzigen Tag meine Stütze.
Komm, sei der König meines Herzens,
Schenke mir Dein Lächeln!
Nur für heute.

Es macht mir nichts aus, Herr,
Wenn die Zukunft im Dunkel liegt.
Dich für morgen bitten,
Nein, das kann ich nicht.
Bewahre rein mein Herz,
Dein Schatten bedecke mich.
Nur für heute.

(...) Herr, ich möchte Dich ohne Schleier sehen,
Noch bin ich im Exil, fern von Dir.
Zeige mir Dein liebevolles Gesicht,
Nur für heute.

Bald fliege ich fort, Dich zu loben,
Wenn der Tag ohne Abend über mir aufgeht,
Dann will ich singen
Und spielen auf dem Instrument des Himmels,
An jenem immerwährenden Heute."
Thérèse: Poésies

Der ganze Zauber dieses „kleinen Weges" liegt darin, Vernunft und Kalkül, diplomatische Raffinesse und die zahllosen Tricks, mit denen Menschen einander belügen und ihren Vorteil zu sichern verstehen, all das beiseitezulassen und blind der Liebe zu folgen. Thérèse versteht sich als Kind vor Gott. Das befreit sie von Angst und ist, näher betrachtet, eine ziemlich subversive Haltung: „Ich bin zu klein und unbedeutend, um verdammt zu werden; ganz kleine Kinder kommen nicht in die Hölle."

Von Thérèses schlicht formulierten Schriften führt eine direkte Linie zum geistigen Neuaufbruch des Zweiten Vatikanischen Konzils (1962–1965). Dessen zentrale Inhalte finden sich alle bereits bei der kleinen Nonne aus der Normandie: Vorrang der Heiligen Schrift vor jeder noch so „erbaulichen" menschlichen Auslegung. Kirche als lebendiger Organismus verstanden. Geschwisterliche Verbundenheit mit Andersgläubigen und Atheisten. Solidarität mit den Suchenden statt selbstgerechter Abgrenzung gegenüber den „Sündern". Wiederentdeckung der weiblichen Züge eines barmherzigen Gottes. Theologie aus der Erfahrung und mit dem Herzen betrieben. Option für die Armen und Hilflosen.

In einer eigenartigen Doppelexistenz hatte diese bezaubernde Nonne an Kälte und Einsamkeit des Unglaubens teil und hielt doch gleichzeitig am Licht fest. Die Freude an Gott hatte sie verloren – aber nicht die trotzige Liebe zu dem, für den sie sich mit allen Fasern ihres Herzens entschieden hatte. „Ich sage ihm nichts – ich liebe ihn", teilte sie nüchtern mit.

> „Wenn der blaue Himmel dunkel wird
> Und wenn Er mich im Stich zu lassen scheint,
> Besteht meine Freude darin, im Schatten zu bleiben,
> Mich zu verbergen und klein zu machen.
> Meine Freude, das ist der heilige Wille
> Jesu, meiner einzigen Liebe.
> So gehe ich ohne jede Furcht voran.
> Ich liebe die Nacht ebenso sehr wie den Tag (…).
> Und ich verdopple meine Zärtlichkeiten,
> Wenn Er sich meinem Glauben entzieht."
> *Thérèse: Poésies*

Aus der schwarzen Krise wuchs ein gehärteter, bewussterer Glaube. Statt der naiven Selbstsicherheit, die fromme Fundis auszeichnet, ein Sprung ins Ungewisse, wie ihn nur die verrückte Liebe wagt. Ihre Ungetröstetheit, ihre quälenden Zweifel und ihre Gleichgültigkeit dem Himmel gegenüber begriff sie als Einladung, die „Gottlosen" zu verstehen und zu erkennen, dass dieselben Abgründe auch in ihr waren. Wenn sie mehr Mut zum Glauben besaß und weniger Angst vor der Gnade als die Sünder draußen vor der Klostermauer, dann war das nicht ihr Verdienst, sondern Gottes rational nicht zu fassende Güte.

Acht Jahre nach ihrem Klostereintritt, Schwester Thérèse ist inzwischen Gehilfin der Novizenmeisterin und der Wirtschaftsverwalterin geworden, beginnt sie an quälenden Hustenanfällen und Fieberschüben zu leiden. Sie hat Schmerzen in der Brust und spuckt Blut. Tuberkulose! Ihre letzten Monate sind furchtbar: Sie ist am Ersticken, kann nur noch stoßweise Luft holen. Die knapp Vierundzwanzigjährige sehnt den Tod herbei und bäumt sich gleichzeitig dagegen auf wie jeder Mensch: „Ich habe doch erst so wenig gelebt!"

Aber dann verspricht sie ihren Mitschwestern, mühsam nach Worten ringend, mit verschwörerischem Lächeln: „Ich fühle, dass meine Mission beginnt: Gott lieben zu lehren, wie ich ihn liebe, den Seelen meinen kleinen Weg zu zeigen. Wenn mein Wunsch erfüllt wird, werde ich meinen Himmel bis zum Ende der Welt auf Erden verbringen. Ja, ich will meinen Himmel damit verbringen, Gutes auf Erden zu tun. Im Himmel werden viele Dinge verschwinden, die ich euch bringe; ich werde eine kleine Diebin sein, ich nehme alles, was mir gefällt!"

Und dann fällt sie wieder in Verzweiflung, für Stunden und Tage.

„Er ließ zu, dass dichteste Finsternis in meine Seele eindrang und der mir so süße Gedanke an den Himmel bloß noch Gegenstand von Qual und Kampf war. Diese Prüfung sollte nicht nur ein paar Tage oder Wochen dauern, sie sollte erst zu der vom lieben Gott bestimmten Stunde erlöschen, und diese Stunde ist noch nicht gekommen (…). Man muss durch diesen finsteren Tunnel gewandert sein, um zu wissen, wie dunkel er ist."
Thérèse auf dem Sterbebett

Am 30. September 1897 erreicht der monatelange Todeskampf sein letztes Stadium. Über Stunden hinweg wird Thérèses Brust von einem grauenhaften Röcheln zerrissen.

Vom hochroten Gesicht rinnt der Schweiß, während die violett angelaufenen Hände erbarmungswürdig zittern. Um Luft zu bekommen, stößt sie spitze Schreie aus. „Wann werde ich endlich ersticken? Ich kann nicht mehr! Mein Gott ... ich ... liebe ... dich!"

Thérèses Kopf fällt zur Seite. Ihr Gesicht sieht plötzlich aus wie das Antlitz eines wunderschönen jungen Mädchens, die Augen blicken strahlend nach oben. Sie bewegt den Kopf noch ein wenig und stirbt mit einem kleinen Seufzer, ein Lächeln auf den Lippen.

„Öffnet alle Türen!", befiehlt die Priorin, eine Aristokratin wie aus dem Bilderbuch, den am Sterbebett versammelten Nonnen. Thérèses große Schwester Pauline wird sich später erinnern: „Dieses Wort hatte etwas Feierliches an sich; ich musste denken, der liebe Gott sagt jetzt im Himmel das Gleiche zu seinen Engeln."

10

DER MENSCH AUF DER ACHSE DER EVOLUTION

Pierre Teilhard de Chardin (1881–1955) entdeckte die verachtete Materie als Wohnort des Göttlichen

> „Was immer man auch sagt, unser Jahrhundert ist religiös – vielleicht religiöser als alle anderen. Nur hat es noch nicht den Gott gefunden, den es anbeten könnte."

PIERRE TEILHARD DE CHARDIN kommt wieder in Mode: Chinesische, französische, englische und deutsche Wissenschaftler berichten von einer Renaissance seiner Ideen in ihren Ländern. In Frankreich beschäftigen sich etliche große Forschungsprojekte mit seinem Werk. In England steht Teilhard als Wahlthema auf dem Lehrplan für höhere Schulen. Und die katholische Elite-Universität in Rom, die Gregoriana, hat den kirchlicherseits lange verfemten Teilhard endlich als Diskussionsthema zugelassen.

Vor wenigen Jahrzehnten war das noch anders. Pater Teilhard rieche eindeutig „nach Schwefel", stellte ein Mitglied des Heiligen Offiziums – so hieß die vatikanische Glaubensbehörde damals – unwirsch klar. Zu seinen Lebzeiten hatten – bis auf spärliche Ausnahmen – nur die paläontologischen Fachaufsätze des Vordenkers erscheinen dürfen. Ein Vierteljahrhundert nach seinem Tod aber – Teilhard starb 1955 in New York – setzte die Rehabilitierung des viel geschmähten Visionärs ein.

1981 schrieb Kardinalstaatssekretär Agostino Casaroli im Namen des Papstes an den Rektor des Pariser Institut Catholique, die moderne Zeit werde das Zeugnis der Einheit eines Lebens festhalten, das „bemüht war, den Glauben und die Vernunft in gleicher Weise zu ehren". Der Theologe *Henri de Lubac,* der Teilhards Ideen in dessen französischer Heimat bekannt gemacht hatte, war unter Papst *Pius XII.* von seinem Lehrstuhl entfernt worden und durfte nur noch unter Vorzensur veröffentlichen. 1983 erhielt Lubac sechsundachtzigjährig den Kardinalspurpur – eine späte Ehrenrettung auch für Teilhard.

Die katholische Kirchenleitung hat offensichtlich erkannt, was sie ihrem lange ungeliebten Sohn verdankt: den seit Thomas von Aquin und Albertus Magnus wohl faszinierendsten Versuch in der Geistesgeschichte, Glauben und wissenschaftliche Welterkenntnis zu verbinden, Treue zur Erde und Liebe zum Himmel in einer einzigen Leidenschaft zu verschmelzen.

„Kind der Erde" und „Kind des Himmels" wollte Teilhard sein. Den Glauben an Christus vermochte er nicht zu trennen vom Glauben an die Welt, in die sich der fleischgewordene Gott hineingegeben hat. „Ich habe keinen anderen Ehrgeiz", gestand er einmal, „als die Spur eines logischen Lebens zu hinterlassen, das ganz gespannt ist auf die großen Erwartungen der Welt. Dort liegt die Zukunft des menschlichen religiösen Lebens."

Wer war der Peking-Mensch?

Als Absolvent der Sorbonne und Professor für Geologie am Pariser Institut Catholique hatte der 1881 in einer Landadelsfamilie in der Auvergne geborene Marie-Joseph Pierre Teilhard de Chardin eine glänzende wissenschaftliche Karriere vor sich. Schon während der ordensinternen Ausbildung bei den Jesuiten hatte er sich brennend für Paläontologie und Geologie interessiert. Erste praktische Erfahrungen sollte er nach dem Willen seiner Vorgesetzten noch vor der Priesterweihe als Physik- und Chemieprofessor am Collège de la Sainte-Famille in Kairo sammeln. In Ägypten entdeckte er massenhaft Fischzahnfossilien und eine Reihe unbekannter Seeigel-Arten; eine wurde sogar nach ihm benannt.

Der Priesterweihe und dem Sanitätsdienst im Ersten Weltkrieg folgte ein Spezialstudium an der Sorbonne. Als er Professor in Paris und Präsident der Société géologique de France wurde, galt er längst als Experte für Wirbeltierfossilien. Doch Pater Teilhard, immerhin bereits einundvierzig Jahre alt, hatte Ideen entwickelt, die kaum in das recht konservative Institut passten. Weil er in seinem Bemühen um eine Versöhnung von Glauben und Wissenschaft die Bahnen traditioneller Theologie verließ, den Menschen das „bewussteste Molekül" in der Geschichte des Universums nannte und Gott die „Seele der Evolution", schickten ihn seine Ordensoberen buchstäblich in die Wüste.

Ein Drittel seines Lebens war er rastlos in den asiatischen Steppen unterwegs, immer auf der Suche nach Spuren urzeitlichen Lebens. Teilhard de Chardin war an der spektakulären Entdeckung des Peking-Menschen in

Chou-Kou-Tien beteiligt, der vor mehr als einer halben Million Jahren bereits das Feuer nutzte und Steinwerkzeuge herstellte; Teilhard konnte beweisen, dass die Knochenreste tatsächlich von Menschen stammen.

Das Chinesische Geologische Amt machte ihn zum offiziellen Berater, das Pariser geologische Laboratorium zum Abteilungsdirektor. Teilhard leitete Expeditionen nach Indien, Java, Südafrika. In Französisch-Somaliland und Äthiopien grub er nach den Ursprüngen des Menschen. Man nannte ihn den „Mann mit den Windsohlen". Schneeverwehungen, Sandstürme und Überschwemmungen schreckten ihn ebenso wenig wie Banditenhorden und die Wirren des chinesischen Bürgerkriegs. In den einsamen Nächten schrieb er Abhandlungen über die Ausdehnung der Kontinente und die Bewegungen im Schoß der Erde und fügte die Ergebnisse seiner Studien zu einem eigenwilligen philosophisch-theologischen Weltentwurf zusammen.

Doch immer wenn er daranging, seinen christlichen Glauben in das Bild jener organisch aufgebauten, sich entwickelnden Welt einzubinden, die er erforschte, biss er bei den kirchenamtlichen Verwaltern dieses Glaubens auf Granit. Den Pariser Lehrstuhl, den ihm das Collège de France angeboten hatte, durfte er nicht annehmen. 1950 bekräftigte Pius XII. in seiner Enzyklika Humani generis die traditionellen Lehren über die Entstehung des Menschengeschlechts; der greise Teilhard ging nach New York, wo er ein wenig mehr Ruhe vor den misstrauischen Fragen aus Rom hatte und von der Wenner-Gren Foundation for Anthropological Research mit offenen Armen empfangen wurde.

Noch zweimal ließ er sich von seinen neuen Freunden zu Ausgrabungen nach Südafrika schicken, in den Mutterkontinent der Menschheit, wo ihre ältesten Spuren gefunden worden sind und wo sich „das Phänomen Mensch mit einer geradezu blendenden Klarheit entfaltet" (Teilhard). Er war in mehreren Akademien und wissenschaftlichen Gesellschaften tätig – und arbeitete bis zum letzten Tag an der grandiosen Synthese, die ihm vorschwebte. Das Universum wollte er begreifen, seinen Zusammenhang, seinen Sinn, seine Ausrichtung. Er wollte die innere Dynamik eines organisch aufgebauten Weltalls erfassen, den Stellenwert des Menschen im Kosmos und den Sinn der Geschichte.

In seinen mehr als fünfhundert Aufsätzen und Büchern wie „Das göttliche Milieu", „Die Zukunft des Menschen", „Lobgesang des Alls" macht Teilhard einen stufenweisen Aufstieg zu immer komplexeren Lebensformen aus, von Atomen und Molekülen über Einzeller und höhere Organismen bis hin zum Menschen. Aus einem vor einer Jahrmilliarde „vitalisierten" Film von Eiweißsubstanzen, der die Oberfläche der noch jungen Erde bedeckte, sei die Biosphäre hervorgegangen. Und in einem neuerlichen Entwicklungssprung, viel später, gegen Ende des Tertiärs, sei dieses „unreflektierte Leben" zu einer „denkenden Schicht" durchgebrochen, zum Menschen – nicht eine weitere Tiergattung, sondern eine neue Art von Leben.

Auf den ersten Blick scheint die Geschichte des Lebens in immer diffusere Formen und Arten auseinanderzulaufen. Wenn man aber genauer hinsieht, wird man mit Teilhard eine wachsende Konzentration, ein Streben nach Einheit wahrnehmen: Die Materie ordnet sich. Der Urstoff der Welt konzentriert sich zu Nebeln und Sonnen. Und mittendrin beobachtet Teilhard das, was er „Noogenese" nennt oder „Marsch zum Geist": die Ausrichtung auf einen stetig wachsenden Grad des Bewusstseins hin. Parallel zur stufenweisen Konzentration der Elemente des Universums vollzieht sich ein Prozess der Vergeistigung.

„Gesegnet seist du, herbe Materie, unfruchtbarer Boden, harter Fels, du, die du nur der Gewalt weichst und uns zwingst zu arbeiten, wenn wir essen wollen.
(…) Gesegnet seist du, machtvolle Materie, unwiderstehliche Evolution, immer neugeborene Wirklichkeit, du, die du in jedem Augenblick unsere Rahmen sprengst, uns zwingst, die Wahrheit immer weiter zu verfolgen.
Gesegnet seist du, universelle Materie, grenzenlose Dauer, uferloser Äther – dreifacher Abgrund der Sterne, der Atome und der Generationen –, du, die du, unsere engen Maße überflutend und auflösend, uns die Dimensionen Gottes offenbarst.
Gesegnet seist du, undurchdringliche Materie, du, die du, überall zwischen unsere Seelen und die Welt der Wesenheiten gespannt, uns vor Verlangen schmachten lässt, den nahtlosen Schleier der Phänomene zu durchstoßen.
(…) Ohne dich, Materie, ohne deine Angriffe, ohne dein Herausreißen würde wir träge, stillstehend, kindisch, unwissend um uns selbst und um Gott dahinleben. Du schlägst und du verbindest – du widerstehst und du beugst dich – du stürzest um und du baust auf – du verkettest und du befreist – Saft unserer Seelen, Hand Gottes, Fleisch Christi, Materie, ich segne dich."
La puissance spirituelle de la matière[2]

Teilhard geht es um den inneren Sinn der Evolution. Die Schöpfung als abgeschlossener Akt, eine solche Vorstellung sei „dem Herzen der Schauenden unerträglich".

„Nein, die Schöpfung hat nie aufgehört (...). Sie dauert noch an. Unaufhörlich, wenn auch unmerklich, steigt die Welt ein wenig mehr aus dem Nichts."

Teilhard vermeidet die diametrale Entgegensetzung von Geist und Weltstoff, die in der Geschichte des philosophischen und theologischen Denkens eine unselige Tradition besitzt. Geist, wie er ihn versteht, entwickelt sich nicht unabhängig von der Materie, ist aber auch nicht einfach ihr Produkt: Geist ist die Synthese, zu der sich „mühsam, mitten in endlosen Versuchen und Fehlschlägen, die im universellen Vielen diffus vorhandene Kraft der Einheit konzentriert: der Geist wird im Schoße und in Funktion der Materie geboren".

Eine „neue Substanz" tritt damit in die Welt. Sei doch der Kosmos nie „ein Staub unbewusster Elemente" gewesen, „auf denen in unbegreiflicher Weise das Leben aufblühte – als ein Zufall oder eine Schimmelbildung. Vielmehr ist er grundlegend und primär lebendig, und seine ganze Geschichte ist im Grunde nur eine unermesslich psychische Angelegenheit: die langsame, aber fortschreitende Sammlung eines verstreuten Bewusstseins (...)"

Der „kosmische Christus" erwartet unser Handeln

Auf dieser Linie wachsenden Bewusstseins erscheint der Mensch als „das zuletzt gebildete, komplizierteste und bewussteste ‚Molekül'", als „die Knospe, in der sich das Leben konzentriert und arbeitet, die Knospe, in der sich die Blüte aller Hoffnungen noch verbirgt". Eine Vision, die den verantwortungsvollen, behutsamen Umgang mit der Schöpfung lehrt. Denn der Mensch, wie Teilhard ihn sieht, ist nicht mehr der absolute Herrscher über eine nur zu seinem Pläsier und Nutzen erschaffene Natur, sondern eingebunden in die „Biosphäre" alles Lebendigen.

„Nicht Mittelpunkt des Universums" sei der Mensch, schreibt Teilhard in feiner Unterscheidung, „wie wir naiv geglaubt hatten, sondern, was viel schöner ist, die oberste Spitze der großen biologischen Synthese". Die Achse der Evolution verläuft durch ihn hindurch – aber sie erreicht im Menschen noch nicht ihren Endpunkt. Den in sich ruhenden Gott fern über der Welt hat Teilhard durch einen vorwärtsdrängenden, den Menschen mit sich in eine bessere Zukunft ziehenden Gott ersetzt, treu dem Exodus-Gott der hebräischen Bibel. Am Ende der Evolution sieht er eine kosmische Harmonie, eine fortschreitende „Vermenschlichung".

> „Der Mensch als solcher, in der strengen Betrachtungsweise der Anthropologen und Rechtsgelehrten, ist ein ganz kleines, und sogar ein sich immer mehr verkleinerndes Ding. Verweilen wir zu sehr bei seiner Besonderheit, so dass das Ganze unseren Blicken entschwindet, so verführt das unseren Geist zur Zerstückelung der Natur, deren tiefe Zusammenhänge und unermessliche Weiten er sich nicht bewusst macht.
> (…) Der Augenblick ist jedoch gekommen, wo man sich sagen muss, dass selbst eine positivistische Erklärung des Universums, wenn sie befriedigen soll, der Innenseite der Dinge ebenso wie ihrer Außenseite gerecht zu werden hat – dem Geist ebenso wie der Materie. Die wahre Physik ist jene, der es eines Tages gelingen wird, den Menschen in seiner Ganzheit in ein zusammenhängendes Weltbild einzugliedern.

(...) Denn meines Erachtens gibt es für das denkende Wesen keinen entscheidenderen Augenblick als den, wo ihm gleichsam die Schuppen von den Augen fallen und es entdeckt, dass es nicht einsam in den Einöden des Weltalls verloren ist, sondern dass ein universeller Lebenswille in ihm zusammenströmt und sich in ihm vermenschlicht."
Le Phénomène humain[3]

Dass die Völker alle vor denselben Problemen stehen und zum ersten Mal in der Menschheitsgeschichte so etwas wie Solidarität zu entwickeln beginnen, dass ein einzelner Mensch heute mit einer einzigen Geste immer mehr Mitmenschen mitreißen kann, in Glück und Untergang – all das lässt Teilhard hoffen, dass „unter dem Druck des planetaren Schraubstocks" eine gegenseitige „Durchdringung und Verkittung der menschlichen Masse" erfolgen wird.

Weil Gott für ihn „Triebkraft, Sammelpunkt und Garant – das Haupt der Evolution" bedeutet, wird die Spitze des Kegels der universalen Entwicklung, „der letzte Punkt, auf den alle Wirklichkeiten zusammenlaufen", der „kosmische Christus" sein. Unter seiner Anziehung konvergieren alle Dinge, um sich in ihm zu versöhnen, zu vollenden.

Am Ende der Evolution wird die Christifikation der Materie stehen; der Biogenese und der Noogenese wird die Christogenese folgen. Denn genauso wenig wie die Entfaltung der Materie und des Bewusstseins ist der mystische Leib Christi vollendet, und die ganze Evolution ist im Grunde nur der zielsichere Aufstieg zu dem Punkt, an dem Christus – wie schon Paulus sagte – „alles in allem" sein wird.

„Ich glaube, dass das Weltall Entwicklung ist", hat Teilhard in einem sehr persönlichen Glaubensbekenntnis geschrieben. „Ich glaube, dass die Entwicklung dem Geist zustrebt. Ich glaube, dass der Geist im Menschen und in der Personalität seine Vollendung findet. Ich glaube, dass die höchste Personalität der universale Christus als das organische Zentrum des Universums ist."

„Wenn wir uns unter dem Druck der Tatsachen für den optimistischen Glauben an die Einigung entscheiden, wird es praktisch für uns notwendig, nicht nur den Impuls aufzufinden, der uns weitertreibt, und nicht nur das besondere Ziel, das unserem Weg die Richtung gibt, sondern auch das Bindemittel oder den eigenartigen Kitt, der unsere Leben vital aneinanderfügt, ohne sie zu verbiegen oder zu schmälern. Der Glaube an ein Persönlichkeitszentrum von höchster Anziehungskraft.
(…) Wenn wir sehen, wie in dem bewegten Universum, zu dessen Wahrnehmung wir eben erwacht sind, die Erscheinungen in Zeit und Raum um uns und hinter uns divergieren und sich voneinander lösen wie Kegelschnitte, so betreiben wir vielleicht reine Wissenschaft. Wenn wir aber unseren Blick nach der Spitze wenden, nach Ganzheit und nach Zukunft, so sind wir wohl gezwungen, auch Religion zu haben."
Le Phénomène humain[4]

Die von den Aposteln einer falschen Innerlichkeit – quer durch die verschiedenen Religionen – so konsequent verachtete Materie, die Substanz unserer Welt, verdankt Teilhard de Chardin ihre Erhöhung zum Wirkstoff Gottes. Er sieht in ihr nicht nur „das Gewicht, das nach unten zieht", sondern ebenso eine „Anziehung zum Mehrsein", Kräfte geistiger Potenz.

„Die Welt ist ein heiliger Ort"

Geduldig kämpft Teilhard gegen die Angst, ein bezauberndes, leuchtendes Universum könne Gott verfinstern und aus dem Mittelpunkt der Welt verdrängen: „Noch größer, Herr, immer größer sei Dein Universum, damit ich es immer lebendiger und umfassender berühre und Dich so festhalte und von Dir gehalten werde." Denn Gott durchdringe dieses Universum wie ein Strahl den Kristall; durch alle Schichten des Geschaffenen hindurch zeige sich sein Wirken, ganz nahe und sehr fern zugleich.

Das heißt, wer an die Schöpfung und an die Menschwerdung Christi glaubt, für den gibt es in der Welt nichts Profanes mehr. Überall enthüllt sich die göttliche Gegenwart, von der Teilhard – der sonst so nüchtern analysierende Wissenschaftler – nur in begeisterten poetischen Visionen reden kann.

„Durch alle Geschöpfe ohne Ausnahme belagert uns das Göttliche, dringt in uns ein und durchknetet uns. Wir hielten es für weit entfernt und unzugänglich, und siehe, wir sind in seine glühenden Schichten getaucht. (…) Die Welt, diese mit Händen greifbare Welt, der wir eine Langeweile und Respektlosigkeit entgegenbrachten, die für profane Orte angeht, diese Welt ist ein heiliger Ort, und wir wussten es nicht. „Venite, adoremus", kommt, lasst uns anbeten."
Le Milieu Divin[5]

Für einen, der so durch die Welt an Gott glaubt, verschmilzt Christi Herz mit dem Herzen der Materie. In der Einsamkeit des chinesischen Hochlandes, als Pater Teilhard Brot und Wein und Altar fehlen, um die Messe zu feiern, entsteht „Die Messe über die Welt", in der er dem Schöpfer „auf dem Altar der ganzen Erde" ihre Arbeit und Mühsal darbringt: „Empfange, Herr, diese totale Hostie, welche die von Deiner Anziehung bewegte Schöpfung Dir im neuen Sonnenaufgang darbietet."

Es ist eine erregende Liturgie, die den zeitlosen Schatz gottesdienstlicher Sprache mit den Erfahrungen eines modernen Naturwissenschaftlers füllt: „Über alles Leben, das an diesem Tag keimen, wachsen, blühen und reifen wird, sage neu: ‚Dies ist mein Leib.' – Und über allen Tod, der sich zu zerfressen, zu welken, zu schneiden anschickt, befiehl (das Geheimnis des Glaubens schlechthin): ‚Dies ist mein Blut!'"

Wenn das so ist, stellt die Erde nicht mehr bloß den Wartesaal zum Himmel dar, kann das Christentum keine Religion sein, die den Menschen der Erde entfremdet. Zum kosmischen Christentum gelangt man ja nicht durch den Rückzug in ein meditatives Hinterstübchen, sondern durch die Arbeit an der Vermenschlichung der Welt: „Der lebendige und fleischgewordene Gott", weiß Teilhard, „ist nicht weit von uns. Er erwartet uns vielmehr jederzeit im Handeln."

Teilhards Synthese von hingebungsvoller Weltbetrachtung und glühender Sehnsucht nach Gott musste einem auf verlässliche Formeln und unveränderliche Riten bedachten Katholizismus fremd, ja unheimlich sein. Auf Teilhards Arbeitstisch in New York stand ein überaus konventionelles Bild des Herzens Jesu. Nach seinem Tod entdeckte man, was er auf die Rückseite geschrieben hatte: eine Litanei an den Gott der Evolution. Das „Herz der Materie" nennt er Christus, den „Motor der Evolution". In der „Lust an der Welt" erblickt er das Wesen Gottes.

In die Klagen über die notorische Gottesferne der Moderne hat Teilhard nie einstimmen wollen. Er blieb dabei: „Was immer man auch sagt, unser Jahrhundert ist religiös – vielleicht religiöser als alle anderen (...). Nur hat es noch nicht den Gott gefunden, den es anbeten könnte."

Deshalb muss die zeitlose Botschaft des Christentums in eine Aussageform übersetzt werden, in der sich die Gegenwart mit ihren Bemühungen und Sehnsüchten wiederfindet. Der Augenblick sei gekommen, da sich die Menschen nach ihrem Bruch mit dem „toten Panzer" von Konventionen und Vorurteilen endlich verstehen könnten, schreibt er einem Freund aus China. „Wir alle brauchen in diesem Augenblick etwas anderes. Du weißt, dass diese Haltung für mich nichts Antichristliches hat, im Gegenteil. Für mich ist sie der Ruf nach dem unersetzlichen Offenbarwerden eines größeren Christus."

Was machen die Atome beim Weltuntergang?

Es ist der Christus, der im Universum transparent wird und durch die Dinge hindurchschaut. Es ist der Gott, der sich der Welt nicht von außen her als Despot aufzwingt, sondern als „organisches Zentrum ihrer Evolution" in ihr aufstrahlt. Es ist derselbe Christus, den Paulus das Haupt der Schöpfung nennt und Teilhard den *Christus Evoluteur,* die Seele der Evolution. Alles fährt fort sich zu bewegen, „weil Christus sich noch nicht vollends ausgestaltet hat.

Er hat noch nicht die letzten Falten des Gewandes von Fleisch und Liebe, das ihm seine Getreuen bilden, an sich gerafft (...)."

Wie sich Teilhard den Weltuntergang, besser gesagt die Weltvollendung vorstellt, passt natürlich auch nicht in das gewohnte Schema: „Das Evangelium kündigt uns an, eines Tages werde die allmählich aufgeladene Spannung zwischen der Menschheit und Gott die durch die Möglichkeiten der Welt gesetzten Grenzen erreichen. Dann wird das Ende da sein. Wie ein Blitz, der von einem Pol zum andern fährt, wird sich die in den Dingen lautlos angewachsene Gegenwart Christi jählings offenbaren. Sie wird alle Dämme, hinter denen die Schleier der Materie und die gegenseitige Abgeschlossenheit der Seelen sie scheinbar zurückhielten, durchbrechen und das Antlitz der Erde überfluten."

Und weiter: „Wenn schließlich die wahren Verwandtschaften des Seins frei wirken, dann werden die geistigen Atome der Welt von einer Kraft, in der sich die vereinigenden Mächte des Universums enthüllen, mitgerissen und nehmen in Christus oder außerhalb – aber immer unter dem Einfluss Christi – den Platz der Freude oder der Strafe ein, den ihnen die lebendige Struktur des Pleromas zuweist." Mit dem griechischen Begriff *Pleroma* bezeichnet Teilhard die volle Vereinigung des Universums mit Gott.

In der fremden, bisweilen komplizierten Sprache solcher Entwürfe sind uralte Glaubensüberzeugungen der Christenheit verborgen – hier die vergessene, verschüttete Erwartung der Wiederkunft Christi. Haben wir, fragt Teilhard, nicht längst „die Wachtfeuer in unseren entschlafenen Herzen ausgehen lassen"? Die Christen beten in jedem Gottesdienst um das Kommen seines Reiches, wie er es ihnen beigebracht hat. Aber wer von ihnen erwartet das Umschmelzen unserer Erde wirklich mit heißem Herzen? „Wir fahren fort zu behaupten, dass wir wachen Geistes dem Herrn entgegenwarten. Wenn wir aber aufrichtig sind, müssen wir gestehen, dass wir nichts mehr erwarten."

„Ebenso wie jeder andere, nehme ich an, schreite ich durch die Schatten des Glaubens. Die Schatten des Glaubens ... Um diese so seltsam mit dem göttlichen Licht unvereinbare Dunkelheit zu rechtfertigen, erklären uns die Doctores, dass der Herr sich willentlich verbirgt, um unsere Liebe zu erproben. Man muss sich unheilbar in die Spielereien des Geistes verloren haben, man darf niemals bei sich selbst und bei anderen dem Leiden des Zweifels begegnet sein, wenn man nicht spüren will, dass diese Lösung hassenswert ist.
(...) Die Dunkelheit des Glaubens ist meines Ermessens nur ein Sonderfall des Problems des Übels. Und um dessen tödliches Ärgernis zu überwinden, sehe ich nur einen möglichen Weg: nämlich anzuerkennen, dass Gott uns deshalb leiden, sündigen, zweifeln lässt, weil er uns nicht jetzt und mit einem Schlag heilen und sich zeigen kann. Und wenn er es nicht kann, so einzig deshalb, weil wir infolge des Stadiums, in dem das Universum sich befindet, einer größeren Organisation und eines helleren Lichtes noch nicht fähig sind.
(...) Nein, Gott verbirgt sich nicht, dessen bin ich sicher, sofern wir ihn nur suchen – ebenso wenig wie er uns leiden lässt, um unsere Verdienste zu mehren. Ganz im Gegenteil, über seine Schöpfung gebeugt, die zu ihm auf-

steigt, arbeitet er mit allen seinen Kräften daran, sie zu beseligen und zu erhellen. Wie eine Mutter betrachtet er sein Neugeborenes. Doch meine Augen vermögen ihn noch nicht wahrzunehmen."
Comment je crois[6]

In die Bewunderung für die intellektuelle Leistung des Paters mischten sich von Anfang an kritische Stimmen. Teilhard hat sich selbst nie als Chefideologen eines geschlossenen Weltsystems verstanden und sich kritische Korrekturen gewünscht. Vor allem erkannte er in aller Gelassenheit an, „dass Rom seine Gründe haben mag zu meinen, meine Vision des Christentums in ihrer aktuellen Form sei verfrüht und unvollständig und würde infolgedessen gegenwärtig nicht ohne Unannehmlichkeiten verbreitet." Das schrieb er seinem Ordensgeneral vier Jahre vor seinem Tod. Aber er könne „um den Preis einer inneren Katastrophe" nicht aufhören, weiter zu forschen! „Ich bin entschlossen, meinen Weg geradeaus weiterzugehen, weil ich mir selber treu sein muss."

Es ist richtig, nicht alle seine Entwürfe entsprechen dem heutigen Forschungsstand, mit seinen kühnen Visionen und bestechenden Spekulationen verlässt er bisweilen den Boden nüchterner Tatsachen. Es sind freilich oft genug die sogenannten Traumtänzer, welche die Wege bahnen, auf denen ihnen später eine einsichtig gewordene Menschheit folgen muss. Teilhard selbst kämpft gegen den „Teilhardismus", wie ihn Henri de Lubac nannte: einen oberflächlichen Optimismus, der vom Goldenen Zeitalter träumt. Ganz anders Teilhard: „Nicht Optimisten, sondern Begeisterte" wünschte er sich. In der Nähe fanatischer Fortschrittsanbeter verspürte er „Atemnot".

Am 10. April 1955, es war ein Ostersonntag, starb Teilhard de Chardin in New York dreiundsiebzigjährig an einem Herzinfarkt. Ein Poet ist er gewesen, ein mystischer Visionär und niemals ein Dogmatiker. In einer Tagebuchaufzeichnung hatte er sich einen Künstler gewünscht, der einen *Christus universalis* malen könnte: „ein Herz, in dem sich die Welten bewegen und fortsetzen".

11
GOTT SITZT IN DER LETZTEN U-BAHN

Madeleine Delbrêl (1904–1964) verstand das
Evangelium in einer glaubenslosen Umwelt zu leben

> *„Wir Leute von der Straße glauben*
> *aus aller Kraft, dass diese Straße für uns*
> *der Ort unserer Heiligkeit ist."*

MIT FÜNFZEHN JAHREN, erinnert sie sich, sei sie strikt atheistisch gewesen und habe die Welt von Tag zu Tag absurder gefunden. Doch als sie mit sechzig starb, entdeckte man in ihr plötzlich das Modell eines Christen der Zukunft. Denn *Madeleine Delbrêl* brachte ganz unbefangen das ursprüngliche Evangelium in einer glaubenslosen Umgebung zum Leuchten, als Sozialarbeiterin in Ivry, der ersten kommunistisch verwalteten Stadt Frankreichs.

Sie wollte zeigen, wie sich der Glaube mitten im gottentfremdeten städtischen Milieu unserer Tage leben lässt, wie Christus in den skeptischen, nervösen Menschen auf den Großstadtstraßen erfahrbar wird und wie der scheinbar so profane Alltag von der Gegenwart des Heiligen zu strahlen beginnt.

„Du hast uns heute Nacht
in dieses Café namens ‚Le Clair de Lune'
(Mondschein) geführt.
Du wolltest dort einige Stunden in der Nacht
du in uns sein.
Durch unsere armselige Erscheinung,
durch unsere kurzsichtigen Augen,
durch unsere liebeleeren Herzen
wolltest du all diesen Leuten begegnen,
die gekommen sind, die Zeit totzuschlagen."[7]

„Liturgie der Außenseiter" heißt dieser Text von Madeleine Delbrêl. Typisch für sie war die Leidenschaft, Spuren Gottes im ganz gewöhnlichen Alltag zu suchen. Typisch für sie war ein völlig untypisches Christsein. „Weil unser Herz sich in deinem öffnet", heißt es in diesem Gebet aus der Bar namens Mondschein weiter, entfalte sich die Liebe zu den hier zufällig versammelten Menschen wie eine Rose:

„Wir wissen, dass wir durch dich
ein Scharnier aus Fleisch geworden sind,
ein Scharnier der Gnade,
ein Anruf, sich, ohne es gewollt zu haben,
mitten in der Nacht,
zum Vater allen Lebens hinzuwenden.
In uns vollzieht sich das Sakrament deiner Liebe.
Wir binden uns an dich
mit der ganzen Kraft unseres dunklen Glaubens,
wir binden uns an sie
mit der Kraft eines Herzens, das für dich schlägt.

(…) Durch uns zieh alles zu dir.
Zieh ihn zu dir, den alten Pianisten,
der vergisst, wo er ist (…),
den Gitarristen und den Akkordeonspieler,
die Musik machen für Leute,
die ihnen gleichgültig sind.
Zieh ihn zu dir, jenen traurigen Mann,
der uns seine sogenannten fröhlichen Geschichten erzählt,
und auch diesen Trinker,
der gerade die Treppe hinuntertaumelt (…).

Danach werden wir die letzte U-Bahn nehmen.
Wir werden Leute finden, die dort schlafen.
Leid und Sünde sind unentwirrbar
in ihr Gesicht geprägt.
(…) Und unser Herz wird immer weiter
und immer schwerer
von der Last vielfältiger Begegnung,
immer schwerer von der Last deiner Liebe,
unser Herz, das du gebildet und bevölkert hast
mit unseren Brüdern, den Menschen."[8]

Gott ist absurd und der Tod zerstört alles

„Gott im zwanzigsten Jahrhundert war absurd", notierte die Studentin Madeleine grimmig, „unvereinbar mit einer gesunden Vernunft, er war unerträglich, weil nicht unterzubringen." Intellektuell hochbegabt, beginnt sie bereits mit sechzehn Jahren an der Sorbonne Philosophie und Sozialwissenschaften zu studieren. Ihre kühle Selbstsicherheit kann sie freilich ebenso wenig befriedigen wie die Bewunderung eines großen Freundeskreises, frühe Liebeserfahrungen und beachtliche Erfolge ihres dichterischen Talents.

Sie glaubt zu wissen und fragt doch ständig weiter. Sie zerbricht sich den Kopf über den Sinn der menschlichen Existenz und der Weltgeschichte, dieser unheimlichen Farce, wie sie sagt. Am Ende kreist all ihr Grübeln um den unfassbaren Tod, der jedes Glück zerbricht, jedes Vertrauen in die Zukunft zerstört.

„O nein", sinniert sie, „sie ist nicht erledigt, die Nachfolge Gottes. (…) Und wer beerbt ihn jetzt? Der Tod (…), er ist überall, unsichtbar, tatkräftig; er gibt einen Schlag und tack, hört die Liebe auf zu lieben, das Gehirn zu denken, das Baby zu lächeln (…), und es gibt nichts mehr." Zu jener Zeit hätte sie „die ganze Welt preisgegeben, um zu erfahren, was ich darin trieb".

Als sie zwanzig ist, verabschiedet sie sich mit einem plötzlichen Entschluss von dieser Tristesse. Niemand hat je erfahren, wie es zu der radikalen Kehrtwende kam. Vielleicht lag es daran, dass die von Gott und der Menschheit enttäuschte Atheistin nie aufhörte, nach einem Sinn zu fragen. Der Jemand, der den Sinn kannte, fiel wie ein Blitzstrahl in ihr Leben ein:

> „Ich entschloss mich zu beten (…). Dann habe ich, betend und nachdenkend, Gott gefunden, aber indem ich betete, habe ich geglaubt, dass Gott mich fand und dass er lebendige Wirklichkeit ist und man ihn lieben kann, wie man eine Person liebt."[9]

Sie beginnt eine Pfadfinderinnengruppe zu leiten und lässt sich in Sozialarbeit ausbilden, damals ein ganz neuer Beruf. Zusammen mit zwei Freundinnen entschließt sie sich dann 1933, „das Evangelium nach dem Urtext zu leben" und das Leben der einfachen Leute zu teilen. Sie geht als Sozialhelferin in die Arbeiterstadt Ivry in der Bannmeile von Paris. Die kleine Gemeinschaft führt dort ein offenes „Haus der Begegnung" und macht kein Hehl daraus, dass sie ihr Engagement als Nachfolge Christi versteht – keine bequeme Sache in der ersten marxistisch verwalteten Stadt Frankreichs. „Sobald man festgestellt hatte, dass wir zu den ‚Pfaffen' gehörten, bekamen wir auf der Straße Steine nachgeworfen wie die Geistlichen selbst."

> „Es gibt Leute, die Gott nimmt und beiseitestellt.
> Andere gibt es, die lässt er in der Masse, die zieht er nicht ‚aus der Welt zurück':
> Es sind Leute, die eine gewöhnliche Arbeit verrichten, eine gewöhnliche Wohnung haben und gewöhnliche Ledige sind. Leute, die gewöhnliche Krankheiten, gewöhnliche Traueranlässe haben. Leute, die ein gewöhnliches Haus bewohnen und gewöhnliche Kleider tragen. Es sind Leute des gewöhnlichen Lebens. Leute, die man in einer beliebigen Straße antrifft.
> Sie lieben ihre Tür, die sich zur Straße hin öffnet, wie ihre der Welt unsichtbaren Schwestern und Brüder die Tür lieben, die sich endgültig hinter ihnen geschlossen hat.
> Wir andern, wir Leute von der Straße, glauben aus aller Kraft, dass diese Straße, diese Welt, auf die Gott uns gesetzt hat, für uns der Ort unserer Heiligkeit ist."[10]

Der kommunistischen Partei schließt sich Madeleine aus gutem Grund nicht an: Die Welt retten sei mehr als sie glücklich machen, außer Brot und Wohnung brauche der Mensch die Nähe Gottes und eine Hoffnung über den Tod hinaus! Aber am aggressiven Antikommunismus des behäbigen christlichen Bürgertums hat sich die Delbrêl nie beteiligt. Leidenschaftlich wünscht sie die Veränderung einer wenig menschlichen Gesellschaft, einer kapitalistischen, profitbesessenen Arbeitswelt. Deshalb arbeitet sie in praktischen Dingen ganz selbstverständlich, ohne Berührungsängste, mit den Marxisten von Ivry zusammen.

„Wenn wir beobachten", notiert sie nachdenklich, „mit welch engen Banden der Marxismus jedes Parteimitglied an sich fesselt, müssen wir beschämt darüber nachdenken, wie wir uns in der innigen Umarmung Gottes verhalten." Und die Begegnung mit den Marxisten provoziert bei Madeleine die alte Frage nach dem Sinn des Ganzen. Die Marxisten waren zum selbstvergessenen Einsatz, zum Leiden am Elend des andern genauso fähig wie die Christen, gut – aber wofür all die Anstrengungen? Eine gerechtere Welt, anständige Löhne, soziale Sicherheit – war das alles? Für welches letzte Ziel sollte man kämpfen? Wo war die Instanz, die verlässlich sagen konnte, dass Liebe besser sei als Hass und Gerechtigkeit besser als Ausbeutung?

Den Weg durch dieses Labyrinth, sie spürte es immer deutlicher, konnte ihr nur einer weisen, der von sich gesagt hatte: „Ich bin der Weg."

„Wir Nachbarn der Kommunisten"

Eine Sommerfrische des Pariser Bürgertums war Ivry einmal gewesen. Im alten, dörflich geprägten Ortskern lebte die christliche Minderheit, abgeschottet von den Neubauvierteln mit ihren massiven sozialen Problemen. Denn hier wohnten die Facharbeiter und Proletarier, die das rapide industrielle Wachstum der Stadt mit damals dreihundert Fabriken angezogen hatte. Misstrauische Abneigung auf beiden Seiten. Die katholischen Fabrikbesitzer waren zudem dafür bekannt, dass sie die niedrigsten Löhne zahlten.

Der Kreis um die Delbrêl brachte da einiges in Bewegung. Er baute ein Beratungsnetz auf und organisierte Hilfsdienste. Später übertrug man Madeleine eine leitende Aufgabe im städtischen Sozialdienst. Und so nebenher schrieb sie Essays, Gedichte, handfest-nüchtern und poetisch zugleich, meditativ und provokant, alltägliche Themen betreffend und doch von mystischer Tiefe.

„Wir andern – Leute von den Straßen" hießen diese Texte, „Wir Nachbarn der Kommunisten" oder auch „Die Freunde des Glaubens" und „Einfacher Führer für einfache Christen". Völlig unkonventionell denkt sie über einen christlichen Lebensstil nach, der sich nicht bloß für Klöster und Bauernstuben eignet, sondern für Fabrikhallen und Großstadtstraßen.

> „Geht in euren Tag hinaus ohne vorgefasste Ideen,
> ohne die Erwartung von Müdigkeit,
> ohne Plan von Gott, ohne Bescheidwissen über ihn,
> ohne Enthusiasmus,
> ohne Bibliothek –
> geht so auf die Begegnung mit ihm zu.

> Brecht auf ohne Landkarte –
> und wisst, dass Gott unterwegs zu finden ist
> und nicht erst am Ziel.
> Versucht nicht, ihn nach Originalrezepten zu finden,
> sondern lasst euch von ihm finden
> in der Armut eines banalen Lebens."[11]

Sie lässt sich weder ihre Gesprächspartner vorschreiben noch das Milieu, in dem sie arbeiten will. Aber sie bindet sich eisern an die Kirche, die oft so sture, schwerfällige, wie sie sehr genau weiß. Denn nur die Kirche scheint ihr imstande, die Bindung ihres Glaubens an den Ursprung zu garantieren.

Ihre Gelegenheitsschriften haben sie mittlerweile so bekannt gemacht, dass sie immer häufiger zu Vorträgen und Gesprächen eingeladen wird, von Studenten, Ordensfrauen, Gewerkschaftern. Ableger ihrer kleinen Gemeinschaft entstehen in Algerien und an der afrikanischen Elfenbeinküste. Sie gründet eine Arbeiter-Produktivgenossenschaft und demonstriert für politische Gefangene. Am 13. Oktober 1964 ist Madeleine Delbrêl überraschend gestorben, im Alter von erst sechzig Jahren.

Das Evangelium brennt nicht mehr

„Wir sind heute, bewusst oder nicht, von Gleichgültigen und Ungläubigen umgeben (…). Diese sind unser Nächster." So beginnt die Denkschrift, die Madeleine Delbrêl kurz vor ihrem Tod für einen Bischof verfasst hat. In ihren Essays, Vorträgen und Statements pflegte sie hartnäckig daran zu erinnern, dass sich der Glaube heute in einer

Welt behaupten muss, die ihn keineswegs mehr wie selbstverständlich teilt oder auch nur dankbar akzeptiert.

Denn der Glaube hat sich im Lauf seiner langen Geschichte so stark mit überholten Denkweisen und Gewohnheiten vermischt, dass er oft bloß noch als Teil einer abgestorbenen bürgerlichen Kultur erscheint und zugleich mit diesem Milieu über Bord geworfen wird. „Wir verkünden keine gute Nachricht", gab sie zu bedenken, „weil das Evangelium keine Neuigkeit mehr für uns ist, wir sind daran gewöhnt. (…) Wenn wir von Gott sprechen, bereden wir eine Idee, statt eine erhaltene, weiter geschenkte Liebe zu bezeugen."

An den Christen liegt es deshalb, deutlich zu machen, dass der Glaube etwas Lebendiges ist, dass Gott existiert und die Menschen nicht versklaven, sondern glücklich machen will. Wenn Madeleine davon redet, in ihrem poetischen, aber von der einfachen Sprache der Vorstädte geprägten Französisch, dann entfaltet sie eine mitreißende Leidenschaft:

„Weil deine Worte, o mein Gott, nicht dazu da sind,
um tatenlos in unsern Büchern zu bleiben,
sondern um in uns die Welt zu durcheilen,
so gestatte, dass von diesem Feuer,
das du einst auf einem Berg entzündet,
von dieser Belehrung im Glücklichsein,
Funken uns erreichen und in Brand setzen,
damit wir (…) die Straßen der Stadt durchlaufen,
anstecken mit Seligkeit, anstecken mit Freude."[12]

Die Christen, sagt Madeleine Delbrêl, müssen so ein Engagement, bezwingend, magnetisch, überzeugend ohne große Worte, heute erst wieder lernen. Was man bisher unter missionarischem Einsatz verstanden habe, sei eine Sonderwelt frommer Beschäftigungen gewesen, aber nicht das ganz normale Leben eines Christen unter ungläubigen Mitmenschen. Deshalb muss der scheinbar so banale Alltag von der Küchenarbeit bis zum Essen mit Freunden vom Glauben geprägt sein, von einem liebenswürdigen, fröhlichen Glauben: einladend, nicht verbissen.

> „Jede kleine Unternehmung ist ein gewaltiges Ereignis, worin uns das Paradies geschenkt wird, das wir weiterverschenken können.
> Egal, was wir zu tun haben: ob wir einen Besen oder eine Füllfeder halten.
> Reden oder stumm sein, etwas flicken oder einen Vortrag halten, einen Kranken pflegen oder auf einer Schreibmaschine hämmern.
> All das ist nur die Rinde einer herrlichen Realität, der Begegnung der Seele mit Gott in jeder neuen Minute (…).
> Man läutet? Schnell, machen wir auf! Gott ist es, der uns lieben kommt.
> Eine Auskunft? Bitte sehr. Es ist Gott, der uns lieben kommt.
> Zeit, sich zu Tisch zu setzen? Gehen wir: es ist Gott, der uns lieben kommt.
> Lassen wir ihn gewähren."[13]

Das Gleichnis von den Bohrtürmen

Strahlend und heiter soll so ein Glaube sein. Wie einen Tanz stellt sie sich das Leben mit Gott vor, wie einen festliche Ball. „Von einem Künstler", heißt es in einem ihrer Gebete, „sollten wir vielleicht lernen, deine Liebe zu spielen!" Aber zum Fest, das Gott mit den Menschen feiern will, gehören Freude und Trauer, Hoffnung und Verzweiflung. Die in Betlehem Mensch gewordene Zärtlichkeit Gottes gehört dazu – und seine auf Golgotha gekreuzigte Liebe.

„Denn ich vermute, du hast von den Leuten genug,
die ständig davon reden, dir zu Diensten zu sein
mit der Miene von Feldwebeln,
dich zu kennen mit der Pose von Professoren,
nach Sportregeln zu dir zu gelangen,
und dich zu lieben, wie man einander liebt
in einem alten Haushalt.

Eines Tages, als du ein wenig Lust
nach etwas anderem hattest,
erfandest du den heiligen Franz
und machtest deinen Gaukler aus ihm.
An uns ist's, uns von dir erfinden zu lassen,
um fröhliche Leute zu sein,
die ihr Leben mit dir tanzen.

Will einer ein guter Tänzer sein,
mit dir oder sonstwie,
darf er nicht wissen, wohin es führt.

Nur folgen muss man,
aufgelegt sein
und schwerelos,
und vor allem sich nicht versteifen.

Man soll dir keine Erklärungen abverlangen
über die Schritte, die du zu tun beliebst,
sondern sein wie eine Verlängerung
deiner, behende und wendig,
und durch dich hindurch
den Takt des Orchesters aufnehmen.
Man darf nicht um jeden Preis vorwärtskommen wollen.
sondern soll zufrieden sein,
sich zu drehen, seitwärts zu steppen,
anzuhalten, wenn nötig, und zu gleiten,
anstatt zu schreiten.
Und all das wären nur idiotische Schritte,
machte nicht die Musik daraus eine Harmonie.

Wir hingegen vergessen die Musik deines Geistes
und machen aus unserem Leben eine Turnübung;
Wir vergessen, dass es in deinen Armen getanzt wird,
dass dein heiliger Wille
von unvorstellbarer Phantasie ist,
dass es monoton und langweilig
nur für ältliche Seelen zugeht,
die als Mauerblümchen sitzen am Rand
des lustigen Balls deiner Liebe."[14]

Die Poetin Delbrêl kennt auch den bitteren Schmerz, und sie ist zu einer Ironie fähig, die nicht aus dem Zynismus kommt, sondern aus dem Lächeln: „Herr, ich liebe dich über alles – im allgemeinen; Herr, ich schenke dir mein Leben, mein ganzes Leben – aber nicht dieses kleine Stückchen davon, diese drei Minuten ..."

Glaube ist etwas Lebendiges, Evangelium ist Leben, und der Weg, das Evangelium ins Leben herüberzubringen, ist das Gebet. Heute sieht das Beten anders aus als vor hundert Jahren, weil das Leben umtriebiger, hektischer geworden ist, weil Zeit und Raum zum Beten rationiert scheinen. Gott freilich, meint die Delbrêl, wird seinen Kindern niemals eine Lebensart geben, in der sie ihn nicht lieben können. Aber neue Räume wird man finden müssen, die den Kontakt mit der anderen Welt ermöglichen.

„Was das Gebet angeht", sagt sie, „so ist unser Raum rationiert: das Fehlende müssen Bohrungen ersetzen. (...) Zuweilen denke ich mir, wenn der Herr unter uns weilte, kämen in seinen Gleichnissen Bohrtürme vor." Man „bohrt" also in die Tiefe, Intensität ersetzt die Dauer, man taucht zu Gott hinab in konzentrierten Gesten des Glaubens, der Hoffnung und der Liebe, beharrlich, immer wieder.

Am Einzahlungsschalter oder vor der Telefonkabine – damals gab es die noch überall – oder beim Warten, bis im Autobus ein Platz frei wird, fallen dem modernen Menschen „Gebetsmomente" zu. In ein noch so geschäftiges Leben dringen leere „Zeitteilchen" ein, die man nur zusammenzufügen bräuchte.

„Nirgendwo als in unserem Leben strömt, von morgens bis abends, zwischen den Ufern unserer Häuser, Straßen, Begegnungen, das Wort, in dem Gott gegenwärtig sein will. (...) Jener Satz des Herrn, den wir während der Frühmesse oder einer Fahrt in der Untergrundbahn dem Evangelium entrissen haben oder zwischen zwei Haushaltsarbeiten oder abends im Bett, darf uns ebensowenig verlassen wie unser Leben oder unser Geist.

(Jener Satz) wird befruchten, verwandeln, erneuern: den Händedruck, den wir zu geben haben, unsere Arbeitsleistung, die Art, wie wir den uns begegnenden Menschen anblicken, wie wir gegen unsere Müdigkeit ankämpfen, einen Schmerzanfall bestehen, in einer Freude erblühen.

(Jener Satz) will überall dort zu Hause sein, wo wir bei uns selber verweilen.

Das Wort des Herrn, es fordert unsere Achtung (...) seine göttliche Kraft kann ihm stets Raum verschaffen. Wir sehen es dann aufleuchten, während wir eine Straße entlanggehen, unsere Geschäfte besorgen, Gemüse putzen, auf eine telefonische Verbindung warten, unsere Böden kehren; sehen es aufblitzen zwischen zwei Bemerkungen eines Mitmenschen, zwei zu schreibenden Briefen, beim Aufwachen und beim Einschlafen.

Denn das Wort hat seinen Platz gefunden: ein armes und warmes Menschenherz, das ihm Herberge bietet."[15]

Ist das ein Glaube zu herabgesetzten Preisen, ein laxes Christentum für zwischendurch, das Gott zum Lückenbüßer macht? Ganz im Gegenteil, versichert sie, er taucht ein in die Welt, durchtränkt den Alltag, den redliche Christenmenschen nicht selten sauber von der mit Gott verbrachten Zeit getrennt haben. Ein solches Gebet mitten in der Welt kann niemals der Versuchung erliegen, vor der Madeleine so beharrlich warnt: „Wenn du die Wüste liebst, vergiss nicht, dass Gott die Menschen lieber sind!"

Deshalb ist die kleine Sozialarbeiterin aus Ivry so wichtig geworden für das Glaubenszeugnis an der Wende zum dritten Jahrtausend: weil sie statt frommer Sprüche knallhart formuliert, worauf es ankommt – und vor allem, weil sie lebt, wovon sie redet. Weil sie sich herzlich wenig für all die Gettoprobleme interessiert, die Kirchenchristen so stark umtreiben: Wie sieht die beste Liturgie aus? Wie demokratisch darf die Kirche sein? Was ist der sicherste Weg zum ökumenischen Miteinander?

Alles nur am Rande wichtig, meint die Delbrêl. Entscheidend ist, ob es uns gelingt, Gott zu den Menschen zu bringen. Entscheidend ist, ob durch uns Christen die Welt wohnlicher, gerechter wird, ein Stück mehr Menschenheimat. Entscheidend ist die Echtheit unseres Engagements.

> „Wichtig ist die Antwort, die man auf die Berufung gibt, die Bedingungslosigkeit, mit der man sie annimmt und mit der man ihr treu ist. Nicht unsere Berufung macht die Heiligkeit aus, sondern die Treue, mit der wir ihr folgen."

Von Gott und vom Himmel reden wie die Piaf

Ein wenig neidisch schaut Madeleine Delbrêl in ihren geistlichen Texten, die mit einem kaum übersetzbaren Humor geschrieben sind, auf die Heiligen von einst, die anscheinend über eine Art spiritueller Versicherung verfügten: „Sie hatten feste Gebetszeiten, bestimmte Bußübungen und ein ganzes Buch voller Ratschläge und Verbote. Uns aber hast du in eine Zeit gestellt, die in ihre Freiheit verliebt ist, ein wenig aus der Bahn geraten; in ihr spielt das Abenteuer deiner Gnade."

„Wir sind zum Glauben und zum Bekenntnis des Glaubens berufen", sagt sie, „wie andere zu dem Beruf des Bäckers oder des Arztes." Denn Glaubenszeugnis muss sein! Anders als etwa später die Brüder von Taizé beharrte Madeleine Delbrêl darauf, dass die bloße Anwesenheit der Christen im Gott entfremdeten Milieu nicht genüge. Dort werden nach ihrer Überzeugung Menschen gebraucht, die ihren Glauben öffentlich bekennen, ihr Leben durch Gott erklären. Christen dürfen nicht verschämt schweigen, verkündigen müssen sie, ungescheut, laut zu Gott schreien, zu jemandem, den es wirklich gibt, „so dass jeder sich umdreht, um zu sehen, wo und wer dieser Lebendige ist"!

Wenn Christen so durch die Welt gehen, Gott und die Menschen in einer leidenschaftlichen Liebe verbindend, interessiert an allem, was die anderen bewegt, alle als Brüder betrachtend, ein Fleisch gewordenes Gleichnis des Evangeliums – „dann werden jene, die uns auf ihrem Weg begegnen, die Hände nach uns ausstrecken, begierig nach dem Schatz, der in uns sichtbar wird."

Aber dieses Zeugnis muss aus einem ganz normalen Alltagsleben herausstrahlen, aus einem Leben, das so etwas wie eine Privatsphäre kaum kennt. Alles, was ein Christ tut, die Arbeit in Büro und Küche oder das Essen mit einem Freund, muss „wie ein Segel vom Glauben gebläht" sein, „von einem so unbedingten Glauben, als gälte es einen vom Tod zu erwecken". Aber nicht in der toten Sprache der Prediger soll man von Gott und Himmel und der Ewigkeit reden, sondern eher auf die Art, wie die Chansonette Edith Piaf von genau diesen Themen gesungen hat …

„Unser großer Schmerz ist,
dass wir dich ohne Freude lieben,
o du, von dem wir ‚glauben', du seist unser Jubel;
dass wir ohne Behagen und Anmut
an deinen Willen gekrampft sind,
der unsere Tage bewegt.
(...) Ein großer Schmerz für uns ist es,
dass wir deine schöne Musik so freudlos spielen,
Herr, der du uns Tag um Tag bewegst.
Dass wir immer noch bei den Tonleitern sind,
bei der Zeit der anmutslosen Bemühungen.
Dass wir zwischen den Menschen hindurchgehn
wie schwer beladene, ernste, überanstrengte Leute.
Dass wir es nicht fertigbringen,
über unserm Winkel der Welt,
während der Arbeit, der Hast, der Ermüdung
etwas auszubreiten wie
Anmut und Behagen der Ewigkeit."[16]

12
„JEDER IST MEHR ODER WENIGER EIN UNGLÄUBIGER"

Thomas Merton (1915–1968) fand,
Religion sei etwas für Leute, die einen tiefen Riss
in ihrem Dasein erfahren haben

> *„Man kann nicht wirklich wissen,*
> *was die Hoffnung ist, ehe man nicht erfasst hat,*
> *wie sehr sie der Verzweiflung gleicht."*

1940 BEWARB SICH bei den New Yorker Franziskanern ein seltsamer Vogel um die Aufnahme in den Orden: ein quirliger Tausendsassa, fünfundzwanzig Jahre alt, eben erst getauft, Englischlehrer mit Studienabschlüssen in Jura und französischer Literatur, ehemaliger Dolmetscher, Reklamezeichner, Pianist und Witzblattredakteur, Kettenraucher, mit einer schwer definierbaren Leidenschaft für das Religiöse.

Ein Hindu-Mönch hatte ihn auf den heiligen Augustinus aufmerksam gemacht, mit Freunden aus der Bohemien- und Anarchistenszene pflegte er endlos über mittelalterliche Philosophie zu diskutieren. *Thomas Merton:* ein zerrissener Wahrheitssucher, schwankend zwischen fröhlicher Selbstironie und finsterer Verzweiflung, ein hartnäckig Fragender, der jetzt endlich Nägel mit Köpfen machen wollte und sich für ein Leben als Mönch entschieden hatte.

Doch seine bewegte Lebensgeschichte schreckte die Franziskaner ab. Man könne ihn leider nicht brauchen, hieß es. Als er sich im Beichtstuhl ausweinen wollte, unterbrach ihn der Priester mit dem schroffen Bescheid, er, Thomas, gehöre bestimmt in keinen Orden und er solle ihm mit seinem Selbstmitleid gefälligst nicht die Zeit stehlen.

Merton war freilich viel zu zäh und eigensinnig, um sich nun von seinen Klosterträumen zurückzuziehen. Er beschloss, dann eben privat wie ein Mönch zu leben. Thomas gab die Zigaretten auf, von denen er bis zu vierzig am Tag gepafft hatte, kaufte sich ein Brevier mit dem klösterlichen Stundengebet und begann die Fühler nach einem noch strengeren Orden auszustrecken, nach den Trappisten.

Das Trappistenleben kennt keine Kompromisse. Diese Mönche mit den kahlgeschorenen Köpfen, die auf den Feldern Rüben hacken, fünf Stunden täglich betend und Psalmen singend im Chorgestühl verbringen, sich ansonsten zum Schweigen verpflichten und auf Strohsäcken schlafen, faszinierten damals in Amerika viele junge Leute; sie liefen ihnen in Scharen zu. Das waren die richtigen Begleiter für Mertons maßloses Leben, das er immer als Entdeckungsreise verstanden hatte.

„Bürger meines ekelhaften Jahrhunderts"

1915 hatte dieses Leben in Prades in den französischen Pyrenäen begonnen. Mertons Eltern – er Neuseeländer, sie Amerikanerin – waren Künstler, erfolgreiche Maler, großzügig, weltbejahend, aber unstet, immer unterwegs. So etwas wie Heimat hat der Junge ständig gesucht. Er ist in den USA zur Schule gegangen, in Frankreich und England. Seine Schulhefte hat er in rasendem Tempo mit Abenteuerromanen gefüllt. Kein Zweifel, aus Tom Merton wird ein gefeierter Schriftsteller werden!

Aber mitten in diese Zeit der großen Hoffnungen hinein bricht die Nachricht, dass sein Vater mit einem Gehirntumor ins Krankenhaus eingeliefert worden ist. Ihn dort wiederzusehen, stumm und hilflos, ist ein Schock für den sechzehnjährigen Thomas, der sich mit einem „geschlagenen Tier" vergleicht. Der Vater stirbt langsam und qualvoll.

Die Mutter hat er schon früh verloren, jetzt ist Tom Vollwaise. Er hat nichts mehr, keine Familie, keine Heimat, kein Vertrauen, keinen Gott und keinen Himmel. Später wird er sich erinnern:

„In diesem Jahr warf meine dürre Seele die letzten Spuren der Religion, die je in ihr gewesen waren, aus ihrer harten Schale. Es war kein Platz mehr für einen Gott in diesem leeren Tempel voller Staub und Schutt (...). Ich wurde ein echter Bürger meines ekelhaften Jahrhunderts, des Jahrhunderts des Giftgases und der Atombombe, ein Mensch, der an der Türschwelle der Apokalypse lebte, ein Mensch mit gifterfüllten Adern, der mitten im Tode lebte."

Thomas kommt bei Freunden seines Vaters unter, wird ins Internat im englischen Oakham gesteckt, besteht die

Aufnahmeprüfung im amerikanischen Cambridge. Die Clique um Merton zieht durch die Kneipen, er führt das wilde Leben eines Menschen, der die tief drinnen nagende Verzweiflung durch lärmende Hektik übertönen will. Tom schafft sich einen Ruf als Trunkenbold, Frauenheld, intelligenter Karikaturist, begabter Schlagzeuger und Ruderer. Der Weltschmerz schlägt ins andere Extrem um. Er will die Welt an sich reißen, benutzen, plündern – und fühlt sich doch immer leerer. In seiner Autobiografie zieht er Bilanz:

„Ich war ein Produkt der Selbstsucht und Verantwortungslosigkeit des materialistischen Jahrhunderts, in dem ich lebte. (...) Wir leben in einer Gesellschaft, deren ganzes Ziel darin besteht, jeden Nerv im menschlichen Körper zu erregen und zur höchsten künstlichen Spannung zu treiben (...). Wie seltsam! Ich füllte mich selbst und wurde leer. Ich griff nach allem und verlor alles. Ich stürzte mich in Vergnügungen und Freuden und fand Qual, Furcht und Angst."
The Seven Storey Mountain[17]

Augustinus und der Hindu

Am Rand dieses Abgrunds wartete Gott auf ihn. Als er meinte, es gebe keinen Gott, keine Liebe, keine Hoffnung mehr, da – so empfand er es – zog Gott den Ahnungslosen in seine Barmherzigkeit hinein. Hier in Cambridge begann er zu begreifen, dass nicht die Welt die Hölle war, dass vielmehr er selbst sich diese Hölle schuf, indem er sich in seiner armseligen Natur verschloss, sich selbst führen und retten wollte.

Er fand Gott im Verzweiflungsschrei einer vom Krieg bedrohten Welt und in Menschen, die glaubwürdig waren. Er begegnete einem Hindu, wach, sensibel, skeptisch, aber voller Sehnsucht und von einer hintergründigen Heiterkeit, der ihm den Christen Augustinus schmackhaft machte. Mit seinen Freunden aus der Boheme diskutierte er nächtelang über Mystik und Gotteserfahrung. Er schlich sich im Morgendämmer in eine Kirche, verstand so gut wie nichts von der Messe, ahnte aber eine Fülle von Kraft und Leben hinter den dunklen Riten. Mit dreiundzwanzig Jahren wurde er katholisch und ließ sich taufen – ohne das quälende Gefühl loszuwerden, sich um den letzten entscheidenden Schritt herumzudrücken.

„Theologie ist zuweilen Krankheit
Ein gebrochenes Genick von Fragen
Ein hilfloser Zweifel
in einem beheizten Bett …
Der Vogel findet diesen Zweifel
Gebrochen im Fieber
Und weiß: Du bist mein Ruhm
Und ich deine Antwort – falls du eine Frage hast."[18]

Merton schrieb Romane und Gedichte, verdiente sich seinen Lebensunterhalt als Englischlehrer in New York, beteiligte sich an der Sozialarbeit, die politisch bewusste Christen im Schwarzengetto Harlem leisteten – und bewarb sich nach drei Jahren bei den Trappisten von Gethsemani in Kentucky.

Bloß nicht mehr unschlüssig an der Tür herumstehen. Tom setzte alles auf eine Karte. Noch bevor eine Antwort vom Orden eingetroffen war, verschenkte er seine Anzüge und Bücher, warf sämtliche Romanmanuskripte in den Ofen und machte sich auf den Weg nach Kentucky. 1941 nahmen sie den Sechsundzwanzigjährigen tatsächlich auf in ihr unerhört hartes Leben: Jeden Tag fünf Stunden Chorgebet, beginnend um zwei Uhr morgens. Jeden Tag fünf Stunden Feldarbeit auf den steinigen Äckern.

Das alles bei magerer Kost und einem mörderischen Klima. Im Winter gefror das Weihwasser neben der Schlafzimmertür, im Hochsommer fühlte sich Thomas in seinem Mönchsgewand aus schwerer Wolle „wie in einer Bratpfanne". Doch er mochte das Schuften auf den Feldern. Er sagte: „Es macht einen so fest wie das Land, auf dem wir leben. Das gibt einem die Schreibmaschine nicht!"

Die Schreibmaschine! Immer noch träumte er von der Schriftstellerei. Er wusste natürlich, welche Versuchung eine literarische Karriere für den schlichten Frater Louis – wie er jetzt im Orden hieß – bedeuten würde. Andererseits ermunterten ihn seine Vorgesetzten heimtückischerweise zum Schreiben; vielleicht waren sie stolz auf dieses Talent in ihren Mauern. Immerhin hatte Merton gerade seinen ersten Gedichtband veröffentlicht.

Nur zu, mochte er ruhig weiter dichten, solange er seine zahllosen Mönchspflichten nicht vernachlässigte. Knapp zwei Stunden am Tag blieben ihm, um poetische Meditationen und tiefschürfende Essays über das Wesen des Mönchslebens zu verfassen. Es bleibt ein Rätsel, wie er in diesen mühsam erkämpften schöpferischen Pausen im Lauf der nächsten drei Jahrzehnte an die sechzig erfolgreiche Bücher schreiben konnte.

Licht, das aus dem Dunkel wächst

Mertons Autobiografie *The Seven Storey Mountain*, („Der Berg der sieben Stufen") wurde im Handumdrehen zum Bestseller; die Originalausgabe verkaufte sich sechshunderttausendmal. Seine Leser sind bis heute fasziniert von der Ehrlichkeit, mit der er seine Kämpfe schildert, und von der Leidenschaft, mit der er um den Glauben ringt.

„Ich muss Mensch sein und bleiben, damit das Kreuz Jesu Christi nicht leer wird. Jesus ist nicht für die Engel, sondern für die Menschen gestorben. Und das ist das Geheimnis unserer Berufung: nicht dass wir aufhören, Menschen zu sein, um Engel oder Götter zu werden, sondern dass die Liebe meines Menschenherzens Liebe zu Gott und zu den Menschen werden kann und meine menschlichen Tränen mir wie Gottes Tränen aus den Augen fließen können."
The Seven Storey Mountain[19]

Im Kloster hatte Frater Louis ja beileibe nicht den Frieden des Himmels gefunden, sondern wieder einmal ein zerrissenes Dasein zwischen Chorgestühl, Schreibmaschine und Rübenacker. Er hatte seine alten Probleme in die neue Heimat mitgebracht. Wüste, Angst und Verzweiflung gab es offenbar auch hinter Klostermauern. Es kam darauf an, die Wüste zu akzeptieren – als Ort, wo man Gott begegnen kann. Ein richtiger Mönch blieb wohl ein Leben lang ein Suchender, ein Anfänger, der sich jeden Tag neu die Frage stellen musste, warum er überhaupt hier sei.

Thomas begriff: „Wenn ich Ihn mit großer Leichtigkeit finde, ist Er vielleicht nicht mein Gott. Wenn ich nicht hoffen darf, Ihn überhaupt zu finden, ist Er dann mein Gott? Wenn ich Ihn überall finden kann, wo *ich* es wünsche, habe ich Ihn dann gefunden? Wenn Er mich überall findet, wo Er es wünscht, und mir sagt, wer *Er* ist und wer ich bin, und wenn ich dann erkenne, dass Er, den *ich* nicht finden konnte, *mich* gefunden hat – dann weiß ich, es ist der Herr, mein Gott. Er hat mich mit dem Finger berührt, der mich aus Nichts erschaffen hat."

Thomas begann zu verstehen, dass spirituelles Leben aus dem Dunkel, aus dem Scheitern wächst. Dass der Weg zu Gott durch die Wüste führt. Christentum, so schreibt er in einer Anleitung zum betrachtenden Beten, sei eine Religion für Menschen, die den tiefen Riss im menschlichen Dasein erfahren hätten. Ein schwieriger Glaube, vergleichbar einem Leben im Unterseeboot:

„Jeder ist mehr oder weniger ein Ungläubiger."

Christentum sei mehr als ein Lehrsystem: die Gegenwart des lebendigen Gottes unter den Menschen. So ein Leben in Gottes ständiger Nähe versuchen die Mönche auf exemplarische Weise, indem sie auf die falschen Sicherheiten und Lebenslügen verzichten. Merton: „Wir sollten uns nackt und wehrlos in die Mitte jener Angst führen lassen, wo wir allein in unserer Nichtigkeit vor Gott stehen."

Die Mönche wollen nicht ihre Persönlichkeit loswerden, sondern ihr falsches, krankes, egozentrisches Selbst. Sie wollen Gott finden, indem sie mit anderen solidarisch sind – nicht indem sie vor ihnen davonlaufen. Merton lernte, die Menschen in sein Mönchsleben hineinzunehmen. Er ahnte, dass er in seinem langen Herumirren ein

Sucher, ein Forscher für andere geworden war. Teilte er doch mit denen draußen die verwirrende Spannung zwischen dem Sicheinlassen auf die gesellschaftlichen Nöte und dem Bedürfnis nach Stille und Selbstfindung.

„Kann ich Dir sagen, dass ich auf die Fragen, die den Menschen unserer Zeit peinigen, Antworten gefunden habe? Ich weiß nicht, ob ich Antworten gefunden habe. Am Anfang, als ich Mönch wurde, ja, da war ich mir sicherer, über ‚Antworten' zu verfügen. Aber je älter ich im Mönchsleben werde und je tiefer ich in die Einsamkeit eindringe, desto deutlicher werde ich mir dessen bewusst, dass ich erst damit angefangen habe, die *Fragen* zu suchen. Und wie heißen die Fragen?
Kann der Mensch sein Dasein mit Sinn erfüllen? Kann der Mensch in aller Ehrlichkeit seinem Leben allein dadurch Sinn geben, dass er eine bestimmte Reihe von Erklärungen übernimmt, die vorgeben, ihm plausibel zu machen, warum die Welt angefangen hat und wo sie enden wird, warum es darin Böses gibt und was man für ein gutes Leben unbedingt braucht?
(…) Ich spüre die Berufung, eine Wüstenzone des menschlichen Herzens zu erforschen, in der die Erklärungen nicht mehr ausreichen und in der man lernt, dass einzig die Erfahrung zählt. Das ist ein dürrer, felsiger, finsterer Bereich der Seele, der zuweilen von fremdartigen Feuern erhellt wird, vor denen sich die Menschen fürchten (…). Und in dieser Zone habe ich gelernt, dass man die wirkliche Hoffnung unmöglich kennenlernen kann, ehe man nicht erfasst hat, wie sehr die Hoffnung der Verzweiflung gleicht."
Merton in einem Brief ein Jahr vor seinem Tod[20]

Mönche sind wie Bäume

Ein beschauliches, meditatives Dasein, wie es indische Hindus in ihren Felsenklöstern oder christliche Ordensbrüder in ihren Abteien führen, muss für die Menschen in der Welt etwas bedeuten. Gegen alle Klischees stellt Merton klar: „Der Mönch taucht tief in das Herz der Welt ein, deren Teil er bleibt, obwohl er sie ‚verlassen' zu haben scheint. In Wirklichkeit verlässt der Mönch die Welt nur, um aufmerksamer auf die eindringlichsten und unbeachteten Stimmen ihres tiefsten Innern zu horchen. (…) In der Nacht der technischen Barbarei müssen die Mönche Bäumen gleichen, die schweigend in der Dunkelheit leben und durch ihre lebensspendende Gegenwart die Luft reinigen."

Der wichtigste Dienst, den der Mönch oder die Nonne der Welt leisten können, ist dieses schweigende Hinhorchen und Sich-Aussetzen. Der Mönch steckt mitten drin in der Dunkelheit der Welt – und verwandelt sie in Hoffnung. Er erfährt in sich selbst Lebensangst und Leere, den Mangel an Echtheit, die enttäuschende Suche nach Treue, die den modernen Menschen charakterisieren. Für den Mönch bedeutet das den drohenden Verlust des Glaubens, die absolute Verzweiflung.

Der Mönch geht in die Wüste, aller Illusionen müde, alle Sicherheiten hinter sich lassend, bis sein Herz ganz leer ist und Gott einziehen kann. Nackt und bloß lässt er sich in die Mitte seiner Angst führen – und damit in die Nähe Gottes. Denn wo auf alle äußeren Absicherungen, alle falschen Garantien verzichtet wird, dort erst öffnet sich die Tür zum eigenen Selbst und zum ganz Anderen.

Laut Merton zielt das Mönchsleben darauf, „einem Menschen die Kraft zu geben, der Wirklichkeit in ihrer nackten, beunruhigenden, möglicherweise düsteren und enttäuschenden Tatsächlichkeit zu begegnen, ohne Ausflüchte, nutzlose Erklärungen und Vorwände. Man mag einwenden, dass es in Wirklichkeit das genaue Gegenteil ist, was in den Klöstern vorherrscht: Das Mönchsleben kann sehr wohl eine Flucht in Künstlichkeit, Mythos und Illusion sein. Das bestreite ich nicht. (...) Alles gesellschaftliche Leben neigt dazu, in sich selbst ein gewisses Maß an organisierter Unechtheit und Falschheit zu entwickeln (...). Nur sollte sich der Mönch dessen mehr bewusst sein als andere, weil sein Leben ,in der Wüste' ein Leben ist, in dem zumindest idealerweise alle Masken und Tarnkappen abgelegt werden."

„Nicht alle Menschen sind dazu berufen, Einsiedler zu sein, aber alle Menschen brauchen ein genügendes Maß an Schweigen und Einsamkeit in ihrem Leben, um der tief inneren Stimme ihres eigenen wahren Selbst die Möglichkeit zu geben, sich zumindest von Zeit zu Zeit bemerkbar zu machen. Wer diese innere Stimme gar nicht hört, wer den geistlichen Frieden nicht finden kann, der daher stammt, dass man vollkommen mit seinem eigenen wahren Selbst eins ist, dessen Leben ist immer elend und anstrengend. Denn man kann nicht glücklich leben, ehe man nicht die Quellen des geistlichen Lebens erschlossen hat, die in den Tiefen der eigenen Seele verborgen liegen.
The Silent Life[21]

Mönchsein bedeutet eine gewaltige Herausforderung – und eine unverschämte Freiheit: von all den Gewohnheiten, Versprechungen, Zwängen und Tyranneien der Welt.

Etwa von der Selbstverständlichkeit, mit der man den Wert eines Menschen an dessen gesellschaftlicher Nützlichkeit misst. Kann man nicht auch glücklich sein, ohne von Leistungen und Erfolgen abhängig zu sein?

„Vielleicht schreibe ich im Fegfeuer auf Asbestpapier"

Tausende lassen sich heute noch von der ruhigen Sicherheit dieses Mönchs führen, der sich zwischen Beten, Ackern und Schreiben zerteilen musste und seinen Mitbrüdern dennoch als lustiger Vogel voll Selbstironie in Erinnerung geblieben ist. Man hatte ihn auch noch zu einer Art Tutor für den Klosternachwuchs gemacht, und er widmete jedem der rund vierzig Novizen pro Woche eine Stunde unter vier Augen, die Vorlesungen und Einführungskurse nicht mitgerechnet.

Merton fühlte sich einerseits ausgelaugt, eingeengt, menschlicher Beziehungen beraubt. Zum andern rückte man sich in Gethsemani für seine Begriffe zu nah auf den Pelz: Man aß, betete, arbeitete, schlief zusammen, eine Privatsphäre gab es nicht. Er träumte von der Einsamkeit eines Eremitenlebens. Dazu kamen die ständigen Streitigkeiten mit dem Abt, einem ehemaligen Marineoffizier, der Mertons ideenreichen Dickschädel durch kleinliche Schikanen und schließlich sogar durch ein mehrjähriges Schreibverbot zu zähmen suchte.

In seinem Tagebuch lässt Frater Louis erkennen, wie schrecklich dieses Zuchtmittel für ihn gewesen sein muss: „Vielleicht werde ich noch auf meinem Sterbebett schreiben, ja sogar ein bisschen Asbestpapier mit hinübernehmen, um im Fegfeuer zu schreiben."

Statt der Bücher produzierte er nun eben massenhaft Aufsätze, die waren erlaubt und konnten gesammelt wieder als Buch erscheinen. Je mehr es ihm jetzt gelang, sich in die ersehnte Einsamkeit zurückzuziehen, desto stärker wurde sein Interesse für die politischen Auseinandersetzungen seiner Zeit und die Probleme, die der amerikanischen Gesellschaft unter die Haut gingen. Merton durfte zunächst in ein kleines Gästehaus zehn Minuten von Gethsemani entfernt und dann in eine Klause aus Hohlblocksteinen ziehen, die er sich selbst gebaut hatte, unter Bäumen versteckt hoch über den Hügeln von Kentucky.

Aber in dieser wüstenhaften Abgeschiedenheit traf er bald die ganze Welt. Er korrespondierte mit atheistischen Schriftstellern, christlichen Kriegsgegnern und militanten Bürgerrechtlern. Er traf Jerusalemer Professoren und japanische Zen-Meister. Er schrieb über Bob Dylan und absurdes Theater, atomare Rüstung und zivilen Widerstand, mittelalterliche Mystik und die Black-Panther-Bewegung. Ein Eremit und dennoch leidenschaftlich Sorgen und Sehnsüchte seiner Zeit teilend, meldete er sich zu so ziemlich allen gesellschaftlichen Reizthemen zu Wort.

„Betet ihn an, den Krieg!"

Entschieden wandte er sich gegen das militärische Engagement seines Landes in Vietnam. Er warnte vor dem Rüstungswahn und entwarf das Szenario eines globalen Nuklearkriegs. Der Mönch Merton zog gegen die verlogene sogenannte Verteidigungspolitik zu Felde, die Millionen Menschen den Interessen eines Systems zu opfern bereit sei, und bezweifelte die edlen Motive der Kämpfer für

Freiheit und Gerechtigkeit. Im Grunde gehe es doch immer nur um das große Geschäft – wie schon beim Abwurf der Atombombe auf Hiroshima.

„Die Wasserstoffbombe ist die billigste aller Massenzerstörungsmaschinen", bemerkte Merton sarkastisch. „Es wurde gesagt, die Wasserstoffbombe liefere mehr Zerstörungskraft pro Dollar als jede andere vorhandene Waffe. Kennt man die menschliche Zuneigung zu einem guten Geschäft, dann sollte uns diese grausame Schätzung Nahrung zum Überlegen geben. (...) Bei der Bombardierung von Hiroshima würde man folgende Konkurrenten ausschalten: die Ube-Stickstoffdünger- und Sodawerke, die Nippon Motor Oil Company, die Chemischen Werke Sumitoma, die Sumitoma-Aluminiumwerke und dazu die meisten Einwohner."

„Wir wissen, dass das Militär nur ein Ziel hat: Gewinnen um jeden Preis. Den Gegner völlig unterwerfen. (...) Die Theologen mögen nette Gedanken haben über den gerechten Krieg. Die Militärs bemühen sich vor allem darum, nicht weich zu sein, keine Furcht zu zeigen, sich nicht einschüchtern zu lassen, das Gesicht nicht zu verlieren. (...) Menschen, die über nukleare Waffen verfügen, werden diese verwenden, wenn sie die Situation ausreichend kritisch finden. Sie werden sie verwenden, ohne die Einschränkungen zu beachten, die die Moraltheologen fordern. Jetzt mit ihnen zusammenzuarbeiten, heißt, dann mit ihnen schuldig zu sein."

„Die Welt ist voller Verbrecher", schrieb er an den Priester und Revolutionär *Ernesto Cardenal* nach Nicaragua, die einen „groß angelegten Bandenkrieg" gegeneinander führten, getarnt „hinter arglosen Rechtsanwälten, Polizisten und Geistlichen", die Medien beherrschend und alle zu ihnen Fahnen rufend. Frater Louis aber weigerte sich, die raffinierten Rechtfertigungsversuche und makabren Güterabwägungen der Kriegstreiber mitzumachen:

„Wie kommt es, dass wir heute fast jede Gräueltat, jeden Exzess, jeden Schrecken bereitwillig mit der Begründung zulassen, es sei ein geringeres Übel und ‚notwendig', um unsere Nation zu retten? (...) Es gibt nur einen Sieger im Krieg. Der Sieger ist der Krieg selbst. (...) Er ist die gewaltige Kraft, das böse Geheimnis, die dämonische Triebkraft unseres Jahrhunderts, mit seinem Feuerball und seiner Wolkensäule. Betet ihn an!"

Der Prophet von Gethsemani attackierte die christlichen „Kernwaffen-Realisten", wie er sie nannte, warb für Methoden gewaltloser Verteidigung und hielt religiöse Besinnungstage über die geistlichen Wurzeln des Protests. Seine Position war klar: Die Vernichtung der Welt ist nur eine Frage der Zeit, wenn die Vergötzung der Rüstung weitergeht, wenn die Waffen nicht abgeschafft und die Denkweisen nicht geändert werden. Das Steuer herumzureißen, ist schwierig, aber nicht unmöglich – wenn sich nur genug Menschen in allen Teilen der Welt dem Kriegführen verweigern und andere, bessere Methoden der Verteidigung einüben.

Zeitlebens weigerte sich Merton, das Christentum mit einem politischen Machtblock zu verwechseln und dem abendländisch-antikommunistischen Lager mit seiner Ideologie von Rüstung und Abschreckung beizutreten. Viel mehr verband ihn mit den Hippies und friedensbewegten Bürgerrechtlern, denen er eine überraschende Nähe zu den Idealen des Klosterlebens bescheinigte:

„Sie haben ihre Art von Askese, ihre ‚Disziplin', die aus den verschiedenen Arten von Opfern besteht, die sie bringen, um mit ihrer eigenen Vergangenheit, mit ihrem gewohnten Milieu, mit der Gesellschaft ihrer Eltern oder mit einer bestimmten gesellschaftlichen Ordnung, die sie leidenschaftlich ablehnen, zu brechen. (...) Ob man mit denen einer Meinung ist, die ihre Einberufungsbefehle verbrennen, oder nicht, sie vollziehen sicherlich in diesem besonderen Bereich einen radikaleren Bruch mit der Welt als der Postulant, der ins Kloster spaziert, automatisch von allen weiteren Sorgen bezüglich seines Verdienstes befreit ist und dazu noch die volle Anerkennung der Gesellschaft findet."

In diesen Jahren entwickelte Thomas Merton ein immer stärkeres Interesse für die Religionen des Ostens, Taoismus, Hinduismus, Buddhismus. Er beschäftigte sich intensiv mit den dort praktizierten Wegen der Vollkommenheit, mit Zen und asiatischen Formen der Meditation. Die katholische Kirche habe die Wahrheit schließlich weder geschaffen noch gepachtet.

Das von Christen gern missverstandene Ideal des Menschen, der zum Nichts werden soll, nahm ihn gefangen. Nirgendwo werde die Verbundenheit aller Lebewesen miteinander so deutlich wie im „mahakuruna" Asiens, im großen Mitleid: Der Mensch übersteigt durch Mitleid und Liebe die Grenzen seines Selbst und wird „nichts" – das heißt mit allen eins. Würde es möglich sein, christliche und buddhistische Erfahrung zu verschmelzen, asiatische Pfade der Erleuchtung in eine christliche Mönchsexistenz zu integrieren?

Als Merton 1968 zu einem Treffen katholischer asiatischer Mönche nach Bangkok eingeladen wurde, schien das die Gelegenheit zu sein, solche Ideen praktisch zu testen. Der neue Abt von Gethsemani ließ ihm erheblich mehr Freiheiten als der alte. So konnte er mit ihm eine ausgedehnte Reiseroute aushandeln: Besuch katholischer Klöster in Indonesien und Hongkong, Gespräche mit tibetanischen Lamas, Abstecher nach Burma, Nepal und Japan, Teilnahme an einem Treffen asiatischer Religionsführer in Kalkutta. Er sollte sich in Asien auch nach Möglichkeiten umsehen, von Gethsemani aus Trappisten-Einsiedeleien zu gründen.

Auf dem Flug von San Francisco über Tokio und Hongkong nach Bangkok notierte er glücklich in sein Tagebuch: „Wir sind in der Luft – ich (...) durchdrungen von dem Gefühl, meiner Bestimmung entgegenzureisen, und endlich, nach Jahren des Wartens, des ratlosen Fragens und des törichten Herumgetues auf meinem wahren Weg zu sein (...). Ich bin auf dem Weg nach Hause."

Er reist nicht als einer, der Informationen über die Methoden anderer Mönche sucht, sondern als Pilger zu den alten Quellen von Vision und Erfahrung. Er begegnet islamischen Sufi-Mystikern, Zen-Buddhisten, Ramakrishna-Mönchen. Begeistert berichtet er von der inneren Klarheit und spontanen Herzlichkeit dieser Menschen, die ihn oft genug als einen der Ihren empfangen.

Hier, im Bereich der Tiefenerfahrung, könnten sich die Religionen treffen, sagt er seinen Zuhörern in Kalkutta und dann in Bangkok. Im „verstellten" Bewusstsein, in der Blindheit für die ganze Wirklichkeit liege die Wurzel aller Probleme, für Christen wie für Buddhisten. Avidya, das heißt Unwissenheit, und Erbsünde meinten letztlich dasselbe. Merton: „Das, worauf es ankommt, beruht nicht auf Gebäuden, nicht auf einem Gewand, nicht einmal notwendigerweise auf einer Regel. Es hat mit etwas Tieferem zu tun als mit einer Regel. Es geht um die völlige innere Umgestaltung."

Als sich Thomas Merton nach diesem mit gespanntem Interesse aufgenommenen Vortrag auf sein Zimmer zurückgezogen hat, um sich zu erfrischen, hört man plötzlich einen Schrei. Man findet ihn auf dem Boden, er liegt unter dem schweren Ventilator, dessen Drähte – wie sich später herausstellt – defekt waren und ihm einen tödlichen elektrischen Schlag versetzt haben.

Thomas Merton starb am 10. Dezember 1968, am siebenundzwanzigsten Jahrestag seines Klostereintritts. Er war 53 Jahre alt geworden. Als er in Gethsemani unter einer einsamen Zeder begraben wurde, dämmerte der Abend herein, und leichte Schneeflocken rieselten vom Himmel.

Die asiatischen und australischen Trappisten, die in Bangkok bei ihm Totenwache hielten, schrieben tröstend an die Mitbrüder in Kentucky, in Frater Louis' Gesicht habe ein großer und tiefer Frieden gelegen: „Es war offensichtlich, dass er den gefunden hatte, den er so unermüdlich gesucht hatte."

13
DER KLEINE FRÜHLING

Frère Roger von Taizé (1915–2005) wollte
„der Bruder aller Menschen ohne Unterschied" sein

„Sei unter den Menschen ein Zeichen der brüderlichen Liebe und Freude."

TAIZÉ HAT KEINE Kunstschätze, keinen Freizeitwert, die Verpflegung ist sehr schlicht, die jungen Besucher – im Sommer bis zu sechstausend pro Woche – übernachten im Schlafsack, im Zelt, in Baracken. Und die Brüder haben kein Patentrezept für die Probleme der Welt, sie hören nur zu. Sie helfen ihren Besuchern, zu sich selbst zu kommen, sich untereinander auszutauschen, die einfachen Fragen zu stellen, die doch die wichtigsten im Leben sind: „Welchen Sinn hat mein Dasein?" – „Die Welt ist voller Gewalt und Hass, gibt es trotzdem einen Grund zu hoffen?" – „Kann man sich für ein ganzes Leben engagieren?" – „Wie kann sich mein Leben verwandeln, wenn ich wieder zu Hause bin?"

Überall in der Welt haben sich junge Menschen in das Dörfchen Taizé im südfranzösischen Burgund und in seine ökumenische Mönchsgemeinschaft verliebt. Die Brüder von Taizé wollen ein Gleichnis der Versöhnung sein, ein

Stück von Kirche. Frère Roger, Motor dieses Experiments über Jahrzehnte, war ein schmächtiger Mönch mit schütterem Haar, bäuerlich-markanten Gesichtszügen und einer unaufdringlichen, aber unabweisbaren Ausstrahlung. Wenn er sich nach dem Abendgebet zu den Besuchern in der „Versöhnungskirche" setzte, um schweigend zu beten, nachzudenken, leise mit ihnen zu sprechen, dann gab es keine fertigen Antworten, keine Programme, höchstens Anstöße, die seine Zuhörer weiterspinnen, mit ihrem persönlichen Leben füllen sollten. Wenn ihn ein junger Mensch direkt fragte: „Wer ist Christus für Sie, Bruder?", dann saß er erst einmal eine Weile ganz still da, in sich hineinhorchend, nach einer Antwort suchend, die keine Schablone sein durfte. Und dann begann er langsam, behutsam die Worte wählend, und sagte etwas ganz Einfaches:

„Für mich ist Christus der, von dem ich lebe, aber auch der, den ich mit euch zusammen suche."

Als Schüler war er ein toleranter Atheist

Roger Louis Schutz-Marsauche, wie er mit vollem Namen hieß, war eigentlich immer schon so, wie er sich die Kirche und die Welt wünschte: versöhnte Vielfalt. Unter seinen Vorfahren gab es fast so viele Bauern wie Pfarrer. Geboren wurde er 1915 in der Schweiz als Sohn einer Französin aus Burgund. Sein Vater war reformierter Pfarrer, und als Roger noch ein Junge war, sah er ihn in einer katholischen Dorfkirche beten: „Für mich war das ein Schock." Wie für die meisten Christen damals, denen

Ökumene noch als ein nicht zu buchstabierendes Fremdwort galt. Aber seine Eltern zögerten nicht, den Gymnasiasten bei einer katholischen Witwe in Kost zu geben, weil die jeden Pfennig brauchen konnte.

Der Pastorensohn Roger war durchaus nicht automatisch ein frommer Junge. „Einige Jahre war ich ein Nichtglaubender", berichtete er von seiner Gymnasialzeit. „Trotzdem, ohne selbst glauben zu können, war ich immer mit Achtung erfüllt vor jenen, die es konnten." Bauer und Schriftsteller wollte er damals werden. Aber weil ihm eine renommierte Zeitschrift zumutete, den Schluss seines ersten Essays umzuschreiben, verzichtete er trotzig auf eine literarische Karriere und begann in Straßburg und Lausanne reformierte Theologie zu studieren.

Zweifel hatte er immer noch. Doch Jesus Christus zog ihn zunehmend in seinen Bann: „Seine Barmherzigkeit, seine Fähigkeit, zu lieben und zu verstehen." Von Anfang an führte er lange Gespräche mit katholischen Ordensleuten und verbrachte viel Zeit in Klöstern. Und gründete schließlich am Vorabend des Zweiten Weltkriegs eine offene Communauté, eine Gemeinschaft für Studenten und Angehörige akademischer Berufe.

Wenn es so etwas wie ein „Bekehrungserlebnis" bei Roger gab, dann war es jener hereindämmernde Abend, als er sich – wie schon so oft – fragte: „Warum dieses gegenseitige Sichbekämpfen unter den Menschen und selbst unter den Christen? Warum diese Verurteilungen, ohne Einspruch zuzulassen? Und ich fragte mich: Gibt es auf unserer Erde einen Weg, der so weit führt, alles vom anderen zu verstehen?"

„Wenn Christus dich fragt: ‚Wer bin ich für dich?', wirst du ihm antworten: ‚Jesus Christus, du bist es, der mich liebt bis in das Leben, das ohne Ende ist. Du öffnest mir den Weg zum Wagnis. Du willst nicht einige Bruchteile von mir, sondern mein ganzes Leben.
(...) Du, Christus, hast mich unablässig gesucht.
Warum habe ich gezögert und mir Zeit erbeten, damit ich mich um meine Angelegenheiten kümmern kann? Warum habe ich zurückgeschaut, nachdem ich die Hand an den Pflug gelegt hatte?
Und dennoch, ohne dich gesehen zu haben, liebte ich dich, vielleicht nicht so, wie ich es gerne wollte, aber ich liebte dich.
Jesus Christus, du hast mir wiederholt gesagt: Lebe das Wenige, das du vom Evangelium begriffen hast, verkünde mein Leben unter den Menschen, komm und folge mir nach.
Und eines Tages kam ich zur Quelle zurück und begriff es: Du wolltest meinen unwiderruflichen Entschluss.'"[22]

In dieser Stunde – den Tag konnte er noch nach Jahrzehnten datieren, den Ort beschreiben – fand er blitzartig eine Antwort, auf die er sein Leben lang immer wieder zurückgreifen sollte. „Ich sagte mir: Wenn es diesen Weg gibt, beginne bei dir selber und engagiere dich selbst, du selbst, um alles vom anderen zu verstehen." Was freilich ein Entschluss war, der nicht allein zu verwirklichen war, der eine Gemeinschaft voraussetzte, um – wie er sagte – „die Fülle eines Reichtums zu nutzen, der anders nicht zu heben ist".

Zufluchtsort für Gestapo-Opfer

1940, während er seine Abschlussarbeit vorbereitete, begann er nach einem Haus zu suchen, um „zusammen mit anderen die wesentlichen Dimensionen des Christseins zu leben", als „bescheidenes Zeichen der Gemeinschaft". Roger dachte von Anfang an nicht an eine friedliche Insel, sauber abgeschottet gegenüber der aufgewühlten Umwelt. Deshalb machte er sich in dem Teil Frankreichs, den die Nazis nicht besetzt hatten, auf die Suche, in einer vom Krieg verwüsteten Region. In dem fast entvölkerten Ruinendorf Taizé, mitten unter den Armen, fand er so ein Haus.

> „Ahnst du in dir, und sei sie flüchtig, die stille Erwartung einer Gegenwart?
> Dieses schlichte Erwarten, dieses einfache Verlangen nach Gott, ist bereits der Anfang des Glaubens.
> Unter uns ist der, den wir nicht kennen. Für den einen zugänglicher, für den anderen verborgener ... voll Staunen könnte jeder ihn sagen hören: ‚Warum solltest du dich fürchten? Ich, Christus Jesus, bin da. Zuerst habe ich dich geliebt ... in dich habe ich meine Freude gelegt.'
> Du weißt, wie zerbrechlich deine Antwort ist. Hilflos stehst du manchmal vor der Unbedingtheit des Evangeliums."[23]

Roger begann sofort damit, das angrenzende Landstück zu bebauen, die einzige Kuh zu melken, eine winzige Kapelle einzurichten. Mit offenen Armen nahm er die Juden und politisch Verfolgten auf, die hier auf ihrer Flucht vor den Nazis untertauchten, bevor sie in die neutrale Schweiz hinüberwechselten. Im Herbst 1942, inzwischen war die deutsche Wehrmacht auch in diesen Teil Frankreichs einmarschiert, besetzte die Gestapo das Haus und nahm alle Bewohner mit, als Roger gerade einem Flüchtling über die Schweizer Grenze half.

Roger musste dort in der Schweiz bleiben, in Genf, wo er sogleich mit drei Freunden eine Wohnung mietete und den Lebensstil der studentischen „Communauté" weiterführte. Das Bild der künftigen Brüdergemeinschaft begann zu reifen. Roger hatte in Taizé bereits eine knapp gefasste Regel geschrieben. Studenten, Arbeiter, Gewerkschafter gingen dort in Genf im Haus der Freunde ein und aus, man diskutierte nächtelang über Gütergemeinschaft und Gesellschaftsreformen.

1944, de Gaulle war als Befreier in Paris eingezogen, konnte Schutz mit seinen Freunden nach Taizé zurückkehren. Zum Ärger der Dorfbewohner kümmerten sie sich um die deutschen Kriegsgefangenen, die in einem Lager in der Nähe untergebracht waren, teilten ihre Nahrung mit den Verhassten; sie mieteten ein Haus dazu und richteten hier Wohngruppen für zwanzig Kriegswaisen ein. Die Brüder brachten später auch das Geld für ihre Ausbildung auf.

Sie konnten allerdings nicht verhindern, dass verbitterte Frauen, die ihre Männer in deutschen KZs verloren hatten, in das Lager eindrangen und einen jungen, schwer kranken Gefangenen – einen katholischen Priester – so misshandelten, dass er kurz darauf starb. „Es waren die Jahre, in denen der Hass nichts als Hass zeugte", sagte Roger 1974 in Frankfurt, als er zum ersten Mal öffentlich in Deutschland sprach – er erhielt den Friedenspreis des Deutschen Buchhandels. „Nichts als Hass." Aber jener zu Tode geschundene junge Mensch habe in seinen letzten Stunden „nichts als Frieden und Vergebung" ausgestrahlt.

Gegen alle skeptischen Stimmen hielten die vier an ihrem Modell von Gemeinschaft fest. Sie bestellten ihren mageren Acker, beteten dreimal am Tag und empfingen die zahlreichen Gäste, die zu Besinnungszeiten oder aus neugierigem Interesse an diesem seltsamen Experiment kamen: Eine evangelische Brüdergemeinschaft, das war ein bisschen wie eine katholische Frau Pfarrer oder wie ein fußballspielender Papst. Immer mehr wurde die kleine Communauté von Taizé zu einem prophetischen Gleichnis von Kirche, zu einer brüderlichen Gemeinschaft, zeichenhaft, mitreißend, ausstrahlend, um den Auferstandenen geschart.

Lebendiges Gleichnis für die gespaltenen Kirchen

Taizé hat seither einen enormen Wachstumsprozess durchgemacht; die Grundstrukturen des Zusammenlebens sind gleich geblieben. Am Osterfest 1949 legten die mittlerweile sieben Brüder ihre Profess ab, die Verpflichtung zum lebenslangen Engagement. „Willst du stets Christus in deinen Brüdern wiedererkennen?" wird jeder neue Mönch gefragt. „Willst du dich um der Liebe Christi willen ihm hingeben mit allem, was du bist?" Und auf das „Ja" des neuen Mitbruders folgt die Ermunterung: „Zieh von nun an auf den Spuren Christi. Mach dir keine Sorge um den morgigen Tag. Der Herr Christus – in seinem Erbarmen und in seiner Liebe zu dir – hat dich dazu berufen, in der Kirche ein Zeichen brüderlicher Liebe zu sein. Er will, dass du mit deinen

Brüdern das Gleichnis des gemeinsamen Lebens Wirklichkeit werden lässt."

Roger verstand diesen ersten Männerorden im protestantischen Bereich als Ausdruck der Suche nach einem „Gleichnis der Gemeinschaft, verkörpert im Leben einiger Männer; denn Worte werden erst glaubwürdig, wenn sie gelebt werden. Immer hatte ich nur einen Gedanken: unter den Teig der gespaltenen Kirchen ein Ferment der Gemeinschaft mengen."

„Nimmst du erneut Anlauf, begeistert von dem, der, ohne sich je aufzudrängen, dich still begleitet? Er, der Auferstandene, ist in dir und geht dir auf dem Weg voraus.

Selbst wenn du dich nicht für würdig hältst, von ihm geliebt zu werden: Lässt du es zu, dass er tief in dich hinein die Frische einer Quelle legt?

(...) Christus, ‚arm und niedrig von Herzen', übt niemals auf einen Menschen Zwang aus.

In der Stille deines Herzens flüstert er: Hab keine Angst, ich bin da. Erkannt oder nicht: Christus, der Auferstandene, bleibt bei jedem Menschen, auch bei dem, der es nicht weiß. Er ist Brennen im Herzen des Menschen, Licht in der Dunkelheit, er liebt dich wie seinen Einzigen; für dich hat er sein Leben hingegeben, darin liegt sein Geheimnis."[24]

1951 verließen die ersten Brüder Taizé und gingen in die Bergbauregion von Montceau-les-Mines, um dort zu wohnen und in den Bergwerken zu arbeiten. Weitere solcher Fraternitäten „auf Zeit" entstanden in den algerischen Slums, in einem schwarzen Getto von Chicago, als dort schwere Rassenunruhen tobten, in Ruanda, Schweden, Großbritannien, im brasilianischen Recife bei Erzbischof Câmara, in Bangladesch im engen Kontakt mit jungen Moslems und Hindus.

Daheim in Taizé waren die ersten katholischen Brüder zur Communauté gestoßen; aus dem ersten protestantischen Orden wurde die erste ökumenische Brüdergemeinschaft der Kirchengeschichte. Der zuständige katholische Bischof – ermuntert vom Pariser Nuntius *Roncalli* – erlaubte der Gemeinschaft schon sehr früh, die kleine Dorfkirche von Taizé mitzubenutzen. Später, als aus dem Nuntius Roncalli Papst Johannes der Gute geworden war, empfing er die Brüder des Öfteren zu angeregten Gesprächen und freute sich jedes Mal: „Ah, Taizé, der kleine Frühling …!"

„Eine irrsinnige Hoffnung"

Katholiken, Protestanten, Anglikaner geben in Taizé nichts von ihren kostbaren Traditionen auf, sie rühren keinen faden Einheitsbrei zusammen, wie manche Skeptiker vermuten. Aber die Art, wie sie zusammenleben und zu einem gemeinsamen Zeugnis finden, könnte ein Modell für die ganze gespaltene Christenheit sein. Roger: „Dürfen die Christen von Liebe reden, solange sie nicht zu einer sichtbaren Gemeinschaft vereinigt sind?"

„Wer sind wir eigentlich?" fragte Roger einmal im Kreis der Brüder und formulierte zusammen mit ihnen die Antwort: „Eine Begegnung von Menschen (…). Eine kleine, zerbrechliche Gemeinschaft, die an einer irrsinnigen Hoffnung hängt: der Hoffnung auf Aussöhnung aller Getauften und darüber hinaus aller Menschen untereinan-

der (...). Wir sind eine Ansammlung von Schwachheiten in Person, dabei aber eine Gemeinschaft, heimgesucht von einem anderen als wir selbst."
„Bleib niemals auf der Stelle, zieh vorwärts mit deinen Brüdern", verlangt die Regel. „Sei unter den Menschen ein Zeichen der brüderlichen Liebe und der Freude." Die Brüder wollen nicht predigen oder missionieren mit dem Ziel, den Mitgliederbestand der Kirchen zu mehren. Niemals möge man „im Namen der Kirchenraison jemand einfangen oder festhalten", mahnte Frère Roger. Einfach da sein wollen die Brüder, als ein lebendiges Gleichnis der Mitmenschlichkeit und der Versöhnung.

„Du denkst, nicht beten zu können. Dennoch ist der auferstandene Christus bei dir, er liebt dich, noch bevor du ihn liebst. Durch ‚seinen Geist, der in unseren Herzen wohnt', betet er in dir mehr, als du dir vorstellen kannst. Selbst ohne ihn zu erkennen, finde Wege, ihn mit oder ohne Worte zu erwarten, in Zeiten langen Schweigens, in denen sich anscheinend nichts ereignet. Dort vergeht die hartnäckige Verzagtheit und entspringt schöpferische Kraft. Nichts baut sich in dir auf ohne dieses Abenteuer: ihn in der persönlichen Begegnung finden; niemand kann dies für dich übernehmen.
Wenn du nur schlecht verstehst, was er von dir will, sag es ihm. Mitten in deiner Alltagsarbeit, sag ihm augenblicklich alles, selbst das Unausstehliche. (...) Solltest du Gott vergessen haben? Wende dich ihm zu. Gleich, was geschieht, wage stets einen Neubeginn.
(...) Tastest du dich im Nebel vor, so heißt das ihn, Christus, erwarten, ihm Zeit lassen, alles an seinen richtigen Platz zu stellen ..."[25]

Die Christenheit als Volk der Seligpreisungen, die Kirche als Signal der Freundschaft und Zeichen der Gemeinschaft für alle Menschen – in solchen vielleicht etwas poetisch formulierten, aber in Taizé sehr konkret gelebten Zielvorstellungen wird deutlich, dass diese Communauté mit ihrem reichen geistlichen Innenleben keineswegs um sich selbst kreist. „Kampf und Kontemplation" heißt die Zauberformel ihrer Spiritualität, die junge Leute auch heute noch fasziniert, obwohl die Träume vom großen politischen Wandel ausgeträumt scheinen und „Revolution" aus der Mode gekommen ist. Und obwohl man etwas behutsamer in der Formulierung geworden ist: „Inneres Leben und Solidarität mit den Menschen" heißt es heute.

Wer Christus in der Kontemplation begegnet, im Gebet, das die eigenen Abgründe bewohnbar macht, in der meditativen Schau nach innen, der wird zwangsläufig zum Engagement getrieben, diese Erfahrung machen die Brüder immer wieder. Kampf und Kontemplation haben dieselbe Quelle. Frère Roger: „Wenn du betest, geschieht es aus Liebe. Wenn du kämpfst, um dem Entrechteten sein Menschengesicht wiederzugeben, geschieht auch das aus Liebe."

Versöhnung ist nur durch Kampf zu haben, durch Kampf mit sich selbst. Und wenn die Zwiesprache mit Christus nicht eine mythische Gottheit anzielt, die mit den Menschen nichts zu tun hat, so gehört der Nächste zu dieser Zwiesprache immer mit dazu. Das Glück freier Menschen, die in ihrem Innern eine Revolution erlebt haben, nennt Frère Roger den „Motor" für einen Einsatz, der allen Menschen gelte, und der Impuls dazu komme vom Fest des Auferstandenen: „Wollten wir das Fest nur für uns haben, es würde sich selbst zerstören."

„Wenn das Fest unter den Menschen aufhörte ...
Wenn wir eines Morgens in einer gut organisierten, funktionellen, satten Gesellschaft, die aber bar jeder Spontaneität wäre, erwachten ...
Wenn das Gebet der Christen ganz und gar Sache des Verstandes würde, wenn es so sehr säkularisiert würde, dass es keinen Sinn für das Mysterium, für die Poesie mehr kennen würde, so dass für das Beten des Leibes, für Intuition, für das Gemüt kein Platz mehr vorhanden wäre ...
(...) Wenn die Menschen der nördlichen Welthälfte erschöpft von all den Anstrengungen die Quelle aus den Augen verlören, aus der sie den Geist des Festes schöpfen, das noch unter den Menschen der südlichen Welthälfte ist ...
Wenn das Fest im Leib Christi, der Kirche, verstummte, wo gäbe es dann noch auf der Welt einen Ort der Gemeinschaft für alle Menschen?"[26]

Die Pressure-Groups von Taizé

Das Beispiel zog Kreise. Eines Tages erfand Frère Roger das „Konzil der Jugend". Die jeweils eine Woche dauernden Treffen in Taizé erschienen ihm zusehends unfruchtbar, Inseln fern vom alltäglichen Leben zu Hause. Am 30. August 1974 versammelten sich vierzigtausend junge Menschen schweigend, dann wieder singend, von ihren Erfahrungen mit Armut, Unterdrückung, Unmenschlichkeit berichtend in fünf bunten Zirkuszelten. Ein „Brief an das Volk Gottes" wurde verlesen, mit ungeschminkten, deutlichen Worten:

„Kirche, was sagst du von deiner Zukunft? (…) Wirst du auf die Mittel der Macht und die Vorteile der Kompromisse mit der politischen und finanziellen Macht verzichten? Wirst du die Privilegien aufgeben und dich weigern, Kapital anzulegen? Wirst du endlich die universelle Gemeinschaft werden, die mit allen ohne Unterschied teilt, endlich eine versöhnte Gemeinschaft, ein Ort der Gemeinschaft und der Freundschaft für die gesamte Menschheit? Wirst du am konkreten Ort wie auf der ganzen Erde Samenkorn einer Gesellschaft ohne Klassen und Privilegierte werden, in der nicht mehr ein Volk über das andere herrscht noch ein einzelner Mensch über den anderen?"

Die Wirkung dieses Signals war durchschlagend: Das „Konzil der Jugend" pflanzte sich in alle Kontinente fort. Kleine Zellen des Gebets und der gemeinsamen Erfahrung, Wohngemeinschaften, Netzwerke, Pressure-Groups für hilflose Minderheiten schossen aus dem Boden. Junge Engländerinnen zum Beispiel lebten ein paar Monate in einem Elendsviertel in Nairobi und teilten ihr Essen mit den Nachbarn. Daheim in Großbritannien eroberten sie armen Mitbürgern mit Sitzstreiks Wohnungen in Häuserblocks, die geschäftstüchtige Spekulanten leer stehen ließen. Ein Getto alter Menschen in Manhattan, ein Arbeiterviertel im kanadischen Quebec, ein Lager chilenischer Flüchtlinge, Gefangene, Gastarbeiterfamilien in Wien – die Jugendlichen vermochten alle diese tristen Stätten in Orte der Hoffnung zu verwandeln, wo das neue Gesicht des Volkes Gottes bereits sichtbar wird, wo kleine Gruppen von Christen damit beginnen, die Seligpreisungen zu leben.

„Du kannst keinen wirklichen Kampf im luftleeren Raum führen", ermunterte sie der Prior von Taizé, „mit Ideen, die nicht konkret werden. Zerbrich die Unterdrückung der Armen und Ausgebeuteten: Du wirst erstaunter Zeuge sein, wie Zeichen der Auferstehung schon jetzt auf der Erde entstehen. Teile deine Güter, um größere Gerechtigkeit zu erreichen. Mache niemand zu deinem Opfer. Bruder aller, Bruder für alle ohne Unterschied, lauf hin zu den Menschen, die missachtet und ausgestoßen sind!"

Über die ganze Erde verstreut, könne dieses Volk Gottes in der Menschheitsfamilie ein Gleichnis des Miteinanderteilens setzen, hieß es im zweiten „Brief an das Volk Gottes", der bei einem Jugendtreffen in der Pariser Kathedrale Notre-Dame 1976 zum ersten Mal vorgelesen wurde und bei einem mehrmonatigen Aufenthalt junger Leute mit Frère Roger in Kalkutta und Bangladesch geschrieben worden war. Die Zeit sei gekommen, sich im Kampf um gerechte Gesellschaftsstrukturen und um eine Neuverteilung der Güter mitten in die Konfliktfelder zu begeben.

Vertrauen, Versöhnungsbereitschaft, Gewaltverzicht führten ja keineswegs dazu, sich vor der politischen Verantwortung zu drücken, stellte Bruder Roger klar. Im Gegenteil: „Wer tief gehendes Vertrauen hat, (…) findet seinen Platz dort, wo die Gesellschaft ins Wanken oder aus den Fugen gerät." Die Konsequenzen seien sehr konkret: Umverteilung der Güter dieser Erde, Aufbrechen der politischen Blöcke, Offenheit für Asylbewerber und Aussiedler.

Als die Abrüstungsgespräche zwischen den USA und der Sowjetunion in eine entscheidende Runde traten, sprach Frère Roger in Madrid – wo gerade ein Jugendtreffen stattfand – mit den Botschaftern der beiden Supermächte. Er hatte eine Horde Kinder aus allen Weltteilen mitgebracht und überreichte den Diplomaten einen leidenschaftlichen Appell an ihre Staatschefs: „Um der Kinder auf der ganzen Erde willen, denen die Möglichkeit fehlt, auf die Bedrohung ihrer Zukunft aufmerksam zu machen", so hieß es hier, müssten ernsthafte Schritte zum Abbau der Waffenarsenale und zu einer gerechten Verteilung der Güter zwischen Armen und Reichen eingeleitet werden.

„Ich vertraue auf die Ideen der jungen Menschen aus so vielen Ländern, die sich hier versammeln, wieder abreisen, suchen, beten, wiederkommen. Wenn ich in diesen heißen Augustnächten manchmal allein unter einem Himmel voller Sterne wandere, während Tausende von Jugendlichen auf dem Hügel sind, sage ich mir: Die vielfältigen Vorstellungen dieser jungen Menschen sind wie diese Sterne, lichtvolle Hoffnungen in meiner Nacht.
Noch lässt sich nichts erkennen, und dennoch ist meine Nacht ein Fest, erleuchtet und erfüllt von einer unbändigen Hoffnung. Zukunft und Jugend, beides gehört zusammen. Nein, ich habe keine Sorge um die Zukunft. Ein Frühling der Kirche steht vor der Tür. Bald wird uns sein Feuer erwärmen."[27]

Mitten in Beirut, im von Kämpfen zwischen Christen und Muslimen geschüttelten Libanon, eröffnete Frère Roger bald darauf einen weltweiten „Pilgerweg der Versöhnung". In Rom trafen sich fünfundzwanzigtausend junge Menschen aus allen Kontinenten, um zu den Katakomben zu pilgern, zu den Quellen des Glaubens und zu den Gräbern der Märtyrer. In einem „Brief aus den Katakomben" drängten sie die Kirche, eine „Erde der Versöhnung" zu werden: „Niemals mehr wirst du den zerstückelten Christus am Straßenrand liegen lassen. (...) Das Evangelium ruft die Christen dazu auf, Glieder am Leib Christi zu sein und nicht Anhänger, Partisanen oder sogar Patrioten der eigenen Konfession. (...) Die sichtbare Versöhnung unter Christen duldet keinen Aufschub mehr."

Der Mord: „Sie wusste nicht, was sie tat"

Taizé, am Abend des 16. August 2005. Alles ist wie immer. Die Brüder und mehr als zweieinhalbtausend vorwiegend junge Gäste aus aller Welt sind in der Versöhnungskirche zum täglichen Abendgebet versammelt. Warmes Kerzenlicht, ruhige Atmosphäre, getragene Gesänge.

Da gellt plötzlich mitten im Lied *Rendez grâce au Seigneur* („Danket dem Herrn") der Schrei einer Frau durch die Kirche. Irgendwo hinten in der Mitte, wo die Plätze der Brüder in die Reihen der Besucher übergehen und wo Frère Roger zu sitzen pflegt, gibt es einen Tumult, Jugendliche ringen eine Person zu Boden, Panik droht auszubrechen.

Was genau geschehen ist, hat kaum jemand mitbekommen: Eine Frau hat sich geduckt durch die Reihen der Gottesdienstbesucher geschlichen, hat sich dem neunzigjährigen Frère Roger genähert, als wolle sie seinen Segen erbitten. Dann packte sie ihn schreiend von hinten und stach ihn dreimal in Hals und Rücken. Später wird sie identifiziert; es handelt sich um eine sechsunddreißig Jahre alte Rumänin, die einmal Nonne werden wollte und seit Jahren wegen schizophrener Störungen in Behandlung ist. Sie habe den Prior vor einer Verschwörung von Freimaurern warnen wollen, sagt sie aus.

Frère Roger stirbt kurze Zeit später. Am nächsten Morgen wird beim Gottesdienst ein Gebet gesprochen, das von ihm selbst hätte stammen können: „Christus voll Erbarmen, du lässt uns in Gemeinschaft mit den Menschen sein, die uns vorausgegangen sind und die uns ganz nah bleiben können. Wir legen unseren Bruder Roger in deine Hände zurück. Schon schaut er das Unsichtbare. Ihm folgend, bereitest du uns darauf vor, einen Strahl deiner Klarheit zu empfangen."

Eine Woche später tragen die Brüder den schlichten Holzsarg über den Zeltplatz und die Dorfstraße zum Friedhof neben der kleinen romanischen Kirche, wo Frère Roger einst seine ersten Gefährten zum Gebet versammelt hat. Beim Gottesdienst hat sein Nachfolger, Frère Alois, davon gesprochen, was Roger geprägt hat und die Communauté auch nach seinem Tod tragen wird: Vertrauen und Herzensgüte, „kein leeres Wort, sondern eine Kraft, die die Erde umgestalten kann, weil durch sie hindurch Gott am Werk ist. Angesichts des Bösen ist die Herzensgüte etwas Verletzliches. Aber das hingegebene Leben Frère Rogers ist ein Unterpfand dafür, dass für jeden Menschen auf der Erde der Frieden Gottes das letzte Wort hat."

Auch die schöne Geste am Schluss der Ansprache war ganz von Frère Rogers Geist getragen: das Gebet für die Attentäterin, „die durch eine krankhafte Tat dem Leben unseres Bruders Roger ein Ende bereitet hat. Mit Christus am Kreuz sagen wir zu dir: Vater, verzeih ihr, sie wusste nicht, was sie tat." Auch für die jungen Rumänen wird gebetet, „die uns in Taizé ans Herz gewachsen sind". Eine rumänische Jugendgruppe hatte nach dem Attentat schockiert und beschämt abreisen wollen, sich aber dann von den Brüdern zum Bleiben bewegen lassen.

„Jeder hat seine eigene Nacht", hatte Frère Roger mehr als drei Jahrzehnte vor seinem gewaltsamen Tod in sein Tagebuch geschrieben; je älter ein Mensch werde, desto mehr kenne er die Dunkelheit. „Aber je dunkler die Nacht ist, desto heller leuchtet die Freude des Glaubens auf. (…) Die Nacht nicht annehmen hieße ein Privileg beanspruchen. Wenn er wie am hellen Tag sehen könnte, wozu sollte er dann noch glauben?"

Und weiter: „Die Gewissheit ist felsenfest: Wenn der Augenblick gekommen ist, wird die Nacht zerreißen und das Morgenrot wieder hervorbrechen. Möge die Morgenröte kommen und eines Tages unser Tod, Anbruch eines neuen Lebens."

14

GOTTES GESICHT IN DEN ARMEN

Ignacio Ellacuría (1930–1989) und andere Befreiungstheologen leben eine „Mystik der offenen Augen"

„*Die Erfahrung ist unsere Quelle.*"
Gustavo Gutiérrez

„*Gott und sein Reich sind parteiisch.*"
Ignacio Ellacuría

SAN SALVADOR, 16. NOVEMBER 1989: Um zwei Uhr nachts dringen dreißig Männer in Militäruniformen in die Gebäude der Universidad Centroamericana ein. Sie ermorden den Rektor der Universität, Pater *Ignacio Ellacuría*, einen der bekanntesten lateinamerikanischen Befreiungstheologen. Sie foltern und töten den Vizerektor und vier weitere Jesuiten, unter ihnen der Regens des Priesterseminars und der Leiter des Menschenrechtszentrums der Universität.

In den Jahren zuvor hat es bereits fünfzehn Bombenattentate auf die Hochschule gegeben. Erst kürzlich hat die Armee Zimmer für Zimmer durchsucht. Weil sich die Morddrohungen und die Aufrufe zum Terror gegen linksverdächtige Katholiken häufen, haben sich auch die Köchin der kleinen Gemeinschaft, Julia Elba Ramos, und ihre fünfzehnjährige Tochter Celina in das Haus der Patres geflüchtet, wo sie sicher zu sein glauben. Auch sie werden abgeschlachtet.

„Zu Befehl, mein Kapital!"

Der Preis für den Luxus, die Wahrheit zu sagen, ist hoch: Zu Tausenden sind damals in Lateinamerika Landarbeiter und Gewerkschafter, Katecheten und Lehrerinnen, Rechtsanwälte und Journalisten, Priester und Nonnen eingekerkert, gefoltert und umgebracht worden, weil sie politische Konsequenzen aus dem Evangelium zogen. In Guatemala genügte es eine Zeit lang als Grund für die Inhaftierung, eine Bibel zu besitzen. In El Salvador vergewaltigten und ermordeten Soldaten der Nationalgarde 1980 drei US-Nonnen und eine Laienmitarbeiterin. Im selben Jahr erschossen Angehörige der Todesschwadronen, in den USA ausgebildet, den kompromisslos für die Rechte des armen Volkes kämpfenden Erzbischof *Oscar Romero* während eines Requiems, das er in einer Krankenhauskapelle zelebrierte.

Zum Lehrpersonal der von Jesuiten geleitete privaten Universidad Centroamericana gehörte auch der Jesuit *Rutilio Grande,* der beharrlich gegen die Macht einer egoistischen Minderheit anpredigte und den Plantagenbesitzern vorwarf, Christus in Gestalt ausgebeuteter Landarbeiter aufs neue zu kreuzigen. „Es ist gefährlich, Christ zu sein in unserem Land", rief er ihnen zu, und die Spitzel in den Kirchenecken schrieben eifrig mit:

„Wehe euch, ihr Heuchler, die ihr euch lauthals Katholiken nennt, und innen seid ihr schmutzige Bosheit! Ihr seid Kains und kreuzigt den Herrn, welcher umhergeht mit dem Namen Manuel, dem Namen Luis, Chavela, mit dem Namen des einfachen Landarbeiters."
Rutilio Grande

Kurz darauf lauerten ihm Heckenschützen auf, von der Organisation der Großgrundbesitzer bezahlt und mit Polizei-MPs bewaffnet. Als Pater Grande gemeinsam mit einem siebzigjährigen Bauern und einem fünfzehnjährigen Ministranten zur Messe fuhr, durchsiebten die Banditen das Auto mit Geschossen. Alle drei waren auf der Stelle tot.

Die Jesuitenhochschule war den Militärs und Großgrundbesitzern schon lange ein Dorn im Auge: In Zusammenarbeit mit Gewerkschaftern, Menschenrechtsgruppen und den berühmt gewordenen „Müttern der Verschwundenen" versuchte die Hochschule in den Jahren des mörderischen Bürgerkriegs den Ursachen der Unterdrückung auf den Grund zu gehen, ein kritisches Bewusstsein zu schaffen und Perspektiven für die Beteiligung breiter Volksschichten an gesellschaftlichen Entscheidungsprozessen zu entwickeln.

Im Kampf um die Agrarreform in El Salvador galt die Universität als Wortführerin. 1971 strich die Regierung sämtliche Subventionen, weil die Hochschule streikende Lehrer unterstützte. Etliche Dozenten wurden ausgewiesen. Als 1976 Präsident Molina die – ohnehin bescheidenen – Förderungsmaßnahmen für die kleinen Landbesitzer stoppte, veröffentlichte Padre Ellacuría einen bissigen Kommentar unter dem Titel „Zu Befehl, mein Kapital!"

Eine Universität existiere nicht im luftleeren Raum, stellte Ellacuría 1982 klar, als er den Ehrendoktorhut der kalifornischen Hochschule Santa Clara entgegennahm. Sie sei von der Gesellschaft bestimmt, in der sie lebe, und dazu berufen, diese gesellschaftliche Wirklichkeit zu erforschen und zu verändern. Die Machthaber hatten die Kampfansage verstanden: Wie um zu zeigen, was sie so in Wut brachte, verwüstete ihr Rollkommando nach dem Mord an Ellacuría und seinen Kollegen auch die theologische Bibliothek der Hochschule. Die Jesuiten und die beiden Frauen mussten ganz offensichtlich sterben, weil sich die Ordensgemeinschaft nicht hinter ihrer akademischen Arbeit verschanzte, sondern die Terrorakte der Streitkräfte öffentlich machte, die Willkür der Mächtigen an den Pranger stellte und laut die Rechte des Volkes einklagte.

Gottes entstelltes Gesicht in den Elenden

Als verkappte Marxisten und politische Hetzer hat man die Jesuiten von San Salvador verleumdet. Im Gegenteil, sagt ihr Mitbruder *Jon Sobrino,* der sich zum Zeitpunkt des Anschlags zufällig auf einer Auslandsreise befand und dem Massaker entging: „Wir sprachen mit den Worten des Ignatius davon", erinnert er sich und verweist auf den Ordensgründer Ignatius von Loyola, „wie in der Passion die Leiden der Welt auf Christus geladen werden und seine Göttlichkeit verborgen wird."

„Ich weiß nicht, wie viel Meditation sie in ihrem Leben in dem Sinne pflegten, wie man Meditation gemeinhin versteht. Der bevorzugte Ort ihrer Kontemplation – dort, wo sie wirklich Gottes Angesicht in dieser Welt suchten – lag aber sicherlich in ihrem veränderten Handeln: da, wo sie versuchten, das verborgene und entstellte Antlitz Gottes in den Armen und Unterdrückten in das Antlitz des lebendigen Gottes zu verwandeln, der Leben gibt und die Opfer auferweckt."

Jon Sobrino[28]

Allzu lange, so schrieb Padre Ellacuría einmal, habe man die Seligpreisungen des Evangeliums benutzt, „um die Sanftmut und Ergebung der Unterdrückten zu preisen" – statt bestürzt zu erkennen, dass sich die Botschaft vom Gottesreich bevorzugt an die Armen richte und die Kirche zur Parteinahme für die Ausgebeuteten verpflichte. Jon Sobrino: „Die sechs Jesuiten akzeptierten das skandalöse Wort des Propheten Jesaja: Das gekreuzigte, entstellte und gesichtslose Volk (...) wurde von Gott zum Licht der Völker bestimmt."

Um den Befreier Jesus Christus kreisen sämtliche Bücher des Märtyrers Ellacuría. Der Nazarener, gibt er zu bedenken, habe das Reich Gottes nie mit irgendeinem idealen irdischen Staatsgebilde gleichgesetzt; so etwas führe zum „religiösen Fanatismus". Jesus betrachte dieses Gottesreich aber auch nicht einfach als ein inneres Leben in Gottes tröstender Nähe, sondern als Inspiration, die konkrete Geschichte der Menschen zu verändern.

Erlösung vollziehe sich keineswegs in rein geistigen Gefilden. Jesus habe sich entschlossen in die gesellschaftskritische und politische Tradition der Propheten gestellt und in der sogenannten Bergpredigt die real Armen seliggepriesen, die von den Mächtigen arm Gemachten und vor Qual Weinenden, deren Schrei Gott zu hören verspreche. Ellacuría: „Bei dieser Entgegensetzung steht Gott auf der einen Seite gegen die andere, gegen die Reichen, die arm machen, und für die Armen und Enterbten. Gott und sein Reich sind parteiisch, und zwar aktiv parteiisch."

„Die Armen sind Christus in der Geschichte"

„Politischen" Theologen des Westens wie dem Deutschen *Johann Baptist Metz* nimmt man den spirituellen Background ihrer provokanten Denkwege immer schon ab. Biblische Spiritualität zielt laut Metz ja eben nicht darauf, die Augen vor der chaotischen Welt zu verschließen und meditativ um das eigene Ich zu kreisen, sondern den Blick in einer „Mystik der offenen Augen" auf den anderen zu richten. Gotteserfahrung gebe es nicht am anderen vorbei; und dieser andere sei stets der Leidende, zu kurz Gekommene, an den Rand Gedrängte. Praktische Nachfolge Jesu vollziehe sich in einer Menschheitsgeschichte, die für Metz niemals eine Geschichte des gelingenden Lebens war, sondern immer Passionsgeschichte.

Doch auch lateinamerikanische Befreiungstheologen wie der aus einer baskischen Familie stammende, als Bauingenieur und Philosoph ausgebildete und in Dogmatik promovierte Jon Sobrino (geboren 1938) legen entgegen der landläufigen Meinung enorm viel Wert auf die spirituelle Unterfütterung ihrer Appelle zum politischen Widerstand. Die Armen sind für Sobrino keineswegs nur hilfsbedürftige Opfer, sondern „der historische Ort der Begegnung mit Gott", eine Wirklichkeit, die das ganze Menschsein und Christsein aller, die mit ihnen zu tun haben, herausfordert und verändert.

„Dem Gott der Schöpfung, des Lebens, der Gerechtigkeit und der Befreiung nähert man sich in der Praxis, Leben zu schenken und Gerechtigkeit zu fördern, denn eine solche Praxis macht uns ihm ähnlich, und durch sie werden wir mit ihm verwandt. (…) Dem inkarnierten Gott, der im Ärgernis des Kreuzes den Armen und Unterdrückten auf kaum fassbare Weise nahekommt, nähert man sich in der Gottähnlichkeit, die dadurch entsteht, dass man sich unter die Gekreuzigten dieser Welt ‚inkarniert' und mit ihnen und für sie die Verfolgung auf sich nimmt (…).
Als Verwandtschaft und Ähnlichkeit mit Gott bedeutet die Spiritualität, dass wir in der Geschichte Gottes Heiligkeit nachzuahmen suchen, wie sie uns offenbart worden ist: nicht als ein Weitentferntsein vom profanen Leben, sondern als die höchst denkbare Nähe des absoluten Heils."
Jon Sobrino[29]

Christen, die das versuchen – immer im respektvollen Bewusstsein, dass man über Gott nicht verfügen, sich ihm allenfalls in Demut nähern kann –, vermögen vielleicht auch, das zu einem lehrhaften Schriftstück degradierte Evangelium als aufregende Nachricht und Jesus als Bruder wiederzuentdecken. Das Dogma von der Menschwerdung Gottes gewinnt in Lateinamerika eine sehr handfeste Realität – und auch die Auferstehungsbotschaft, die mitten in der Unterdrückung Hoffnung und Vertrauen, Versöhnung und Freude wachsen lässt.

Es ist eine geschichtlich geerdete Spiritualität, was manchmal die Versuchung mit sich bringt, den Blick zu verengen; vor allem aber liegt darin eine prophetische Kraft: Für den am Altar erschossenen Erzbischof Romero verkörperten die Armen „Christus in der Geschichte. Sie sind, wie Jesus, der gekreuzigte, verfolgte Gottesknecht." Den Armen in ihrem Kampf beizustehen und mit ihnen Verfolgung zu erleiden, bedeutet laut Jon Sobrino, „der Liebe absoluten Vorrang einzuräumen", sich der letzten Wirklichkeit in der eigenen Existenz zu stellen und auf Gottes Liebe die entschiedenste Antwort zu geben, zu welcher der Mensch fähig ist.

„Treue" ist ein Zentralbegriff bei Sobrino, Treue gegenüber der Wirklichkeit – allzu oft habe christliche Spiritualität versucht, Welt und Geschichte sich selbst zu überlassen –, Treue gegenüber der vom Evangelium geforderten Solidarität und Liebe, auch wenn es Freiheit und Leben kostet, Treue gegenüber einer Hoffnung, die nicht sterben kann und in der das letzte, tragende Geheimnis menschlicher Existenz aufleuchtet.

„Hat die Hoffnung für die Menschheit wirklich einen Sinn? Ist es wahr, dass die Liebe die tiefste Tat des Menschen ist? Ist sicher, dass es im Tiefsten der Wirklichkeit das Gute und die Wahrheit gibt? Wir glauben, dass diese Spiritualität diese unumgänglichen und radikalen Fragen gerade deshalb aufwirft, weil sie den Menschen mit jener Wirklichkeit und Praxis in Kontakt bringt, in der es im wörtlichen Sinne um Leben und Tod der Menschen geht. (...) Rein logisch betrachtet dürfte es die größte Schwierigkeit sein, angesichts der fürchterlichen Ungerechtigkeiten Gott zu akzeptieren; in Wirklichkeit aber machen es gerade diese Ungerechtigkeiten möglich, dass viele Christen in Lateinamerika Gott Jesus nennen und das eigene Leben als Gehen mit und zu Gott erfahren."

Jon Sobrino[30]

Und noch eine wichtige spirituelle Erfahrung machen die im Befreiungskampf engagierten Christen in Lateinamerika: Nicht mehr der Status oder die Verfolgung der Kirche steht im Mittelpunkt ihres Interesses, sondern der Schmerz des Volkes, seine Ängste und seine Hoffnung. Dieses „Vergessen der eigenen Interessen und Vorteile" führt für Sobrino genau in die Nachfolge Jesu und hat mit jenem Phänomen zu tun, das er „Gratuität" nennt: dem Wissen um ein Beschenktsein ohne eigene Leistung und Verdienste. Sobrino: „Im Neuen Testament wird vieles vom Christen gefordert. Alles, was er ist und hat, soll er einsetzen, und dennoch (…) wird gesagt, dass, nachdem er alles getan hat, was er tun konnte, er sich selbst als einen unnützen Knecht betrachten soll."

Liebesbrief aus der Finsternis

Die Befreiungstheologen haben zwar eine Menge von Soziologen, Sozialethikern und Gewerkschaftsführern gelernt, und ihre Theologie will die Welt nicht mehr nur intellektuell ergründen, sondern wirksam verändern. Aber ihre Reflexionen und Visionen haben oft einen Beigeschmack von Mystik. Der Peruaner *Gustavo Gutiérrez* (geboren 1928), der in Lima an der Katholischen Universität lehrte und dort in einem Slumviertel als Seelsorger lebt, nennt seine Theologie einen Liebesbrief „an den

Gott, an den ich glaube, an das Volk, dem ich angehöre, und an die Kirche, deren Mitglied ich bin, den Brief einer Liebe, der Sprachlosigkeit und selbst Verdruss nicht fremd sind, die aber vor allem Quelle einer tiefen Freude ist".

Für Gutiérrez ist es eine vordringliche spirituelle und theologische Aufgabe, das Evangelium als messianische Botschaft für die Mühseligen zu lesen und den Armen ihr Recht auf eine „Gottesrede" zu retten, die sich angesichts von Unrecht und Leid ihren Hunger und Durst nach Gerechtigkeit nicht nehmen lässt. Eines Tages wird Gott in seiner aufmerksamen Zärtlichkeit alle Tränen von den Augen der Betrübten abwischen, wie es die Propheten und die Offenbarung des Johannes verkünden, das heißt, es gibt Hoffnung inmitten der Leidensgeschichte der Menschheit und ihre Opfer haben einen Anwalt jetzt und über den Tod hinaus.

Nicht die – zweifellos klugen – Analysen der marxistischen Klassiker oder die Umsturzgelüste politischer Rebellen geben dieser Theologie ihre tiefste Kraft und Motivation, sondern die Begegnung mit einem Gott, der seine Geschöpfe liebt, ihre Leiden wahrnimmt und ihre Hilfeschreie hört. Eine Begegnung, in der unterdrückte und gequälte Menschen lernen, dass sie Kinder Gottes sind und Würde besitzen.

„Christsein besteht darin, Jesus nachzufolgen. Über die Erfahrung, die man dabei macht, nachzudenken, ist Gegenstand jeder gesunden Theologie. So geht es um die Erfahrung und die Reflexion einer Gemeinde, welche sich vom Geist bewegen lässt und die Gute Nachricht verkünden will: ‚Der Herr ist auferstanden.' Tod und Ungerechtigkeit sind nicht das letzte Wort der Geschichte. Das Christentum ist eine Botschaft des Lebens, die auf der ungeschuldeten Liebe des Vaters gründet."

„Indem wir uns dem Befreiungsprozess des lateinamerikanischen Volkes anschließen, erfahren wir das Geschenk des Glaubens, der Hoffnung und der Liebe und werden so zu Jüngern und Jüngerinnen des Herrn. Die Erfahrung ist unsere Quelle. Das Wasser, das aus ihr sprudelt, reinigt uns unentwegt, wäscht Trägheiten und Runzeln in unserem Christsein ab und liefert zugleich auch das vitale Element, mit dem wir bisher unbestelltes Land zu tränken vermögen."

Gustavo Gutiérrez[31]

Was manche an so einer Spiritualität verstört, ist der Unterschied zu den althergebrachten Konzepten vom „inneren Leben". Früher schien es wichtig, Tugenden zu pflegen, die den ziemlich isolierten einzelnen Christen möglichst von der äußeren Welt abschotteten, den konkreten Bedürfnissen und Nöten der Mitmenschen gegenüber gleichgültig blieben und lediglich das private Verhältnis zu Gott tief im eigenen Herzen pflegten. Der Weg zu Gott wurde zu einem „rein individuellen Abenteuer" (Gutiérrez), der gesellschaftliche Gegensatz von Arm und Reich war nur noch als Widerspruch zwischen demütig und stolz wahrzunehmen. Dass jeder dem Herrn im Innersten seines Herzens begegnet, schließt laut Gutiérrez freilich nicht aus, sondern fordert dazu heraus, ebendiesen Gekreuzigten und Auferstandenen im Elend ganzer Völker zu entdecken.

„Was im Augenblick hierzulande in Gang ist, passt nicht in das übliche Schema und bringt uns zu der Erkenntnis, dass die Nachfolge Jesu nichts für Individualisten, sondern ein kollektives Abenteuer ist. So entdecken wir wieder, was in der Bibel mit dem Zug des Volkes auf der Suche nach Gott gemeint ist. (...) Das ganze Volk Gottes hat sich auf den Weg gemacht, hat dem Land der Unterdrückung den Rücken gekehrt und bemüht sich illusionslos und unbeirrt, seine Richtung durch die Wüste zu finden. ‚Neu' ist diese Spiritualität, wie auch die Liebe des Herrn, der uns einlädt, unsere Trägheit abzulegen und schöpferische Kräfte zu entfalten, immer neu ist."
Gustavo Gutiérrez[32]

Wenn Gustavo Gutiérrez die Treue zum verborgenen, möglicherweise schweigenden Gott im Kontext finsterer Ungerechtigkeit predigt, steht er in einer Linie mit den großen Mystikern von *Meister Eckhart* bis *Juan de la Cruz* und mit eingekerkerten, gefolterten, massakrierten Glaubenszeugen wie *Alfred Delp*, *Dietrich Bonhoeffer* (er nannte den Gott der Mystiker den einzigen glaubhaften Gott) oder *Edith Stein*.

„Wie kann man in einer Wirklichkeit vorzeitigen und ungerechten Todes Gott für die Gabe des Lebens danken?" fragt Gutiérrez. „Wie kann man, umgeben von all dem Leid seiner Brüder und Schwestern, Freude darüber spüren, sich vom Vater geliebt zu wissen? Wie ist jemand imstande zu singen, wenn der Schmerz eines ganzen Volkes ihm die Stimme zu verschlagen scheint?" Die Antworten auf solche bohrende Fragen führen tief in das christliche Mysterium und in die Dialektik von Kreuz und Auferstehung.

Es ist eine Botschaft, die zunächst einmal verstört und erst später – vielleicht – befreit und Kraft schenkt. Aus Leid wächst Freude, Kreuz und Tod dürfen nicht das letzte Wort haben. Wenn es aber offenbar doch so ist? Wer sich nicht mehr mit Armut und Ungerechtigkeit abfinden will, wer sich mutig auf die Seite der Unterdrückten stellt, wird die Erfahrung von Diskriminierung und Verfolgung machen, möglicherweise wird er vor Gericht gestellt und inhaftiert. Wird er – wie Gutiérrez hofft – gerade in der Einsamkeit lernen dürfen, welches Glück in der Gemeinschaft der Kirche liegt?

Stiftet das Martyrium von Liebhabern der Gerechtigkeit und Zeugen der Liebe wirklich eine herausfordernde Hoffnung, stattet es die Gemeinde der Jünger Christi mit Kraft und Leben aus, wie Gutiérrez behauptet und wie es von der frühen Kirche berichtet wird? Bedeutet Glaube an die Auferstehung, zu akzeptieren, dass der Tod letztlich durch den Tod entmachtet wird und seinen Schrecken verliert, weil die Kräfte des Lebens und die kampfbereite Sehnsucht nach Gerechtigkeit am Ende eben doch stärker sind?

„Man hat mir vielfach mit dem Tod gedroht. Als Christ muss ich Ihnen sagen, dass ich an einen Tod ohne Auferstehung nicht glaube. Wenn man mich tötet, werde ich im Volk von El Salvador wieder auferstehen. Das sage ich ohne die geringste Wichtigtuerei, sondern mit der größten Demut."
Erzbischof Oscar Romero in einem Interview
zwei Wochen vor seiner Ermordung[33]

"Ohne Verfolgung stimmt etwas nicht"

Auch der bestialisch ermordete Ignacio Ellacuría hatte vom „gekreuzigten Volk" El Salvadors gesprochen und es mit dem „leidenden Gottesknecht" verglichen – ein Bild des Propheten Jesaja, das bei den Juden immer schon die Qualen des ganzen Volkes meint, von den Christen bisher aber in der Regel allein auf den zu Tode geschundenen Christus angewandt worden war. Doch zu Füßen dieses Gekreuzigten begann ein Glaube, der den Mächtigen dieser Welt ebenso unbequem sein sollte wie die Predigt Jesu.

Alle am 16. November 1989 in der Universidad Centroamericana massakrierten Jesuiten hatten sich außerhalb der Hochschule in Slumpfarreien und Basisgemeinden engagiert, Gesundheitsstationen und Kinderhorte in den Dörfern aufgebaut. Für den siebzigjährigen *Joaquín López y López* war es die größte Freude, mit Jugendlichen aus den ärmsten Schichten zu arbeiten; sie nannten ihn zärtlich „Lolo". Der Soziologe und Pädagoge *Segundo Montes,* Leiter des Menschenrechtsinstituts, kümmerte sich um die zahllosen Flüchtlinge. Der Sozialpsychologe *Ignacio Martín Baró* erforschte die Deformierung des Menschen durch Armut und Gewalt.

Sie wurden bestialisch umgebracht wie Padre Ignacio. Ellacuría, schmächtig und schmal, aber sehr männlich mit einem interessant geschnittenen Gesicht und wachen Augen, ähnelte seinem Ordensgründer Ignatius nicht nur im Typus, er war auch Baske wie jener. Mit neunzehn Jahren ging er 1949 nach Lateinamerika, das er nur für ein Theologiestudium bei Karl Rahner in Innsbruck für längere Zeit verließ. 1960 nahm er die salvadorianische Staatsbürgerschaft an.

Als Leiter des Centro de Reflexión Teológica de San Salvador wurde er zum wichtigsten Berater des 1980 während des Gottesdienstes erschossenen Oscar Romero. Er lieferte dem mehr seelsorglich interessierten Erzbischof brillante gesellschaftspolitische Analysen. Ellacuría engagierte sich kenntnisreich in der Agrarreform und versuchte ohne Rücksicht auf das eigene Leben – bald stand er auf der Todesliste der rechten Terrorbanden – zwischen Regierung, Militär und Befreiungsbewegungen zu vermitteln. Er war es, der die Tochter des christdemokratischen Präsidenten Duarte aus der Geiselhaft marxistischer Guerillas frei bekam.

Im Oktober 1989 machte sich der Priester vollends zur Zielscheibe des Hasses der Herrschenden: Vor dem Bonner Bundestagsausschuss für wirtschaftliche Zusammenarbeit warnte er vor einer weiteren Unterstützung der salvadorianischen Regierung, wenn nicht endlich mit der Anerkennung der Menschenrechte und einer Reform der verkommenen Justiz Ernst gemacht werde. Immerhin war die Bundesrepublik damals zweitstärkster Geldgeber des Landes nach den USA – die Ellacuría wegen ihrer Militärhilfe ebenfalls kritisiert hatte. Einen Monat später ließen ihn die Machthaber aus dem Weg räumen.

Leute, die vom sicheren Schreibtisch aus das lebensgefährliche Geschäft der Befreiungstheologen tadeln, zogen natürlich irritiert die Augenbrauen hoch, wenn Padre Ellacuría daran erinnerte, dass sich Jesus von Nazaret entschlossen in die politische Tradition der Propheten gestellt habe. Und sie überhörten, wie er darauf beharrte, dass die Rettung des Menschen durch Gott über die konkrete Geschichte auf dieser Erde hinausführe – und gerade so den irdischen Befreiungskämpfen ihre Kraft und ihre Zukunftsperspektive gebe!

„Die Sanftmütigen, die Barmherzigen, die Herzensreinen, die Friedensstifter sind nicht Menschen, die das, was über sie kommt, einfach erleiden, sondern solche, die sich positiv eine Haltung und Handlungsweise zu eigen machen, die zu denen, die im Reich dieser Welt üblich sind, im Gegensatz stehen."

„Zwar ist der Ausdruck ‚die Armen' in der Schrift von reichem Sinngehalt, doch darf man deswegen aus der Armut nicht eine rein geistige Kategorie machen, die nicht in dem verwurzelt wäre, was eine bestimmte, genaue gesellschaftliche und geschichtliche Situation ist."
„Deshalb darf man das Reich auch nicht als inneres Leben mit Gott und in Gott auffassen, das die Unannehmlichkeiten und die Trostlosigkeit des realen Lebens ausgliche. (…) Der utopische Zug des Reiches drängt zur Veränderung der Geschichte (…). Die Verkündigung der Seligpreisungen kreist um das Reich und bringt die Gegenwart Gottes mit der geschichtlichen Verbesserung in Verbindung."

„Hingegen kann man bloß dann, wenn es zu Verfolgung kommt, von Treue zur Sache Jesu sprechen. In einer Welt der Sünde und der Ungerechtigkeit kann die Gegenwart Gottes nichts als Widerspruch und Widerstand bis zum Kreuz auslösen. Nicht nur das Leben Jesu, sondern die ganze prophetische Tradition und unzählige Zeugnisse des Neuen Testaments berufen sich auf diese Prüfung der Verfolgung, ohne die bei der Verkündigung und Verwirklichung des Evangeliums etwas nicht stimmt."
Ignacio Ellacuría[34]

„Arme mit Geist" (Ellacuría) sind gefragt, die ihr Leiden, ihren Mangel in ein bewusstes, aktives Stadium überführen, die in der Armut liegenden Kräfte freisetzen, um in einer Haltung der Armut vor Gott eine gerechtere Welt ohne grausamen Hunger aufzubauen. Es ist grundsolide Theologie gewesen, die Padre Ellacuría da trieb, geschult an den zuverlässigen Methoden der Schriftauslegung und keineswegs respektlos gegenüber dem Reichtum kirchlicher Tradition, aber eben eine Theologie, die nicht in Lehrbüchern verstauben, sondern zum befreienden Handeln anstiften will.

Tod und Auferstehung Jesu zeigen, wie seine Kirche gegen die Sünde – auch in ihrer sozialen Gestalt – kämpfen soll: entschlossen zum Leiden, ja zum Sterben, weil es keine Auferstehung ohne Tod gibt und Gott nur so wieder Mensch werden kann, um die Welt der Armen zu erlösen. Eine solche Spiritualität habe nicht mehr viel zu tun mit den altgewohnten geistlichen Aktivitäten – aszetische Übungen, Verhaltensregeln, Gebete –, sondern erscheine als „etwas so Neues und Unverhofftes, so Kraftvolles und Umgestaltendes, dass es zur Bekundung von Gottes einzigartiger Präsenz unter den Menschen wird". Denn: „Er ist es, der alles neu macht, dem neuen Himmel und der neuen Erde entgegentreibt."

„Geistliche Menschen sind also nicht die, die viele ‚geistliche' Übungen vollziehen, sondern diejenigen, die voll des Geistes den schöpferischen und erneuernden Elan Christi, seine Überwindung der Sünde und des Todes, seine Auferstehungskraft und größere Lebensfülle erfassen; diejenigen, die zur Fülle und Befreiung der Kinder Gottes gelangen; die, welche die anderen inspirieren und erleuchten und ihnen zu einem volleren, freieren Leben verhelfen."

Ignacio Ellacuría[35]

Nach anhaltendem Druck der internationalen Öffentlichkeit wurden der ehemalige Direktor der Nationalen Militärschule von El Salvador, Oberst *Guillermo Benavides,* und etliche weitere Militärs vor Gericht gestellt. Benavides und ein Leutnant Mendoza wurden wegen des Massakers in der Jesuitenhochschule zu je dreißig Jahren Gefängnis verurteilt – und ein Jahr später amnestiert. Nach den Drahtziehern an höherer Stelle durfte nicht gefragt werden. Erst viele Jahre später erließ Spanien (fünf der getöteten Priester waren Spanier) Interpol-Haftbefehle gegen die Mörder, die wirkungslos blieben. 2012 beantragte die spanische Regierung ihre Auslieferung.

Die Ideen der Getöteten haben ihre Henker freilich nicht umbringen können, und ihre leidenschaftliche Liebe zu den Armen erhielt durch das Zeugnis ihres schrecklichen Todes eine ungeahnte Leuchtkraft: Sofort nach dem Blutbad boten sich Jesuiten aus allen möglichen Ländern an, nach El Salvador zu kommen und das Werk der Ermordeten fortzusetzen.

15

DEN AUFRECHTEN GANG ÜBEN

Dorothee Sölle (1929–2003) war überzeugt,
dass Mystik die Welt verändern kann

*„Ich glaube an Gott,
der die Welt nicht fertig geschaffen hat."*

DIE KLEINE DOROTHEE wollte nicht wachsen („Ich war sehr lange Kind, warum sollte ich da heraus, aus dem Land Ohneangst?"), und vor allem wäre sie viel lieber ein Junge gewesen als ein Mädchen. „Meine Mutter sagte, dass Männer es besser haben. Nur in einem Punkt nicht: Sie könnten keine Kinder kriegen. Kinderkriegen fand ich aber nicht so wichtig wie zur See fahren, sich im Urwald einen Weg bahnen und Baumhäuser bewohnen." Also veranstaltete sie mit ihren Puppen gefährliche Abenteuerfahrten, statt sie zu bemuttern.

Unangepasst ist sie immer gewesen, die 1929 in Köln geborene Tochter eines Professors für Arbeitsrecht. Sie war der Schrecken ihrer Religionslehrer, denen sie unangenehme Fragen stellte, stritt sich mit ihren drei älteren Brüdern herum, floh aber auch vor den Schreckensnachrichten von der Kriegsfront ans Klavier und in die Klassikerlektüre. Diese heile Welt brach zusammen, als Familie

Sölle die jüdische Mutter einer Schulfreundin in der Dachkammer versteckte, als das Elternhaus zerbombt wurde und der älteste Bruder auf dem Rücktransport aus russischer Kriegsgefangenschaft starb: „Als wir das kurz vor Totensonntag 1945 erfuhren, wusste ich, dass es keine Weihnacht und auch keinen ‚lieben Gott' gebe."

„Es gibt viel Angst mein Jüngstes
die ich dir nicht nehmen kann
Großmutter ist gestorben
und Panzer brauchen sie für den Krieg

Es gibt viel ich kann nicht
wenn du mich fragst mein Jüngstes
Großmutter schälte Kartoffelschlangen
Der Friede ist ein Hirsekorn klitzeklein

Die großen Jungs in den Panzern
fürchten sich auch und wollen lieber nicht rein
das Reich Gottes ist noch winziger
als du warst und wird ein Baum sein
darunter zu wohnen"
Kinderfragen[36]

Geschieden und drei kleine Kinder

Dorothee studierte in Köln, Freiburg, Göttingen Deutsch, Alte Sprachen, Philosophie und später Theologie – nicht um Pfarrerin zu werden: „Ich wollte ganz einfach die Wahrheit wissen und dachte, dass man deswegen auf die Universität geht." Doch die akademische Theologie kam ihr viel zu abstrakt und lebensfern vor. Die Protestantin promovierte in Literaturwissenschaft, war sechs Jahre Lehrerin an einer „braven, katholisch geprägten Mädchenschule" in Köln, heiratete einen weltfremden, aber interessanten Maler, bekam drei Kinder, wurde (mit Hilfe ihrer tatkräftigen Mutter) mit der Doppelbelastung ganz gut fertig, wechselte als wissenschaftliche Mitarbeiterin an die Universität – und dachte an Selbstmord, als die Ehe zwischen zwei so grundverschiedenen Menschen zerbrach: Halt, Heimat, Lebensperspektive, alles verloren. Eine alleinerziehende, geschiedene Mutter von drei Kindern, die auch noch als Theologin arbeitete, das war Anfang der sechziger Jahre eine peinliche Sache.

Aber in dieser Krisenzeit lernte sie unendlich viel: *Dorothee Sölle*, die einst so behütete Tochter aus gutem Haus, erlebte sich plötzlich solidarisch mit den Verlassenen, Überforderten, mit den unbeachteten Opfern der bundesrepublikanischen Wohlstandsgesellschaft und denen, die im weltweiten Kampf um Profit und Ressourcen auf der Strecke bleiben. Und im Kontakt mit jüdischen Theologen wie Martin Buber fand sie zu einer ganz neuen, impulsiven, leidenschaftlichen Gottesbeziehung. Gott nicht mehr als Inhalt kluger Lehrsätze, sondern als ein Gegenüber, das man liebt und mit dem man hadert, als eine Wirklichkeit, die ersehnt, gesucht, gefunden und verloren wird, die Menschen in Bewegung bringt und die Welt verändern kann. Und sie begegnete auf eine plötzlich total intensive, unmittelbare Weise Christus: „Da gab es das Gesicht eines Menschen, eines zu Tode Gefolterten vor zweitausend Jahren, der nicht Nihilist geworden war."

„Ich halte Jesus von Nazareth für den glücklichsten Menschen, der je gelebt hat. (...) Jesus erscheint in der Schilderung der Evangelien als ein Mensch, der seine Umgebung mit Glück ansteckte, der seine Kraft weitergab, der verschenkte, was er hatte. Das konventionelle Bild von Jesus hat immer seinen Gehorsam und seinen Opfersinn in den Vordergrund gestellt. Aber Phantasie, die aus Glück geboren wird, scheint mir eine genauere Beschreibung seines Lebens. Sogar sein Tod wäre missdeutet als das tragische Scheitern eines Glücklosen, er wäre zu kurz verstanden, wenn nicht die Möglichkeit der Auferstehung in Jesus selber festgehalten würde! Auferstehung als die weitergehende Wahrheit der Sache Jesu ist aber im Tode dieses Menschen gegenwärtig; er hat den Satz „ich bin das Leben" auch im Sterben nicht zurückgenommen.
(...) Von Christus ist zu lernen: Je glücklicher einer ist, umso leichter kann er loslassen. Seine Hände krampfen sich nicht um das ihm zugefallene Stück Leben. Da er die ganze Seligkeit sein nennt, ist er nicht aufs Festhalten erpicht. Seine Hände können sich öffnen."
Phantasie und Gehorsam[37]

Von einem Gott, „der alles so herrlich regieret", könne man nach Auschwitz wohl nicht mehr reden. In den Kaputten, Machtlosen, Elenden, in den Opfern begegne man dem Gott, der aus Liebe eins mit dieser Welt geworden ist, der sich in Christus hat kreuzigen lassen, der mit den Menschen leidet und ihnen die Kraft zum Kämpfen gibt. Ein Gott, der auf die Liebe und Hilfe der Menschen angewiesen ist, um diese Welt ans Ziel zu bringen: „Nicht: er hat's geschafft, darum auch wir, sondern: er wird gekreuzigt, jeden Tag. Mit ihm sein, sein Bild im Herzen tragen, ihm folgen heißt: sich eine Lebensperspektive zu eigen zu machen, die im unüberbrückbaren Konflikt zur Gesellschaft, in der wir leben, steht."

„Stellvertretung – Ein Kapitel Theologie nach dem ‚Tode Gottes'" heißt ihr erstes Buch. Wie konnte Christus stellvertretend für uns sterben, ohne uns die Verantwortung für unser Leben zu nehmen? Indem der gekreuzigte Christus den ohnmächtig mit seinen Menschen leidenden Gott erfahrbar macht (der „Allmächtige" ist tatsächlich tot und erledigt) und uns zeigt: „Als die Zeit erfüllt war, hatte Gott lange genug etwas für uns getan. Er setzte sich selber aufs Spiel, machte sich abhängig von uns (…). Es ist nunmehr an der Zeit, etwas für Gott zu tun."

„Ich glaube an gott
der die welt nicht fertig geschaffen hat
wie ein ding das immer so bleiben muss
der nicht nach ewigen gesetzen regiert
die unabänderlich gelten
nicht nach natürlichen ordnungen
von armen und reichen
sachverständigen und uninformierten
herrschenden und ausgelieferten

(…) ich glaube an jesus christus
der recht hatte als er
‚ein einzelner der nichts machen kann'
genau wie wir
an der veränderung aller zustände arbeitete
und darüber zugrunde ging

(…) jeden tag habe ich angst
dass er umsonst gestorben ist
weil er in unseren kirchen verscharrt ist
weil wir seine revolution verraten haben
in gehorsam und angst
vor den behörden
ich glaube an jesus christus
der aufersteht in unser leben
dass wir frei werden
von vorurteilen und anmaßung
von angst und hass
und seine revolution weitertreiben
auf sein reich hin"
Credo[38]

Weil Beten und Handeln zusammengehören, initiierte die Sölle gemeinsam mit Heinrich Böll, Walter Dirks und ähnlichen frommen Querköpfen aus beiden Kirchen 1968 in Köln das „Politische Nachtgebet". Die Themen: Dritte Welt, Frauenemanzipation, Stadtplanung, Strafvollzug … Bis zu zwölfhundert Menschen drängten in die kleine gotische Antoniterkirche, ein evangelisches Gebäude; aus dem katholischen Gotteshaus, dessen Pfarrer schon zugesagt hatte, waren die Beter von Kardinal Höffner ausgesperrt worden. Konservative Kreise warfen den Veranstaltern vor, das Evangelium für Propagandazwecke zu missbrauchen.

Aber man könne doch nicht den Ruf der biblischen Propheten nach sozialer Gerechtigkeit verkünden, ohne sich mit der politischen Wirklichkeit auseinanderzusetzen, hielt Dorothee Sölle dagegen: „Von wem kaufen wir unseren billigen Kaffee und die Bananen, an wem bereichern wir uns, wie verhält sich unser Reichtum zur Armut der Mehrheit der Menschen, wie verhalten wir uns zur Schöpfung und all ihren Lebewesen, wohin gehen unsere Steuern, fragten wir angesichts der Aufrüstung Deutschlands. Haben wir überhaupt etwas aus der Nazizeit gelernt? Muss es denn immer so barbarisch weitergehen?" Trotzig fügte sie hinzu: „Jeder theologische Satz muss zugleich auch ein politischer sein."

> „Dass Gott uns alle und sogar jeden einzelnen liebt, ist eine allgemeine theologische Wahrheit, die ohne Übersetzung zur allgemeinen Lüge wird. Die Übersetzung dieses Satzes ist die weltverändernde Praxis."[39]

> „Wenn wir laut genug schreien, dann würde in unserem Schrei auch Hoffnung sein. Warum können wir den Dämon nicht austreiben? Glaube bedeutet: an Gottes schöpferischer und heilender Macht Anteil zu haben. Es bedeutet, eins zu sein mit der Macht des Lebens. Es bedeutet, dieselbe Macht zu heilen und zu schaffen, in uns zu fühlen und in dieser Kraft zu handeln. Es bedeutet, Widerstand gegen den Tod zu organisieren."[40]

So eine Theologie verunsicherte viele, vor allem als Sölle ein zweites Mal heiratete, einen ehemaligen Benediktinermönch. Die einen himmelten sie als „Gotteslehrerin" an, die anderen schmähten sie am Telefon, anonym natürlich, als „Kommunistensau". Zeitlebens bekam sie keinen Lehrstuhl an einer deutschen Universität, schlug sich mit Büchern, Aufsätzen und Lehraufträgen durch. 1975 dann eine Professur am renommierten Union Theological Seminary in New York – und eine ganz andere akademische und kirchliche Wirklichkeit: Interesse an ungewohnten Gedankengängen, unbefangene Diskussionen – und eine sinnliche Liturgie voller Leben, Zärtlichkeit und Freundschaft.

„Die Bomben fallen jetzt!"

Wieder daheim in Deutschland, sie lebte mit ihrem Mann *Fulbert Steffensky* in Hamburg, warb sie auf Kirchentagen, in Rundfunkbeiträgen, bei Sitzblockaden vor Raketenbasen und Giftgaslagern unermüdlich für einen geerdeten, rebellischen, befreienden Glauben. Gesellschaftliche Verhältnisse und politische Entscheidungen hätten unmittelbar mit dem Evangelium zu tun. „Es gibt kein fremdes Leid", behauptete sie vielsagend, und: „Die Aufrüstung ist nicht die Vorbereitung auf einen militärischen Konflikt in der Zukunft, sondern sie ist der Krieg, den der Norden gegen den Süden führt. Die Bomben, die wir hier produzieren, fallen jetzt. Auf die Armen!" Als Nutznießer ungerechter Welthandelsstrukturen seien die Industrieländer für die Zustände in der Dritten Welt unmittelbar verantwortlich: „Wir sind nicht Zuschauer, wir sind nicht Opfer, wir sind Täterinnen und Täter, die das Elend mit verursachen."

„Jesus, unser Bruder,
du zerbrichst das Gewehr
und machst die dir folgen
furchtlos und kämpferisch
Die über uns herrschen, sprechen von nachrüsten
und meinen aufrüsten

sie sagen Verteidigung
und meinen Intervention und ersten Schlag
sie sagen Frieden
und meinen Öl
Jesus, lass uns werden wie du und die Lüge nicht dulden
(…)

Jesus, unser Bruder,
du störst das Geschäft mit den Waffen
du hast dich eingemischt
du hast Widerstand organisiert
wir haben uns vor dem Elend der Armen versteckt
in einem waffenstarrenden Luxuspalast wohnen wir
Wir rüsten auf und lassen verhungern
Jesus, lass uns werden wie du und das Sterben nicht dulden
(…)

Jesus, unser Bruder,
du legst die Tötungsindustrie lahm
du treibst den Wunsch nach Totsicherheit aus
unsern Herzen
du machst uns frei uns zu wehren (…)
Jesus, lehr uns verstehen, was Leben ist (…)"
Predigt im Lübecker Dom am 6. 9. 1980[41]

Merkwürdig – oder auch nicht: Je radikaler die Sölle formulierte, desto frömmer wurde sie. Menschen, die sie gut kannten, haben sie am Ende ihres Lebens ungescheut als „Mystikerin" bezeichnet, freilich als Mystikerin von ganz eigener Art. Den mittelalterlichen Querdenker Meister Eckhart nannte sie ihren „großen Lehrmeister", mit neugieriger Begeisterung spürte sie Zeugnisse „mystischer

Empfindlichkeit" und brennender Gottessehnsucht in fremden Kulturen und religiösen Traditionen auf.

Sie selbst sprach mit dem katholischen Theologenkollegen *Johann Baptist Metz* von einer „Mystik der offenen Augen". Wach geworden und befreit, schaue die Seele die Welt mit Gottes Augen an und nehme wahr, was sonst übersehen und weggedrängt werde. Gerade die Gewissheit, unendlich geliebt zu sein, treibe den gläubigen Menschen hinein in den politischen Raum, so erklärte sie es einmal, und die Bewegung der Liebe gehe aus dem Geheimnis Gottes durch das menschliche Herz hindurch mitten in die Welt.

„Du hast mich geträumt Gott,
wie ich den aufrechten Gang übe
und niederknien lerne,
schöner als ich jetzt bin,
glücklicher als ich mich traue,
freier als bei uns erlaubt.

Hör nicht auf, mich zu träumen, Gott.
Ich will nicht aufhören, mich zu erinnern,
dass ich dein Baum bin,
gepflanzt an den Wasserbächen
des Lebens."
Loben ohne Lügen[42]

Eine Poetin war die Sölle immer schon gewesen. Ihren Enkelkindern erzählte sie am liebsten biblische Geschichten, und sie ging selten schlafen, ohne am Klavier Gott ein Loblied gesungen zu haben. Ihre Theologie schrieb sie gern in Form von Gebeten, und ihre politischen Reden unterbrach sie mit visionären, von Hoffnung sprühenden Gedichten, die sie ihre „kleinen Mutanfälle" nannte. Diese Frau soll eine verkappte Marxistin gewesen sein, eine politische Ideologin und Glaubenszerstörerin, wie der populäre Bibeltheologe *Klaus Berger* meinte, als er gegen ihre Trauerfeier in einer der großen Hamburger Kirchen protestierte?

> „Theologie nach dem ‚Tod Gottes' wird die Entäußerung Gottes zu beschreiben versuchen. Sie wird sich nicht in Anthropologie ‚auflösen', wie ihre Gegner meinen; aber sie wird Christologie als Anthropologie betreiben, weil Gott sich zwischen Menschen ereignen kann, in jenem ‚das habt ihr mir getan'. Sie wird in den leer gewordenen Gesichtern atheistischer Angestellter die Zöllnerfreunde Jesu wiedererkennen und deren Verborgenheit als ihre ungelebten, unentdeckten, von der Gesellschaft nicht gefragten Möglichkeiten ansehen. Ihr Thema wird der Mensch sein, der missverstanden, nämlich seiner Möglichkeiten beraubt ist, wo im Reden über ihn nicht zugleich über Gott gesprochen wird. (...) Seine Verborgenheit – der innerste Grund unseres Nihilismus – hält gerade das offen, was wir am meisten von ihm brauchen: seine Zukunft."
> *Atheistisch an Gott glauben*[43]

Wie oft hat sie politische Aufrührer, deren Motive sie verstand oder teilte, vor blindem Hass gewarnt! Hass sei niemals schöpferisch. Wie oft bezeichnete sie, die überzeugte Linke, den Materialismus der roten Atheisten als „dumm" und „kleinkariert"! Die Religion werde verschwinden, sobald Ausbeutung und Unterdrückung abgeschafft seien? Damit raube Marx dem Menschen die Fähigkeit, zu träumen und sich voll zu verwirklichen, stellte sie traurig fest. Religion sei „der Versuch, keinen Nihilismus zu dulden und eine unendliche Bejahung des Lebens zu leben".

„Als Gott Himmel und Erde geschaffen hatte,
waren ihm beide gleich lieb.
Während die Himmel sangen
und Gottes Ehre zu rühmen wussten,
weinte die Erde.

Hast du die Erde weinen hören?
Hast du die toten Fische vergessen?
War dir der alte Baum im Weg?
Sind dir die Vögel ausgeblieben?

(...) Bist du die Erde trösten gekommen?
Als ihr Gewalt angetan wurde, hast du mitgegrölt und die Beute berechnet?
Hast du gesehen, wie schön ihr altes Gesicht voller Schrunden ist?
Hast du allen gezeigt, wie sie glänzt von der Nähe Gottes?

(...) Hast du Gott trösten gesehen?
Bist du ein Trost für die Erde gewesen?"[44]

Dorothee Sölle starb mit zweiundsiebzig Jahren auf einer Vortragsreise. Als sie den Tod von ferne nahen fühlte, redete sie ihn nicht ohne Witz an: „Dear Mr. Death! Ich habe keine Angst vor Ihnen, Mr. Death, eher Angst vor den vielen Schläuchen und Leitungen im Krankenhaus, die Sie abzuhalten oder aufzuschieben versuchen. (...)

Was ich fürchte, ist das Alleingelassenwerden, wenn mein Lache- und Weine-Partner vor mir fort muss. Manchmal vermute ich, dass Liebe – falls wir wissen, was wir mit diesem Wort sagen – das Einzige ist, wovor Sie Respekt haben. In diesem Sinn möchte ich Sie bitten, uns nicht zu trennen."

Anmerkungen

[1] Ignacio Ellacuría: Spiritualität im Geist Christi. In: Giancarlo Collet (Hg.): Der Christus der Armen. Das Christuszeugnis der lateinamerikanischen Befreiungstheologen, Freiburg 1988 i. Br., 201–209; hier: 204

[2] Pierre Teilhard de Chardin: Lobgesang des Alls. Olten 1964, 87ff.

[3] Pierre Teilhard de Chardin: Der Mensch im Kosmos, München 3. Auflage 2005, 23

[4] Teilhard de Chardin, Der Mensch im Kosmos (Anm. 3), 294f.

[5] Pierre Teilhard de Chardin: Der göttliche Bereich. Ein Entwurf des inneren Lebens, Olten 1962, 125 f.

[6] Pierre Teilhard de Chardin: Mein Glaube, Olten 1972, 157f.

[7] Madeleine Delbrêl: Alcide – guide simple pour simples chrétiens, Paris 1980. Deutsch: Der kleine Mönch. Ein geistliches Notizbüchlein, Freiburg 9. Aufl. 1991, 83.

[8] Delbrêl: Der kleine Mönch (Anm. 7), 83ff.

[9] Madeleine Delbrêl: Ville marxiste, terre de mission, Paris 1957. Deutsch: Christ in einer marxistischen Stadt, Frankfurt 1974, 12.

[10] Madeleine Delbrêl: Nous autres, gens des rues. Textes missionnaires, Paris 1966. Deutsch: Wir Nachbarn der Kommunisten. Diagnosen. Übertragen und mit einem Vorwort versehen von H. U. von Balthasar, Einsiedeln 1975, 49. © der deutschsprachigen Ausgabe: Johannes Verlag Einsiedeln.

[11] Madeleine Delbrêl: La joie de croire, Paris 1968. Deutsch: Gebet in einem weltlichen Leben, Einsiedeln 5. Aufl. 1993. © der deutschsprachigen Ausgabe: Johannes Verlag Einsiedeln.

[12] Delbrêl: Gebet in einem weltlichen Leben (Anm. 11), 30.

[13] Delbrêl: Wir Nachbarn der Kommunisten (Anm. 10), 53

[14] Delbrêl: Wir Nachbarn der Kommunisten (Anm. 10), 67f.

[15] Delbrêl: Wir Nachbarn der Kommunisten (Anm. 10), 60f.

[16] Delbrêl: Gebet in einem weltlichen Leben (Anm. 11), 119f.

[17] Thomas Merton: Der Berg der sieben Stufen. Einsiedeln 1950, 145ff. © der deutschsprachigen Ausgabe: Johannes Verlag Einsiedeln. © der Originalausgabe: Abbey of Our Lady of Gethsemani, Merton Legacy Trust.

[18] Thomas Merton: Zeiten der Stille. Ausgewählt, herausgegeben und erläutert von Bernardin Schellenberger. Freiburg i. Br. 1992, 149.
[19] Merton: Der Berg der sieben Stufen (Anm. 17).
[20] Merton: Zeiten der Stille (Anm. 18), 119f.
[21] Merton: Zeiten der Stille (Anm. 18), 24.
[22] Frère Roger, Taizé: Die Quellen von Taizé. Gott will, dass wir glücklich sind. Bearbeitete Neuausgabe, Freiburg i. Br. 2004, 50 f.
[23] Frère Roger, Taizé: Gott will, dass wir glücklich sind (Anm. 22), 11.
[24] Frère Roger, Taizé: Gott will, dass wir glücklich sind (Anm. 22),12 f.
[25] Frère Roger, Taizé: Blühen wird deine Wüste. Tagebuchaufzeichnungen (1977–1979), Freiburg i. Br. 1984, 139f.
[26] Frère Roger, Taizé: Worte der Versöhnung, Freiburg i. Br. 4. Auf. 1980, 15f.
[27] Frère Roger, Taizé: Worte der Versöhnung (Anm. 26), 116f.
[28] Jon Sobrino: Sterben muss, wer an Götzen rührt. Das Zeugnis der ermordeten Jesuiten in San Salvador: Fakten und Überlegungen. Fribourg/Schweiz 1990, 35.
[29] Jon Sobrino: Geist, der befreit. Lateinamerikanische Spiritualität, Freiburg i. Br. 1989, 70.
[30] Sobrino: Geist der befreit (Anm. 29), 183.
[31] Gustavo Gutiérrez: Aus der eigenen Quelle trinken. Spiritualität der Befreiung, München 1986, 9; 13.
[32] Gutiérrez: Aus der eigenen Quelle trinken (Anm. 31), 38.
[33] Zitiert in: Orientación, San Salvador, 13. 4. 1980.
[34] Ignacio Ellacuría: Die Seligpreisungen als Grundgesetz der Kirche der Armen; in: Giancarlo Collet (Hg.): Der Christus der Armen (Anm. 1), 184–200; hier: 187, 199, 195f., 197f.
[35] Ignacio Ellacuría: Spiritualität im Geist Christi. In: Giancarlo Collet (Hg.), Der Christus der Armen (Anm. 34), 201–209; hier: 204.
[36] Dorothee Sölle: Im Hause des Menschenfressers. Texte zum Frieden, Reinbek 1981, 97. © Wolfgang Fietkau Verlag, Kleinmachnow.
[37] Dorothee Sölle: Phantasie und Gehorsam. Überlegungen zu einer künftigen christlichen Ethik, Stuttgart 10. Aufl. 1968, 63ff. © Wolfgang Fietkau Verlag, Kleinmachnow.

[38] Dorothee Sölle: Ich will nicht auf tausend Messern gehen. Gedichte, München 1986, 24f. © Wolfgang Fietkau Verlag, Kleinmachnow.
[39] Dorothee Sölle: Politische Theologie. Auseinandersetzung mit Rudolf Bultmann, Stuttgart 1971. © Wolfgang Fietkau Verlag, Kleinmachnow.
[40] Sölle: Im Hause des Menschenfressers (Anm. 36), 39. © Wolfgang Fietkau Verlag, Kleinmachnow.
[41] Sölle: Im Hause des Menschenfressers (Anm. 36), 26. © Wolfgang Fietkau Verlag, Kleinmachnow.
[42] Dorothee Sölle: Loben ohne Lügen. Gedichte. © Wolfgang Fietkau Verlag, Kleinmachnow.
[43] Dorothee Sölle: Atheistisch an Gott glauben. Beiträge zur Theologie, Olten 1968, 75f. © Wolfgang Fietkau Verlag, Kleinmachnow.
[44] Sölle: Im Hause des Menschenfressers (Anm. 36), 169f. © Wolfgang Fietkau Verlag, Kleinmachnow.

Tipps zum Weiterlesen

ANTONIOS UND DIE WÜSTENMÖNCHE

Hans Conrad Zander: Als die Religion noch nicht langweilig war. Die Geschichte der Wüstenväter, Gütersloh 2011.

Peter H. Görg: Die Wüstenväter. Antonius und die Anfänge des Mönchtums, Augsburg 2008.

Daniel Hell: Die Sprache der Seele verstehen. Die Wüstenväter als Therapeuten, Freiburg i. Br. 3. Aufl. 2010.

HILDEGARD VON BINGEN

Hildegard von Bingen: Wisse die Wege, Berlin 2008.

–: Ich küsse die Sonne, umarme den Mond. Die schönsten Weisheitstexte, Freiburg i. Br. 2009.

Christian Feldmann: Hildegard von Bingen. Nonne und Genie, Freiburg i. Br. 2012 (Biografie).

Mit Hildegard von Bingen die Spiritualität entdecken. Gelesen von Eva Mattes. Freiburg im Breisgau 2012 (CD mit Texten von Hildegard, Gertrud von Helfta, Mechthild von Magdeburg und Musik von Hildegard).

MEISTER ECKHART

Irmgard Kampmann: Meister Eckhart Brevier. Worte für jeden Tag, München 2010.

Kurt Flasch: Meister Eckhart. Philosoph des Christentums, München 3. Aufl. 2011.

Meister Eckhart: Wo Gott keinen Namen hat. Spirituelle Texte. Ausgewählt, übertragen und eingeleitet von Hasso Schelp, München 1996.

MARGUERITE PORETE

Marguerite Porete: Der Spiegel der einfachen Seelen. Mystik der Freiheit. Übersetzt von Bruno Kern, Wiesbaden 2011.
Barbara Hahn-Jooß: „Ceste Ame est Dieu par condicion d'Amour". Theologische Horizonte im „Spiegel der einfachen Seelen" von Marguerite Porete, Münster 2010.
Irene Leicht: Marguerite Porete – eine fromme Intellektuelle und die Inquisition, Freiburg i. Br. 1999.

GERTRUD VON HELFTA UND IHRE MITSCHWESTERN

Die Grundwerke der drei großen Frauen von Helfta. Herausgegeben von Hans Urs von Balthasar und Margot Schmidt. Drei Bände in Kassette, Freiburg i. Br. 2001.
Gertrud von Helfta: Geistliche Übungen, St. Ottilien 2008.
Mechthild von Magdeburg: „Das fließende Licht der Gottheit". Kommentar von Gerhard Wehr, Wiesbaden 2010.
Wer wird Flügel mir geben wie einer Taube? Die Botschaft von der Gott-Liebe. Hörbuch mit zwei CDs, Ostfildern 2005.

FILIPPO NERI UND ANDERE VERRÜCKTE SPASSVÖGEL

Philipp Neri: Schriften und Maximen. Schriften und Maximen. Italienisch – Deutsch, Lateinisch – Deutsch, St. Ottilien 2011.
Theodore Maynard: Il buffone di Dio. Vita di san Filippo Neri (italienisch), Mailand 2011.
Paul Türks: Philipp Neri oder das Feuer der Freude. Freiburg i. Br. 1986.

TERESA VON ÁVILA UND JUAN DE LA CRUZ

Teresa von Ávila: Weg der Vollkommenheit, Freiburg i. Br. 3. Aufl. 2007.
–: Wohnungen der Inneren Burg, Freiburg i. Br. 3. Aufl. 2012.
–: „Ich bin ein Weib – und obendrein kein gutes", Freiburg i. Br. 8. Aufl. 2012.
Johannes vom Kreuz: Die Dunkle Nacht, Freiburg i. Br. 10. Aufl. 2010.

PAUL GERHARDT UND ANDERE
MELANCHOLISCHE LIEDERDICHTER

Paul Gerhardt: Geistliche Lieder, Stuttgart 1991.
–: Die großen Choräle und Geistlichen Lieder, Kirchheim 2007 (CD mit dem Leipziger Thomanerchor und Otto Sander).
Gerhard Tersteegen: In Gottes Gegenwart. Gedanken zum geistlichen Leben. Hg. von Thomas Baumann, Schwarzenfeld 2011.
Gott ist gegenwärtig. Die schönsten Lieder von Gerhard Tersteegen, Holzgerlingen 2008 (CD).

THÉRÈSE DE LISIEUX

Therese von Lisieux: Selbstbiographische Schriften. Johannes Einsiedeln, Freiburg i. Br. 16. Aufl. 2009.
Waltraud Herbstrith: Therese von Lisieux. Geschichte eines angefochtenen Lebens, Oberpframmern 2005.
Christian Feldmann: Thérèse von Lisieux. Die schwarze Nacht des Glaubens, Freiburg i. Br. 1997 (Biografie; Neuausgabe erscheint 2013 im Patris Verlag)

TEILHARD DE CHARDIN

Teilhard de Chardin: Der Mensch im Kosmos, München 4. Aufl. 2010.
–: Das göttliche Milieu. Ein Entwurf des inneren Lebens, Olten, 11. Aufl. 1990.
Punkt Omega – Das göttliche Ziel der Evolution. Das Teilhard de Chardin-Lesebuch, Ostfildern 2012.
Karl Schmitz-Moormann: Teilhard de Chardin. Ostfildern 1996 (Biografie).
Günther Schiwy: Teilhard de Chardin. Sein Leben und seine Zeit. Zwei Bände, München 1981 (ausführliche Biografie)

MADELEINE DELBRÊL

Madeleine Delbrêl: Gott einen Ort sichern. Texte – Gedichte – Gebete. Hg. von Annette Schleinzer, Kevelaer 2. Aufl. 2010.
–: Gebet in einem weltlichen Leben. Johannes Einsiedeln, Freiburg i. Br. 5. Aufl. 1993.
–: Auftrag des Christen in einer Welt ohne Gott. Hg. von Katja Boehme. Johannes Einsiedeln, Freiburg i. Br. 2. Aufl. 2006.
Annette Schleinzer: Die Liebe ist unsere einzige Aufgabe. Das Lebenszeugnis von Madeleine Delbrêl, Ostfildern 4. Aufl. 2006.

THOMAS MERTON

Thomas Merton: Der Berg der sieben Stufen, Ostfildern 2010.
–: Keiner ist eine Insel, Ostfildern 2005.
–: Christliche Kontemplation. Ein radikaler Weg der Gottessuche. Hg. von Bernardin Schellenberger, München 2010.

FRÈRE ROGER VON TAIZÉ

Frère Roger, Taizé: Die Quellen von Taizé. Gott will, dass wir glücklich sind, Freiburg i. Br. 2009.
–: Eine Ahnung von Glück. Erfahrungen und Begegnungen, Freiburg i. Br. 2006.
–: Aus der Stille des Herzens. Gebete, Freiburg i. Br. 2006.
Christian Feldmann: Frère Roger, Taizé. Gelebtes Vertrauen, Freiburg i. Br. 2. Aufl. 2006 (Bild-Biografie).

IGNACIO ELLACURÍA UND ANDERE BEFREIUNGSTHEOLOGEN

Ignacio Ellacuría: Eine Kirche der Armen. Für ein prophetisches Christentum, Freiburg i. Br. 2011.
Jon Sobrino: Der Glaube an Jesus Christus. Eine Christologie aus der Perspektive der Opfer, Ostfildern 2008.
Gustavo Gutiérrez: Theologie der Befreiung, Ostfildern 10. Aufl. 1992 (Grundlagenwerk).
Giancarlo Collet (Hg.): Der Christus der Armen. Das Christuszeugnis der lateinamerikanischen Befreiungstheologen, Freiburg i. Br. 1998 (mit zwei Beiträgen von Ignacio Ellacuría).

DOROTHEE SÖLLE

Dorothee Sölle: Das Lesebuch, Freiburg i. Br. 2004.
–: Mut. Kämpfe und liebe das Leben, Freiburg i. Br. 2008.
–: fliegen lernen. Gedichte, Kleinmachnow 6. Aufl. 2006.
Ralph Ludwig: Die Prophetin. Wie Dorothee Sölle Mystikerin wurde, Berlin 2010 (Biografie).